艺术史研究丛书　范景中　主编

Beyond the West Lake:
The Lifestyle of the Literati Artists
in the Late Ming Dynasty

塑造趣味：
晚明以西湖为中心的文人艺术生活研究

李晓愚　著

中国美术学院出版社

目　录

引　言 / 1

第一章　晚明西湖畔：一个品位竞争的场域 / 16

一、西子湖的诱惑 / 18

二、图文并茂的旅游指南 / 27

三、品位竞争中的区隔策略 / 47

第二章　空灵晶映：张岱的文字图画 / 99

一、欲把西湖比西子 / 102

二、烟云互迤逦 / 106

三、窗棂中的景致 / 111

四、南北宗论与风景欣赏 / 115

五、时间的趣味 / 127

六、文字指引下的赏景 / 137

第三章　风雅典型：汪汝谦的西湖雅事 / 147

一、风雅典型汪汝谦 / 151

二、“不系园”与“随喜庵”/ 161

三、意在之园 / 183

四、西湖雅事 / 200

第四章 写其恍惚：李流芳的西湖山水画 / 231

一、我本疏狂人 / 234

二、李流芳的湖畔交游 / 239

三、李流芳西湖山水图的创作、收藏与流通 / 246

四、李流芳西湖山水画的风格 / 260

第五章 寄迹湖头：林雪的湖畔生活 / 285

一、有女校书林天素 / 289

二、年来寄迹在湖头 / 297

三、画手全输妙与真 / 311

第六章 废墟与纪念碑 / 326

一、湖上废墟 / 326

二、纪念碑：石头与文字 / 330

参考书目 / 339

一 中文文献 / 339

二 英文文献 / 346

引 言

明嘉靖十七年（1538）的春天，苏州文人黄省曾（1490—1540）正收拾行装准备北上进京参加科举考试，此时他已48岁。七年前他在乡试中举，名列榜首，可是此后的考试之路却屡屡受挫。与当时很多读书人一样，黄省曾在科举这条道路上已耗费了大把青春与家财，年近半百的他决定把这次北上作为人生的最重要、也可能是最后一次搏击。他知道一旦金榜题名，荣华富贵会随着亨通的官运一齐降临，那些皓首穷经的艰难岁月也就有了回报。然而友人田汝成（1503—1557）的一次拜访却彻底改变了黄省曾的计划。田汝成从西子湖畔而来，他兴致勃勃地向好友说起了西湖的种种自然人文美景。田汝成绘声绘色的描述激荡着黄省曾的心灵，西湖那空灵晶映的缥缈韵致撩拨着他那被科考磨折得有些干涸的欲望。黄省曾越听越兴奋，于是果断地做了一个大胆而浪漫的决定：放弃北上赶考，改道前往西湖旅游。他在湖上盘桓累月，将时光消磨在青山绿水间。[1]

为了享受西湖的美景，竟然连大好仕途都可以抛却。黄省曾的故事在晚明的文人圈中广为流传，人们津津乐道于他对山水的执着深情，更感慨于西湖的巨大魅力。从黄省曾的例子中，我们可以窥见中国文人心

图 a （南宋）夏圭，《钱塘观潮图》，苏州博物馆藏

中挥之不去的“西湖情结”，对于他们而言，即便是初游西湖，也多少会有些旧梦重温的感受。千百年来，有关西湖的诗歌与绘画在历代中国人的精神世界中持续流转，使这个湖泊的名字成为中国文化史上的一个参照点，对文人士大夫产生了难以抗拒的吸引力。在来到西湖之前，晚明的文人们可能已经吟诵过无数遍白居易的“江南忆，最忆是杭州”，苏东坡的“水光潋滟晴方好，山色空蒙雨亦奇”或是柳永的那阙《望海潮》；翻阅过以优美细腻的笔调追忆南宋帝都繁华的《梦粱录》《武林旧事》；欣赏过马远、夏圭、李嵩等山水画家所描绘的令人目酣神醉的西湖景致（图 a）。丰富的文字与图像刺激着人们的想象力，令西湖成为文人士大夫心中充满审美情韵和历史积淀的精神家园。

除了历史文化的原因之外，西湖的吸引力自然也离不开它那绝世的秀色。文化与自然的关系就如万历年间杭州诗人卓明卿（1538—1597）所言：“人文之渤潏彪焕，则地灵使然哉。”[2] 不过，西湖的自然之美离不开人工的整治。在经历了南宋的繁华盛景之后，元代的西湖已风光不再。在元人看来“南宋时君王日幸湖上，国是废失”，认为西施亡吴，西湖亡宋，“事同一辙”[3]。因此整个元代没有官吏治理西湖，《元史 · 河渠志》中也没有关于这片湖泊只字片语。西湖的萧条景况一直持续至明代中叶，居民寺观占湖为田、筑屋建园，六桥之西都变为池田桑埂，里湖的情况也是如此，“仅一港通酒船耳”。明景泰七年（1456），镇守浙江的兵部尚书孙元贞建议修筑西湖二闸，自此开明臣修湖之议。此后，陆续有官员

图 b （明）孙枝，《西湖纪胜图》册页之一，宁波天一阁博物馆藏

倡议浚湖，但因为侵占湖田的富家豪门横加阻挠而成效甚微。直到 1508 年，杭州知府杨孟瑛“锐情恢拓，力排群议”，主持西湖浚复工程。整个工程历时 152 天，动用 670 万人，耗银 23607 两，共清田 3481 亩。[4] 这大约是西湖历史上最为艰巨的一次疏浚整治，杨孟瑛也被明代人推崇为与白居易、苏东坡功劳相当的西湖大功臣。[5] 到了万历年间，负责苏杭织造的司礼监太监孙隆花费巨资修葺十锦塘、湖心亭、昭庆寺、灵隐寺、三茅观等诸多西湖名胜，使得湖山面貌焕然一新。[6] 昔日“葑草蔓合，侵塞湖面，如野陂然”[7] 的西湖，如今却是“可风可月，兼可肆筵设席。笙歌剧戏，无日无之”[8]。（图 b）

从 16 世纪初至 17 世纪初的一百余年间，从杨孟瑛上疏浚复到孙隆大手笔的装点，西湖的整治工程持续不断，终于使湮废了二百年的湖山恢复了唐宋旧观。而就在这一时期，旅游是有闲阶层的一种社会时尚，西湖以其秀丽的自然风景和丰富的人文资源成为晚明士绅旅游的首选之地。[9] 它吸引着来自大明帝国四面八方的游客，他们当中既有像黄省曾这样的文士，也有富商巨贾、艺术家和名妓。他们或短期旅游，或寓居湖畔，在流连于湖山胜景的同时彼此交游往来，形成了一个复杂的社会交际网络，在这个网络中展开了文化与艺术的交流碰撞。本书就试图在晚明西湖畔这一时空范围内，再现当时的文人是如何将一种精致化、艺术化的生活发挥到极致的。[10] 本书的论述将围绕三个问题展开：第一，晚明士人如何以艺术性的眼光欣赏西湖；第二，晚明士人如何在西湖畔展开艺术化的生活；第三，晚明士人如何以艺术的方式再现西湖。

法国学者谢和耐［Jacques Gernet］在《蒙元入侵前夜的中国日常生活》

中以细腻的笔触、丰富的细节，描述了南宋末年杭州百姓日常生活的场景。他将一种高度文明、精致的中国日常生活艺术的舞台，置于草原游牧民族不断进犯的黑暗布景之下，从而造成一种悬念和反讽，本文论述所选取的空间地点也是杭州，时间背景亦与谢氏的著作有相似之处，描述的是清朝入侵前人们在西湖畔的生活。然而，对于如何看待这种艺术化的生活，我与谢和耐的角度却并不相同。谢和耐以检省的态度对待赵宋王朝审美文化的覆灭，“直至兵临城下，杭州城内的生活仍是一如既往的悠哉游哉。”[11] 他不断提醒读者注意这种精巧化生活背后的幻象及其负面后果。对于一个王朝覆灭的原因进行严肃深刻的反省是历史学家不可推脱的责任，剖析、反思晚明政治、经济、军事等方面的著作也很丰富。[12] 然而在探讨易代之际的艺术文化这样的话题时，我们必须小心一个陷阱，那就是把对于审美愉悦的追求简单粗暴地归结为“玩物丧志”“一晌贪欢”，在审美文化的高度发展与政权的失落之间建立一种必然的因果联系。[13] 在我看来，“风雅不辍”非但不是王朝覆灭的原因，反而是文明得以延续繁盛的动力。因此，本文关注的正是晚明士人艺术化生活在文明中的价值和意义。史景迁［Jonathan D. Spence］说他之所以对晚明史研究产生兴趣是因为四百年前的生活与美学深深吸引了他：

> （我）试着研究明亡的原因，愈来愈想了解明朝士绅阶层失落的是什么，因为如果不是十分珍贵，他们也不会宁可自杀（甚至是全家寻死），也不愿受清朝统治；同时，原来的生活一定非常富足，让他们的生活太值得去玩味。或许这也间接证明了晚明是中国史上文化最繁华的时期。[14]

此语也道出了我对晚明艺术史怀抱热情的原因。

荷兰文化史学者赫伊津哈［Johan Huizinga］在他的代表作《中世纪的秋天》中描绘了各式各样的人物，从擅长写江湖义士故事的诗人弗朗西斯·维永［Francis Villon］到神秘主义者海因里希·苏索［Heinrich Suso］，从民众爱戴的牧师奥利维尔·马亚尔［Olivier Maillard］到宫廷编年史家乔治·夏特兰［Georges Chasterllain］。[15] 他曾经写道："如果我们看不到其中的人，怎么能形成对那个时代的想法呢？假如只能给出一些概括的描述，我们只不过造就了一片荒漠并把它叫作历史而已。"[16] 赫伊津哈的著作和观点给我很大的启发。本文的研究对象集中于晚明的士绅阶层，与谢氏全景式的描述不同，我选取了四位人物张岱、汪汝谦、李流芳、林雪作为每一章节论述的中心，他们分别代表了当时活跃在西湖畔的几类典型：文人、儒商、画家和名妓，通过对他们交游、活动及艺术作品的分析，力求从不同角度全方位地展现出一幅生动活泼的西湖人文图景。吴虞先生曾有诗句云："英雄若是无儿女，青史河山更寂寥。"西湖的魅力不仅在于秀美的自然景致，更在于流连山水间的文人雅士、诗人画家、名流佳丽。倘若没有他们的踪迹，没有他们诗词吟咏和书画写影，湖山胜景也不免要大为减色了。

本书所采用的主要史料包括地方志、寺志、笔记小说、实录、明人文集、插图本书籍等。其中有三类史料值得一提：首先是晚明出现的各式各样与旅游有关的出版物，最常见的包括大量的文人游记和全方位介绍西湖景观的游览书籍，前者以袁宏道、张岱等人的游记为代表，后者以田汝成《西湖游览志》、季婴《西湖手镜》为代表。由于撰写旅游书籍在那时已然成为士大夫重要的文化资本，因此在塑造高雅品位上，也以此区别于一般游人。[17] 第二类是16世纪后期风行的上流社会雅趣指南，如屠隆《考盘余事》、高濂《遵生八笺》和文震亨《长物志》。这类书籍依照文人的习惯和情趣，充分反映了晚明士大夫消费文化中对"雅"的追求，这种追求也体现在对旅行装备和游览活动的选择上。上述两类史料均是文献的，而第三类史料则侧重于图像，陈昌锡《湖山胜概》、杨尔曾《新镌海内奇观》和俞思冲《西湖志类钞》等配有精美版画的“旅行指南”即是其中的代表。在文化历史学家布克哈特［Jacob Christoph Burckhardt］看来“只有通过艺术这一媒介，一个时代最秘密的信仰和观念才能传递给后人，而只有这种传递方式才最值得信赖，因为它是无意而为的”[18]。图像和文献一样，可以成为历史证据的重要形式。英国作家约翰·拉斯金［John Ruskin］以“三部书”的比喻揭示了文献与图像对于历史研究的不同作用：

> 伟大的民族以三部书合成其自传：行为之书、言论之书和艺术之书。欲理解其中一部必以其他两部为基础，但尤以艺术之书最值得信赖。
>
> ［Great nations write their autobiographies in three manuscripts, the book of their deeds, the book of their words and the book of their art. Not one of these books can be understood unless we read the two others, but of the three the only trustworthy one is the last.[19]］

拉斯金的这番话指出了历史研究中三个重要的史料来源，也为本文的写作提供了方法论上的启示。迄今为止，海内外关于晚明士人生活的研究颇为丰富[20]，然而大部分的著作都以文献作为研究资料，即便偶尔运用了图像材料，也仅仅将其作为文字的附庸。无论是记载行为、言论的文字材料，还是视觉材料的艺术品，“欲理解其中一部必以其他两部为基础”，这种将不同形式的史料结合起来的研究方法正是本书所努力尝试的，它虽然困难重重，却也充满意外之喜。

本书共分为六章。第一章名为《晚明西湖畔：一个品位竞争的场域》。

本章以对晚明西湖旅游热的分析为出发点。随着越来越多的士大夫将西湖作为旅行的首选目的地以及晚明文人对“卧游”这一特殊旅行方式的实践，融合了文字与图像的“旅游指南”开始流行。图文并茂的“旅游指南”既是出版行业对社会旅游时尚的积极回应，又反过来刺激了人们旅游的欲望。在士大夫热衷旅游的同时，大众旅游也开始盛行，包括商人和庶民在内的旅游者对士大夫的旅游文化造成了冲击。因此本书中所谈论的西湖不仅仅是一个风光秀美的山水胜地，更是一个五光十色的时尚舞台，是社会阶层追逐、竞争名分地位的场域。在这场品位的竞争中，士大夫阶层产生了强烈的危机意识：当景点里拥挤着“吵闹庸俗”的平民，当旅游日益成为商人们夸示身份、炫耀财富与成就的活动，精英阶层该如何彰显自己的趣味和身份呢？为了与普通旅客区别开来，他们竭力追求一种“有致”的生活。从旅游地点和时间的选择，旅游行装的筹备，交通工具的选取，到旅游中各种活动的设计，士大夫们费尽心思地运用着多种多样的区隔策略。法国社会学家布尔迪厄［Pierre Bourdieu］尖锐地指出：“明确的审美选择其实往往通过与社会空间中最接近群体的选择之对立而形成，审美选择与这些选择的竞争是最直接和最急迫的。”[21] 他的“区隔”理论为本章的分析提供了重要工具。

第一章侧重于对晚明西湖旅游风尚宏观背景的分析，其后的四章则进入个案分析。第二章名为《空灵晶映：张岱的文字图画》。张岱（1597—1679）盘礴西湖四十余年，他在《西湖梦寻》中，以七十二则空灵晶映的文字追摹西湖的意象，为那一泓碧水留下了绝美的文字剪影。张岱是一位善于淬炼语言的大师，明亡后，他通过散文这一雅致的文体追忆夙昔的美丽时光，尽其所能地一点一滴挽回对晚明西湖的记忆。一直以来，张岱始终是文学研究的热门人物[22]，而我想尝试由视觉艺术的途径来走入他的作品，探究他那描摹视觉物象［visual image］的语言如何开辟出欣赏西湖的独特方式，使后世的人们可以顺着它的指引领略西湖微妙的美。围绕着“如何艺术性地欣赏西湖”这一核心问题，我将以张岱的西湖散文为主，结合其他晚明文人的山水游记，梳理出西湖审美的若干模式。

第三章名为《风雅典型：汪汝谦的西湖雅事》。汪汝谦（1577—1655）是从安徽新安移居杭州的一位富商，他崇尚文化，是西湖畔知名的艺术赞助人，以其慷慨的处世风格和广布的关系网而著称。本章围绕汪汝谦在西湖畔的活动展开叙述，试图再现晚明士人艺术化生活的景象。汪氏的《春星堂诗集》无疑是本章最主要的史料，其中记载了汪汝谦与他的朋友们吟诗、品画、瀹茗、焚香、观戏、赏花、构园、造船等种种雅事，我们从中可以窥见晚明士人精致的生活趣味。这一章的论述还将涉及一些有关晚明社会风尚的话题，比如商人与文士之间的密切交往、士绅对公益事业的积极投资、园林之风的盛行、雅俗生活的界限、感官世界的经营等。近年来，不少文化学史学者将研究的视线投向晚明文人生活中的“雅人深致”。其中，柯律格［Craig Clunas］以文震亨的《长物志》为对象，开始了晚明物质文化史［material culture］的研究，其代表作《长物志研究：近代早期中国的物质文化与社会地位》［*Superfluous Things: Material Culture and S ocial Status in Early Modern China*］为晚明社会文化史研究开辟了一条新道路。柯律格指出原本为文人阶层独有的消费活动如古玩收藏等受到了附庸风雅的商人甚至平民的模仿，士人面临了社会竞争的极大压力，焦虑感油然而生。于是便采用“雅 / 俗”（狭 / 精、用 / 玩、奇 / 巧）等对立概念，故意将物质文化的消费作普遍性化约。通过标榜其“雅”的品味，来区别与“俗”人的不同。[23] 在柯律格的启发下，台湾学者巫仁恕、王鸿泰、李孝悌等均在晚明士人的物质生活领域展开了深入的探索，他们的著作是本章写作前着力研究的先例。[24] 在汪汝谦所有的文化投资项目中，建造“不系园”与“随喜庵”这两条画舫，是他最为得意的手笔，也是西湖的一段风流佳话。曹淑娟女士在《园舟与舟园：汪汝谦湖舫身份的转换与局限》一文中对汪氏湖舫的建制与规约做了详细论述并以整个晚明的园林风气为背景分析了汪汝谦“以舟为园”的意义。[25] 在以这两条湖舫的建造为例论述汪汝谦的空间经营才能时，我从曹淑娟的这篇论文中收获良多。本章的写作虽然涉及汪汝谦的诸多活动，但均指向“如何在西湖畔艺术地生活”这一核心主题。

第四章名为《写其恍惚：李流芳的西湖山水画》。在讨论了晚明士人在西湖畔“如何欣赏”及“如何生活”这两大问题之后，我把视线转移到李流芳（1575—1629）的具体山水作品上来，试图从中发现晚明士人“如何以绘画的方式再现西湖”。历代的画家都对西湖景物有过探究，要想了解李流芳笔下的西湖何以呈现出与前人不同的面貌以及这种差别背后的原因，就必须对他的人生经历、他在西湖的种种体验、他的山水画理念及实践一一加以考察。此外，我们应当这样看待李流芳的西湖山水画：一方面它是作为西湖风景的图像再现；另一方面它作为一种物质形态——即西湖图像的承载物，是在一定的社会情境中被创作出的，它满足了画家与求画人、收藏者之间的某种需求。针对这样的两重性，我将从功能与风格两个不同方面来分析他的画作。在李流芳《檀园集》中收录有包括《西湖卧游图题跋》在内的许多画跋，这些澹远灵隽的文字有助于我们更好地了解画家的绘画理念和创作情境，为研究其画作的功能性提供了重要线索。为了更清楚地展现李流芳山水画的风格，我将他的作品置于一个历史坐标中加以分析，这个坐标的纵轴是宋、元、明三代的西湖山水画，横轴则是与李流芳同时期的其他表现西湖风景的作品。我希望这一坐标的构建使读者不仅能对图像再现西湖的历史有简要的认识，也可以更全面地把握以李流芳为代表的晚明西湖山水画的特点。

第五章名为《寄迹湖头：林雪的湖畔生活》。在前面的几章中，我关注三位男性文人在西湖畔的交游活动和艺术创作，但这并不足以全面展现晚明西湖的整体文化面貌。大量的史实向我们表明，当时男性文人的社会交往已经越来越离不开女性的参与。在旅游风潮的影响下，名妓兼女画家林雪从福建来到杭州，她游刃有余地穿梭于湖畔的以男性文人为主体的社交圈中，并结识了与自己背景相似的女子如杨慧林、柳如是、王微。为了迎合文人士大夫的审美与爱好，名妓们努力精进才学与艺术修养，培养种种精致细腻的生活趣味。她们潇洒自如地活跃在男性的公众世界中，以文人化的方式生活、交际乃至进行艺术创作，成为西子湖畔一道迷人的文化景致。除了一首小诗和一篇为柳如是尺牍撰写的序言之外，林雪并没有其他文字作品传世，但她与当时文坛名士董其昌、陈继儒、李流芳、曹学佺、张联芳等人都有直接或间接的交往。汪汝谦《春星堂诗集》中的《梦草》一卷也是专为她而作。从这些男性文人的记述中，我们得以追索、捕捉林雪在西子湖畔留下的足迹与身影。与本章关系最密切的是黄书梅的《林雪：一位明末名妓画家的生平与艺术》一文[26]，此文为本章研究的展开提供了宝贵的线索，然而对于林雪生平考证的一些细节问题，我却与她的意见不同，这些将在文中一一指出。

本书的最后一部分，也就是第六章，名为《废墟与纪念碑》。北方农民军的叛乱和清朝的入关，终于结束了大明王朝的三百余年的国祚。随着江山易主，西湖再次面临萧条衰败的危机。本章将着重论述在改朝换代之际，人们如何借助石块的纪念碑（墓碑）或纸上的纪念碑（文字、图画）将西湖的意象传递给后世的人们，把已经沦丧的世界一点一滴从灭绝中抢救回来。记忆的传承在文明的建构中具有举足轻重的作用，当历经了朝代更迭的文人们满怀眷恋之情追忆梦中的西湖时，就是在进行一种宝贵的文化创造。人们回忆过往，也将被后世的人回忆，正是这种回忆的衔接构筑了一部贯穿古今的文明史。今天的我们从古人的文学、艺术作品中继承了关于西湖的文化遗产［legacy］，也同样有责任将这份记忆的遗产传递给我们的后人。这种传递虽不可能尽善尽美，却值得尝试。

历史的精彩妙处并不在于大历史的宏观之上，而是蕴藏于个人生命小历史的微观之内。在这部论文中，我希望以几位人物的活动和艺术创作为线索，串联勾勒出一幅晚明文人湖畔艺术生活的图卷。然而晚明的西湖毕竟离我们相当遥远，它仅仅存在于典籍、碎片和记忆里，想要重建西湖的旧况，就必须揣摩古人的心思和他们所处的情境，用陈寅恪先生的话说，就是要具备一种“了解的同情”：

> 盖古人著书立说，皆有所为而发。故其所处之环境，所受之背景，非完全明了，则其学说不易评论，而古代哲学家去今数千年，其时代之真相，极难推知。吾人今日可依据之材料，仅为当时所遗存最小之一部，欲借此残余断片，以窥测其全部结构，必须备艺术家欣赏古代绘画雕刻之眼光及精神，然后古人立说之用意与对象，始可以真了解。所谓真了解者，必神游冥想，与立说之古人，处于同一境界，而对于其持论所以不得不如是之苦心孤诣，表一种之同情，始能批评其学说之是非得失，而无隔阂肤廓之论。否则数千年前之陈言旧说，与今日之情势迥殊，何一不可以可笑可怪目之乎？[27]

在写作的过程中我才发现要产生这种“了解的同情”十分不易，因为即使最为鲜明生动的史料，也会留下一种令今人难以企及的距离，必须要用想象去填补。这是本文写作中最有难度之处，但也恰恰是最有吸引力之处。欧阳修在《六一诗话》中曾讲述过一个关于猜测与重建的故事：

> 陈公（从易）时偶得《杜集》旧本，文多脱误，至《送蔡都尉诗》云“身轻一鸟”，其下脱一字。陈公因与数客各用一字补之，或云“疾”，或云“落”，或云“起”，或云“下”，莫能定。其后得一善本，乃是“身轻一鸟过”。陈公叹服，以为:“虽一字，诸君亦不能到也。”[28]

缺失的文本是无法修补的，种种猜测和努力总是表明这一点。试图重现昔日图景的我们就像陈从易和他的客人们一样，带着足够的勇气与自信，希望通过不断纠错与反复试验，把那个脱字找回来。但是，勇气并不能保证成功，陈从易和他的客人们发现，由于时尚趣味的变化以及不能正确欣赏，总有那么一些东西不可避免地丢失了。尽管如此，这种踊跃尝试仍然是可贵的，因为正是在尝试中他们认识到了过去文本的精妙之处，认识到了当下与过去的距离，在叹服之余提升了自己的品位。在尝试通过种种文字与图像的史料再现晚明西湖文化图景过程中，我始终怀着一个心愿，那就是努力在他们的艺术生活中获得一些启发，将一种古典趣味带入我们今天日益粗鄙化的生活。

注释：

1. 汪砢玉：《西子湖拾翠余谈》，收入《武林掌故丛编》（丁丙、丁申辑）第8册，广陵书社，2007年，第5332页。
2. 卓明卿：《卓光禄集》，收入《四库存目丛书》集部第158册，齐鲁书社，1997年，第94页。
3. 胡祥翰：《西湖新志》卷一“山水”，收入《中国名山胜迹志》第二辑（沈云龙主编），台湾文海出版社，1971年，第22页。
4. 沈德潜：《西湖志纂》卷二“西湖水利”，收入《中国名山胜迹志》第二辑（沈云龙主编），台湾文海出版社，1971年，第149—152页。
5. “西湖开浚之绩古今尤著者白乐天、苏子瞻、杨温甫三公而已。”参见田汝成：《西湖游览志馀》卷二十四，收入《武林掌故丛编》（丁丙、丁申辑）第10册，广陵书社，2007年，第6426页。
6. 关于孙隆生平及其修治西湖的详细考证可参见拙作《湖山胜概：晚明文人生活情趣》的第二章，中国美术学院出版社，2013年，第32—40页。
7. 沈德潜：《西湖志纂》卷二“西湖水利”，收入《中国名山胜迹志》第二辑（沈云龙主编），台湾文海出版社，1971年，第149页。
8. 张岱：《陶庵梦忆·西湖梦寻》，上海古籍出版社，2009年，第208页。
9. 关于晚明士绅旅游的研究参见巫仁恕《晚明的旅游风气与士大夫心态——以江南为讨论中心》，“生活、知识与中国现代性”国际学术研讨会，台北：中央研究院近代史研究所，2002年11月；张嘉昕：《明人的旅游生活》，明史研究丛刊，2004年；林利隆：《明人的舟游生活：南方文人水上生活文化的开展》，明史研究丛刊，2005年。
10. 在晚明时期的分野上，各家说法多有不同。毛文芳认为：“晚明是一个学界公认的文化史分期，其大致起自隆、万，下至清初，在中国历史上，代表一个充满了变迁意义的时代。”（参见毛文芳：《晚明闲赏美学》，台湾学生书局，2000年，第1页。）稽文甫在探讨晚明思想史时认为：“晚明时期，是一个动荡时代，……这样一个思想史上的转型期，大抵上断自隆万以后，约略相当于西历16世纪的下半期以及17世纪的上半期。”（参见稽文甫：《晚明思想史论》，东方出版社，1996年，第1页。）本文则取隆、万到清初这一比较宽泛的时间范围。
11. 谢和耐：《蒙元入侵前夜的中国日常生活》（刘东译），江苏人民出版社，1998年，第4页。
12. 分析晚明政治经济社会状况的代表作有黄仁宇：《万历十五年》，三联书店，1997年；樊树志：《晚明史》，复旦大学出版社，2003年；孟森：《明清史讲义》，中华书局，

1981 年；魏斐德：《洪业：清朝开国史》（陈苏镇、薄小莹等译），江苏人民出版社，2008 年。

13. 刘东在《蒙元入侵前夜的中国日常生活》的译后絮语中（第 198—199 页）进一步阐发谢和耐的论点，指出“一个社会共同体偏在边衅频仍的危机存亡之秋，居然还有心思去空前精巧化其生活艺术，使人‘直把杭州作汴州’，恐怕其失落就有点必然性了”，把南宋亡国的原因直接归为艺术化的生活。他还提出文明的“瓜熟”与“蒂落”之间的必然联系，认为“成也审美败也审美”，审美愉悦只是主观世界的和谐幻觉，在其中“一晌贪欢”必然导致文化的失落。这种看似警醒实则武断的观点是我所无法认同的。
14. 史景迁：《前朝梦忆：张岱的浮华与苍凉》（温洽溢译），广西师范大学出版社，2010 年，第 1—2 页。
15. 约翰·赫伊津哈：《中世纪的秋天：14 和 15 世纪法国与荷兰的生活、思想与艺术》（何道宽译），广西师范大学出版社，2008 年。
16. 彼得·伯克：《什么是文化史》（蔡玉辉译），北京大学出版社，2009 年，第 10 页。
17. 巫仁恕：《品味奢华：晚明的消费社会与士大夫》，中华书局，2008 年，第 193 页。
18. 曹意强：《艺术与历史——哈斯克尔的史学成就和西方艺术史的发展》，中国美术学院出版社，2001 年，第 59—60 页。
19. John Ruskin, quoted in Kenneth Clark, Civilization: A Personal View, the British Broadcasting Corporation and John Murray, 1969, p.17.
20. 关于晚明士人生活的研究可参看 Craig Clunas、巫仁恕、卜正民、张嘉昕、林利隆等人的著述：Craig Clunas, Superfluous Things, University of Hawaii Press, 2004; 巫仁恕：《品味奢华：晚明的消费社会与士大夫》，中华书局，2008 年；卜正民：《纵乐的困惑：明代的商业与文化》，三联书店，2004 年；张嘉昕：《明人的旅游生活》，明史研究丛刊，2004 年；林利隆：《明人的舟游生活：南方文人水上生活文化的开展》，明史研究丛刊，2005 年。
21. 皮埃尔·布尔迪厄：《区分：判断力的社会批判》（刘晖译），商务出版社，2015 年，第 99 页。
22. 关于张岱的相关研究参见胡益民：《张岱评传》，南京大学出版社，2002 年；张则桐：《张岱探稿》，凤凰出版社，2009 年；史景迁：《前朝梦忆：张岱的浮华与苍凉》（温洽溢译），广西师范大学出版社，2010 年。
23. Craig Clunas, Superfluous Things: Material Culture and Social Status in Early Modern China, University of Hawaii Press, 2004,pp.116—165.
24. 关于晚明士人的物质文化生活参见巫仁恕：《品味奢华：晚明的消费社会与士大夫》，中华书局，2008 年；王鸿泰：《明清士人的生活经营与雅俗的辩证》，美国哥伦比亚大学东亚系、“中央研究院”历史语言研究所及蒋经国中心合办之“Discourses and Practices of Eveday Life in Imperial China”国际学术研讨会，2002年10月；李孝悌：《中国的城市生活》，新星出版社，2006年。

25. 曹淑娟：《园舟与舟园：汪汝谦湖舫身份的转换与局限》，《清华学报》新36卷第1期，2006年，第197—233页。
26. 黄书梅:《林雪:一位明末名妓画家的生平与艺术》,收入《美术史与观念史（VII）》，南京师范大学出版社，2009年，第117—137页。
27. 陈寅恪：《冯友兰中国哲学史上册审查报告》，《中国现代学术经典·陈寅恪卷》，河北教育出版社，2000年，838—839页。
28. 欧阳修：《六一诗话》，人民文学出版社，1962年，第8页。

第一章　晚明西湖畔：一个品位竞争的场域

袁宏道（1568—1610）是晚明“公安三袁”中的老二，几乎所有的中国文学史都会提到他的“独抒性灵，不拘格套”。[1] 袁宏道读书中举，一路顺风，略经波折后，又考上了进士。不过与追求“修身齐家治国平天下”的正统文人不大一样，袁宏道似乎对当官一直怀着矛盾心理：当两年官，打辞职报告；在家待腻了，又重新出山。出出进进，折腾不已，用他自己的话说，“如猴子在树下，则思量树头果；及在树头，则又思量树下饭”[2]，纠结得很。

万历二十三年（1595），袁宏道出任吴县（今吴中区）县令，在江南富庶之地担任有实权的一把手，按说应该心满意足，他却牢骚满腹。在给友人的信中，他大吐苦水：“人生做吏甚苦，而做令为尤苦，若做吴令，则其苦万万倍，直牛马不若矣。”[3] 一个堂堂县太爷，却说自己过得连牛马都不如，何以至此呢？在写给另一位朋友的信中，袁宏道生动地描绘了当县令的种种尴尬苦楚：拜迎上官时成奴才，接待往来过客又如娼妓，治理银库粮仓，要像老看守一样细心周到，除此之外还要像媒婆一样絮絮叨叨地去向百姓宣传政策，晓之以理，“一日之间，百暖百寒，乍阴乍阳，人间恶趣，令一身尝尽矣。苦哉！毒哉！”[4]

对于洒脱狂放的袁宏道来说，这顶人人艳羡的乌纱帽竟如同桎梏。官才当了一年，人就倒下了，“病来五月，鸡骨支床，面貌如烟，肘指如戟，宦心灰冷，归肠迫切”[5]。他果断地做了两个决定：辞官、治病。病该如何治呢？袁宏道先后给两位朋友写了信，一封是写给陶望龄的：

> 弟欲于灯节前后，过西湖养病，便邀君家兄弟盘桓数时。借山水之奇观，发耳目之昏聩，假河海之渺论，驱肠胃之尘土。咄咄袁生，不复事人间事，亦不复人世间人矣！[6]

另一封信是写给汤郧陆的：

> 弟以病得休，挂帆归矣。每闻西湖之胜，欲于灯节前后，杖藜一来。湖水可以当药，青山可以健脾，逍遥林莽，欹枕岩壑，便不知省却多少参苓丸子矣。[7]

袁宏道的这两封信表达了同一个意思：我生病了，要去西湖玩玩才能好起来。原来西湖还有健脾强身的药用价值，可以湔涤宦途中积郁的苦闷（图 1.1）。

图 1.1　（南宋）陈清波，《湖山春晓图》，北京故宫博物院藏

通过旅行纾解生活的压力，并将西湖作为首选地，这看似只是袁宏道的个人偏好。可稍稍浏览晚明文人的文集就会发现：旅游，特别是去西湖旅游，实乃当时的社会风尚。人们怀抱着不同的理由来到西湖：有像袁宏道这样从宦海中急流勇退的士大夫，还有仕途无望的

文人，懒于功名的艺术家，追求品位的儒商，雅士作派的僧侣，才艺双全的名妓。在本书中，我们将与寓居西子湖畔的各类人物一一照面。不过，在走进人物的生活之前，我们应当先了解一下他们活动的场所——晚明西湖畔。

需要注意的是，本书中所谈论的西湖不仅仅是一个风光旖旎的山水胜地，更是一个五光十色的时尚舞台，是社会阶层追逐、竞争名分地位的场域。书中的主人公们虽然都试图向世人展现一种优雅的、充满文人情趣的生活方式，但背后的动机却存在差异：或逃离世网拘迫，或积累文化资本，或构筑心灵归依，或拓展社交平台。风雅，是晚明士人在西湖畔的追求，在这种追求背后暗藏着复杂的社会因素。

一、西子湖的诱惑

（一）烟霞癖

旅游活动在中国历史上出现得很早，梁朝诗人沈约（441—513）就在诗作《悲哉行》中写道："旅游媚年春，年春媚游人。"到了唐代"旅游"这个词开始大量被运用。[8]

旅游活动出现甚早，不过，一直到明代中叶，旅游似乎并不被当成正经的活动。知名理学家湛若水（1466—1560）就对士大夫的山水旅游持轻蔑态度。他将"游"分为三等：跋山涉水，以步履丈量土地的行为只是"形游"，属于下等；在思绪的想象中行遍千山万水，算是"神游"，属于上等；而最最上等的则是"与道同流，天地万物同体"的"天游"。[9]还有一些士大夫对旅游持负面看法，认为游山玩水属于奢侈消费，会破坏大明社会的风气，动摇国家基础。不过，支持旅游的也大有人在，比如王士性（1547—1598）去杭州时，观察到当地形成旅游产业，“渔者、舟者、戏者、市者、酤者”全靠西湖吃饭，旅游活动表面奢侈，却创造了大量就业机会。叶权也以西湖为例，指出杭州及其附近居民都靠观光旅游的收入为生，一旦禁止游玩，反而使百姓失业流徙，所以政府不该对此类消费活动指手画脚。[10] 这些务实派人士颇有亚当·斯密的头脑，只差没说出“看不见的手”这几个字了。

将旅游贬斥为一种在道德意义上可疑的享乐观念很快消失了。嘉靖、万历以后，旅游兴盛繁荣起来，成为士大夫中普遍流行的风气。[11] 明代大学者、万历年间的状元焦竑（1540—1620）便指出与纠缠着强烈物欲的宴饮、聚赌等世俗之乐或赏鉴古玩、弹琴弈棋等高雅娱乐活动相比，投身山水间才是生命最高的境界。[12] 对于晚明士人而言，旅游已经不仅仅是休闲性质的游山玩水，而是标志着一种生命生活的雅化，是一项集自然美、艺术美与社会生活美为一体的综合性审美活动。

晚明文人常用“癖”字来形容自己对旅游的热情。袁宏道宣称：旅游乃士绅之“一癖”[13]，自己“宁作西湖奴，不做吴宫主”[14]。他的弟弟袁中道（1570—1626）也说：“生平有山水癖，梦魂常在吴越间。”[15] 屠隆（1544—1605）亦有类似的剖白，称自己“生平有烟霞之癖，日夜不忘丘壑间。”[16]“癖”是一种病态的执着，与“病”“痴”“瘾”等字皆有相通之处。然而，在晚明的文人圈子里，“癖”非但不是可耻的缺点，简直是魅力的象征。癖好显示了对生命的真诚与狂热，人们普遍认为那些有嗜好怪癖的人，才是销尽名利之心的高士。袁宏道断言：“余观世上语言无味、面目可憎之人，皆无癖之人耳！”[17] 张岱更加一针见血：“人无癖不可与交，以其无深情也。”[18]

“癖”，传达了对文化所认同的行为的一种难以排解的热情。一个人可以爱花成癖，种植四时之花于园中；可以爱书成癖，不惜以家中美婢

图 1.2 （南宋）夏圭，《西湖柳艇图》，台北“故宫博物院”藏

换取一部宋版书；可以爱茗成癖，汲取天下名泉烹茶，细啜品鹭。[19] 同样，一个人也可以徜徉山水、瞻仰名胜美景为癖。这些癖好被士绅们广泛接受，甚至将真正讲究品位、灵性的文人雅士同一般的士绅区别开来。

（二）西湖

西湖，是当时士绅旅行的首选目的地。“上有天堂、下有苏杭”这句俗语在南宋时便已出现。[20] 那片湖泊不仅美在湖光山色，亦美在人文神韵，自宋室南渡之后，它就已成旅游胜地，至明代不衰（图 1.2）。

西湖之所以成为最受欢迎的旅游景点，首先占了地理位置的优势。对于江南地区的士大夫们而言，西湖距离近，交通便利，且旅游服务业成熟（渔者、舟者、戏者、市者、酤者俱全），非常适合展开一场舒适惬意的旅程。危险而清苦的探险式旅游从来不是士大夫们的追求，像徐霞客这样深入荒野进行长途旅行的文人纯属独树一帜的“异类”。在中国古代，真正去荒野的只有两种人——和尚和道士。[21] 至于有教养的阶层，他们很早以前就从荒野向田园撤退了。顾彬［Wolfgang Kubin］指出这种撤离始于东晋：

兰亭诗所表现出来的对自然的热爱，就象（像）建安诗人一样，并非是对荒野自然的热爱。这里讲的自然，通常是指园林和城郊的自然。这个时期的“隐居之地”，已不再是远离文明的深山老林，而多指乡间别墅或私人园林中的宁静自然。[22]

隐居如此，旅游也不例外。去大自然中探险，去偏远之地“壮游”，这不是养尊处优的士大夫们所能轻易应对的挑战。董其昌（1555—1636）口口声声：“读万卷书，行万里路，胸中脱去尘浊，自然丘壑内营。”[23] 又强调“不行万里路，不读万卷书，看不得杜诗，画道亦尔。”[24] 理想甚丰满，现实却骨感：在真正经历了一次长风骇浪中的长途旅行后，他大叹“行路之艰”，表示要学古人“风不出，雨不出，三十年不蓄雨具”了。[25] 与偏远闭塞的名山大川相比，西湖的优势明显：这里是城郊的自然，是文明中心的山水，繁华且安全。

学者万木春的一位画家朋友告诉他，自己从不去那些没有历史遗迹的山。没有文化遗迹的山水，算不得山水——这是传统中国文人对风景的一种典型看法。万木春由此感慨：“看来，个体经验只是欣赏山水的一个方面，而文化传统的教养常常决定了一个人把什么样的自然当作可以欣赏的美景。”[26] 这个判断很有见地。明代文人热衷旅行，但欣赏自然风光只是旅行的目的之一，他们更看重古人在山水间留下的痕迹，“渴望沾一抔先贤触碰过的土，让自己在前后接续的典故中留下印记”[27]。明末清初画家张风的《读碑图》就描绘了一位文人在侍童的陪伴下去山中寻访古代碑刻的情景（图 1.3），画中体积巨大的石碑暗示了辉煌伟大的往昔。

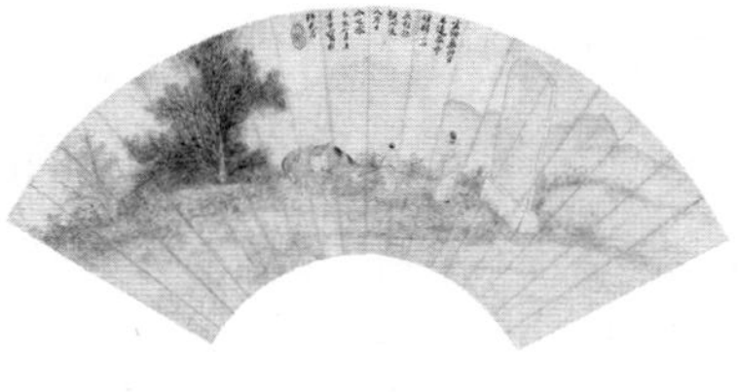

图 1.3：（清）张风，《读碑图》扇页，苏州博物馆藏

绍兴文人张岱钟情西湖，“盘礴西湖四十余年，水尾山头，无处不到”[28]。不

过当他在各种景点徜徉之时，首先想到的总是在自己之前到过这里的古人：在玉莲亭，他追忆唐代白居易曾在此处“载妓看山，寻花问柳”[29]；在西泠桥畔，他缅怀南齐名妓苏小小的风姿，联想到南宋王孙赵孟坚在此处的风景里辨识出古画风格的风雅往事[30]；在智果寺，他念念不忘的是苏东坡与高僧参寥之间穿越时空死生契阔的友谊[31]。丰富的古迹是西湖另一大优势。欣赏古迹需要历史、文化知识的长期积淀。有教养阶层积累的文化资本在欣赏过程中发挥了作用。这会使他们产生一种特别的满足感。

在盘桓山水之余，士大夫们往往抑制不住写作的冲动，要把自己欣赏风景的经验转化为可与他人分享的文字。西湖的自然风景和人文古迹吸引了历代史志作者和文学家为之记录、吟咏，创作出诗文、游记等多元的文本。书写西湖的文字在宋代就已繁盛，明代后期更加丰富。[32]常熟文人季婴从小就“耽嗜西湖山水”，发誓一定要游遍西湖所有景点。后来，他遇到了志同道合的好友王古臣，两人约定每年都要去游一次西湖，不然就算虚度一岁。每次旅行，他们都会带上空白的本子，一边欣赏山水一边做旅游笔记，以文字与风景相互对照，“所阅处，无少许放过，无少许差错”。两人拿着记载详尽的笔记本互相娱乐，还给它起名，曰“手镜”。季婴并不想把这部旅游笔记私藏，而是将之刊刻成书，广泛发行。[33]类似的游记、旅游指南在晚明时汗牛充栋。文字具有“唤起”自然经验的强大能力。晚明的有教养阶层阅读着古人或同时代人关于西湖的描写，无疑会产生亲近这片山水的渴望。与季婴的《手镜》相比，田汝成的《西湖游览志》是一部更加畅销的旅游书，其影响力堪比今天的《孤独星球》[*Lonely Planet*]。田汝成卸官归田后，盘桓湖山，走遍了浙西名胜。正是他对西湖的生动描述，使得黄省曾放弃了科举考试，改道西湖旅游。朋友间的影响是相互的。有一次，黄省曾对田汝成说：“西湖无志，犹西子不写照，霓裳不按谱也，子盍图之。”[34] 在黄的鼓励下，田汝成完成了《西湖游览志》的写作。《西湖游览志》是第一本专以“西湖”为题的旅游书，而且在书名中刻意标举出了“游览”二字。[35] 堆几盈案的旅游出版物成为西湖的广告资源，勾起人们旅行的欲望。有的士大夫则因为无法亲身旅游而借阅读游记来过干瘾，比如沈恺常听越中人士谈及西湖之美，但平生却无法一游，为了弥补遗憾，就找来田汝成的《西湖游览志》读，过过干瘾。[36]

（三）文雅教育

17 世纪中叶，当大明帝国的游客们纷纷涌向杭州西湖时，英国也正在兴盛着一股以欧洲大陆为目的地的大旅行［grand tour］风潮。英国人文主义者弗朗西斯·培根［Francis Bacon］（1561—1626）发表了一篇经典文章《论旅行》［*Of Travel*］，文章开头就鲜明地提出“旅游对于年轻人而言是一种学习的方式；对于成年人，则构成一种经验。［Travel, in the younger sort, is a part of education, in the elder, a part of experience.］”[37] 培根还特别指出就旅行生活中应当留心的事物：

> 远游者在所游国度应观王家宫廷，尤其当遇到君王们接见各国使节的时候；应观其讼庭法院，尤其当遇到法官开庭审案之时；还应观各派教会举行的宗教会议；观各教堂寺院及其中的历史古迹；观各城镇之墙垣及堡垒要塞；观码头和海港、遗迹和废墟；观书楼和学校以及偶遇的答辩和演讲；观该国的航运船舶和海军舰队；观都市近郊壮美的建筑和花园；观军械库、大仓房、交易所和基金会；观马术、击剑、兵训及诸如此类的操演；观当地上流人士趋之若鹜的戏剧；观珠宝服饰和各类珍奇标本。

一言以蔽之，应观看所到之处一切值得记忆的风景名胜和礼仪习俗。

[The things to be seen and observed are: the courts of princes, especially when they give audience to ambassadors; the courts of justice, while they sit and hear causes; and so of consistories ecclesiastic; the churches and monasteries, with the monuments which are therein extant; the walls and fortifications of cities, and towns, and so the heavens and harbors; antiquities and ruins; libraries; colleges, disputations, and lectures, where any are; shipping and navies; houses and gardens of state and pleasure, near great cities; armories; arsenals; magazines; exchanges; burses; warehouses; exercises of horsemanship, fencing, training of soldiers, and the like; comedies, such whereunto the better sort of persons do resort; treasuries of jewels and robes; cabinets and rarities; and, to conclude, whatsoever is memorable, in the places where they go. [38]]

图 1.4 《作品名》记录了罗马万神殿里有许多前往考察古迹的英国青年，意大利画家乔瓦·保罗·帕尼尼［Giovanni Paolo Panini（1691—1765）］绘制

培根主张将旅行作为统治阶级精英的教育途径，这种观念在英国贵族青年中产生巨大影响。这些富裕的年轻人为法国、意大利等国家的文化和风尚所吸引，他们在欧洲大陆四处游历，学习语言和贵族礼仪，研习法律和宗教制度，欣赏古典文化和艺术，决心要把自己培养成有品位、有教养、风度翩翩的绅士。意大利的罗马、那

不勒斯、佛罗伦萨是当时最热门的旅游地。这些城市以其优美的自然风光，伟大的音乐、绘画、建筑，辉煌的古代遗迹吸引着慕名而至的英国观光客，在当时到意大利旅行被看作完成文雅教育[polite education]的一部分(图1.4)。

对于生活在晚明的士人而言，到西湖旅行绝非单纯的娱乐，同样也是在完成一种文雅教育。浦祊自幼听人说起西湖的胜景，神跃欲往。但由于家贫一直未能如愿。天启三年（1623）秋，浦祊终于在叔父的资助下来到了魂牵梦萦了十几年的西湖。培根曾劝导英国的年轻人：旅行中值得细致观察的事物很多，想要避免遗漏，最好的办法就是写日记［Let diaries, therefore, be brought in use］。[39] 而中国青年浦祊就以日记的方式详细记录了他在这次旅行中的见闻：他饱览了秀丽的湖光山色，欣赏了孤山的梅花、紫云洞的奇石、冷泉亭的翠竹、餐霞阁的海日、钱塘江的大潮；他参访了天竺、法相、昭庆在内的诸多名寺古刹，瞻仰了佛骨、高僧遗蜕等佛教圣物；他游览了林逋祠、岳飞祠、东坡像等人文胜迹，将书中读到的逸闻轶事与现实参照印证，并赏玩前辈留下的书画艺术品；他前往拜谒湖畔名士黄汝亨，虽然未能一睹风采，却得以在其构筑的园林“小蓬莱”中徘徊徜徉；他去了藕花居、宝俶塔等遗迹废墟，面对荒凉的烟莽、漫漶的残碑发出了思古的幽叹；他在西湖画舫中焚香、啜茗、饮酒、听曲，体味着一种精致高雅的生活方式。在日记中他以一种幽默的方式表达了这次文化之旅对自己的影响：

> 午后，微有霁色，与二三兄弟步至昭庆寺。临湖酒楼，群饮于上。巨觥满酌，山色湖光尽浮酒面。谛视良久，一饮而尽，鼓腹大笑曰：“全湖景色在吾腹中，今而后安得谓之空洞无物哉！”兄弟为之绝倒。[40]

西湖畔的岁月令这个年轻人眼界更为开阔，心灵更加充实。然而，浦祊不是一个被动的学习者，在旅途中他时时调动着自己的知识积累和艺术修养。即便在欣赏自然风景时，他也会在其中发现自己所熟悉的画作。一天早上，湖上飘起了细雨，浦祊看到了西湖别样的风姿，他在当天的日记中这样写道：

> 晨钟初歇，披衣启户，细雨溟濛，湖光山色不甚分明，模糊中别有妙处。茂之方浓睡，余抚其背曰："黄粱熟矣，何尚蘧蘧然耶？"茂之一笑起，不暇束带，倚户延望曰："此真米家泼墨法也。"既而，叔父至，仲兄以告，叔父亦云然，相与读画。[41]

图 1.5 （宋）米友仁，《远岫晴云图》，大阪市立美术馆藏

米芾父子运用泼墨法，以笔饱蘸水墨，横落纸面，巧妙利用墨与水相互渗透作用所形成的模糊效果，艺术地表现烟云弥漫，雨雾蒙蒙的江南山水（图 1.5）。这种绘画风格也影响了此后文人欣赏风景的眼光。浦祊他们像欣赏米氏绘画一般欣赏着烟雨迷蒙的西湖，这一欣赏模式的本质，就是当观赏者在面对三维自然的时候头脑里闪现出的却是二维的风景画面，这就需要观看者充分调动自身的艺术修养，以绘画的眼光领悟自然的趣味。

二、图文并茂的旅游指南

（一）图画与旅游

图画与旅游之间有着种种微妙的联系：图画可以撩拨起旅游的欲望——在这个世界上有很多角落，只有在被艺术家们描画之后，我们才会有兴趣去探索它们；图画还可以在游览的过程中起到推波助澜的作用——诱发旅行者心底更加深刻的感受和体验，使他们不至于因为匆忙随意而变得麻木。正是在米家山水画的指引下，青年人浦祊才从西湖烟雨中获得了更深刻的审美体验。

对于那些出于种种原因不能亲临山水的晚明文人而言，借助绘画同样可以达到一种不受拘束的精神游历。嘉定画家李流芳（1575—1629）二十多年来，没有一年不到西湖旅游，甚至一年要去好几次。他的好朋友张子薪却因为身体多病，无法出远门。就在李流芳即将再一次踏上西湖之旅的前夕，张子薪抱着空白册页去为李流芳送行，央求他在西湖边为自己画上几幅山水图，他的语气中充满了企盼："子游西湖，徘徊于六桥两山之间。我不能游，而又失子，戍得子画以代我游，日以代子谈，何如？"[42]

如果说语言的描述和文字的记录可以唤起人们旅游的欲望，那么图画更加直接地刺激了人们渴望亲近自然的神经。何良俊（1506—1673）喜爱搜藏山水画作，在他看来，一般的名山游记远不如山水画引人入胜，因为游记纵然文笔高妙，善于摹写，极力形容，处处精到，但仅仅依靠语言文字使人想象，终不得其面目。而图画则可以将山水的幽深、烟云的吞吐形象地再现于人的眼前，使人产生身临其境的感受。[43] 何良俊计划当自己年老体衰不能遍历名山之时，就把自己多年来搜集的山水画挂在堂中，神游山水，享受"卧游"的乐趣。他说自己这么做是仿效"宗少文卧游之意也”。[44]

宗少文即南朝画家宗炳（375—443），他是“卧游”这一独特旅行方式的开创者。据《宋书·隐逸传》记载，宗炳才华出众，朝廷数次征召他做官，他却坚辞不就，死心塌地成为一名旅行家，足迹踏遍名山大川。后来他因病回到老家江陵，感叹自己因为精力衰惫，不能再像青年时代那样四处游历，于是就将游历过的山水绘在墙壁之上，每日坐卧向之，对其抚琴，希望得到画中山水的回应。对于此举，宗炳自己的解释是:“老疾俱至，名山恐难遍睹，唯当澄怀观道，卧以游之。”[45]

宗炳的这句话道出了“卧游”观念的两层内涵：一是“卧游”的现实功用：可以突破物理空间的局限，当旅行的目的地遥远而跋涉艰难，身体和现实的状况（比如年老、疾病）难以如愿，图画可以作为一种弥补，给观看者带去慰藉。二是“卧游”的精神功用——“澄怀观道”，在山水画中寻找到心灵和精神的安顿。徐复观先生在《中国艺术精神》中指出宗炳的“澄怀”即庄子的虚静之心。“以虚静之心观物，即成为由实用与知识中摆脱出来的美的关照。”在卧游的过程中，卧游者自己的精神会融入美的对象中，获得自由解放。卧游可以使人忘却尘世间的功名利禄，“这是他能‘澄怀’的原因，也是他能‘澄怀’的结果”[46]。简而言之，这种“逍遥游”既是一种自由的精神选择，同时也显示出选择者的精神境界：倘若没有一个超脱的灵魂和一颗审美的心灵，是无法踏上“卧游”之旅的。

当老病来袭，宗炳借绘制于墙壁上的山水画实现了卧游之旅。他或许不曾想到此举既扩展了山水画的功能，也开启了一种全新的旅游方式。“卧游”之“游”并非身体之游，而是精神之游。“卧游”不在意用双足丈量大地山河，只要内心足够丰富，就可突破物理空间的障碍，在精神的世界里畅游无阻。宗炳之“卧游”强调精神层次的内在修养，因而受到后世文人的追捧。

图 1.6　传（唐）王维，《辋川图》，日本圣福寺摹本

北宋元祐二年（1087）夏天，秦观因为得了“肠癖之疾”，也就是消化不良拉肚子，卧床不起。好友高符仲带了王维的《辋川图》来探望秦观，并告诉他“阅此可以愈疾”。秦观非常高兴，让两个儿子将画卷展开，自己在床榻之上细细观赏。《辋川图》是中国艺术史上文化内涵极为丰富的经典之作（图 1.6）。它与王维的个人魅力紧密相连，是文人士大夫隐逸理想的代表。《辋川图》描绘的辋川溪谷，位于长安南边的南田县附近。初唐诗人宋之问在此置别业，名为蓝田山庄，后为王维所得。到了秦观生活的时代，辋川别业早已渺然无踪，然而通过观看王维的《辋川图》，秦观却可以穿越时光隧道，与王维在辋川山水中把臂同游。如果说宗炳的卧游是借山水画突破了空间对身体的局限，秦观的卧游则同时征服了空间与时间。秦观声称“余本江海人”，不屑于世俗的名利纷争，通过这次“卧游”，他在王维的隐逸生活中寻找了自我的精神寄托。观看绘画之后，他身心顿感舒畅，“数日疾良愈”[47]。

南朝之后，“卧游”的审美理念被各代文人承袭。他们钟情的山水并

图 1.7　（南宋）李生，《潇湘卧游图》（局部），东京国立博物馆藏

非普通景点，而是深具历史内涵的文化地标，除了辋川别业之外，“潇湘”也是众多文人憧憬的精神家园。日本东京国立博物馆藏有南宋时舒城李生绘制的《潇湘卧游图》（图 1.7）。画卷以轻灵、淡雅的细腻笔致描绘出烟雨微茫的潇湘山水，并运用墨色浓淡成功地表现出大气微妙的明暗。绘画的题跋告诉了我们关于这幅作品的动人故事：南宋的云谷禅师三十年云游四海，晚年隐居在浙江吴兴的金斗山中，回顾自己的一生，他发现生命中最大的遗憾是从未去过湖南，未能见识传说中的潇湘山水。为了弥补这一遗憾，老禅师仿效宗炳的“卧游”之举。他请来许多画家描绘潇湘山水美景，并将这些画作都挂在禅房内，以求心与景相互交会。在云谷禅师收藏的众多的潇湘图中，舒城一位不知名的李姓画师的这幅画幸运地流传了下来。

宗炳、秦观与云谷禅师通过在绘画中卧游，突破现实环境与时空条件的限制，运用想象与情境的契合，一窥山水奇景。到了明代，卧游更是成为文人士大夫普遍自觉的选择。有人因为仕途羁绊，不能随时踏上一场“说走就走”的旅程，便借山水画神游千里，比如王锡爵（1534—1614）。他在京师做官，常对西湖山水魂牵梦萦。有一天中午休息，一位朋友送来陈淳的西湖山水画。他兴奋地展开画卷，一幅幅熟悉的图景再现于眼前，油然产生了一种幻觉：自己仿佛踱步于六桥之上，走过苏公堤，湖山胜景令他应接不暇。忽然间，他又似乎感到钱塘潮水正自远渐近向他涌来，涛头隐隐动地。直到门外车马骈阗之声将他拉回现实，他才意识到还坐在自个儿北京的家里，而西湖则远在千里之外。[48]

（二）旅游指南

“卧游”最初的意思是以欣赏山水画替代游览，“卧”是身体的静止，“游”是精神的活跃。绘画，特别是山水画，是“卧游”最常见的媒介之一。[49] 然而自晚明开始，一种新的"卧游"媒介诞生了，那就是旅游指南中的版画插图。

图 1.8 《新镌海内奇观》（万历三十七年刊本）插图之"花港观鱼"

明万历三十七年（1609），杭州书商杨尔曾（约 1575—约 1612）出版了一部旅游指南——《新镌海内奇观》。全书共十卷，依次介绍了五岳、孔林、黄山、西湖、天台山、武夷山、潇湘、峨眉山、广西、云南等地的风景名胜。郑振铎先生曾购藏此书的初印本，他认为明代人有编辑出版名山游记之风，但书籍都只有文字，没有插图，"名山记之有图，盖自尔曾此书始。"[50] 郑振铎的论断并不确切，给旅游书籍配插图不是杨尔曾所创。在明嘉靖二十六年（1547）初刻的田汝成《西湖游览志》中便收入了若干幅"西湖图"，不过全然是舆图的风貌。还有在明万历二十九年（1601）刻印的高应科《西湖志摘粹补遗奚囊便览》中，也有《浙江省城图》《孤山六桥图》《烟霞龙井图》《净寺虎跑图》《浙江看潮图》《吴山十庙图》等十余幅版画。然而，《新镌海内奇观》确是一部视觉特色鲜明的书籍，其引人瞩目之处有二：一是图画数量很大，全书共一百三十余幅风景画，并以单面、双面、合页成图等多种方式呈现；二是图画质量精美，全书绘制工整，镌刻精妙，笔笔传神，刀刀得法（图 1.8）。郑振铎对其赞不绝口，称："像《新镌海内奇观》那样的插图，绝不是凭空所能刻画出来的。"[51]

杨尔曾本是个读书人，但在科举之路上却屡屡受挫，于是转而投身出版行业——这既是他养家糊口的手段，也是他自我实现的途径。[52] 杨尔曾编撰过小说、画谱、宗教读本等多种类型的书籍，是一位经验丰富的出版人。那么，他为什么要编一部图文并茂的旅游指南呢？

在为《新镌海内奇观》撰写的序言中，杨尔曾把编书的动机归之于

图 1.9 福建书商余象斗的肖像可以帮助我们想象杨尔曾的日常状态。余象斗坐在书桌前，把自己打扮成学者的模样。书籍、对联、优雅的庭院、精美的屏风画、陶瓷茶具中的茶，都传达着一种士绅阶层的趣味。亭子上方的木匾“三台刻印社”则提醒我们：余象斗的真实身份是一个具有经济头脑的商人。

自幼对山水的一往情深：

> 余幼爱山水，髫年从先大父游于筠楚间，每经行名胜，辄低回不忍去。先大父顾余曰：“会心处政不在远。”[53]

杨尔曾从小即有山水之志，可是受制于各种条件，不可能走遍万水千山，“有近在眉睫，或远在日边，谁能以有尽之天年，穷无涯之胜地”[54]，所以“性喜探奇”的杨尔曾，“尝宏搜天下山川图说，汇为一帙”[55]，要将山川胜景与热爱旅游的人分享。杨尔曾给出的理由很有些浪漫主义色彩，不过还有个相当现实的原因他没说出口：随着旅游风气在大明帝国的盛行，像《新镌海内奇观》这样的旅游指南能投合消费者的需求，必然会有光明的市场前景（图 1.9）。

晚明的旅游之风不只在士大夫圈子中盛行，也蔓延到了社会中下层。旅游活动也从官员的“宦游”、士大夫的“士游”，普及到大众旅游。许多大城市如北京、苏州、杭州、南京等地附近的名胜，都出现了“都人士女”聚游与“举国若狂”的景象。[56]虞淳熙登上西湖附近的慧日峰山顶，居高临下，为游人数量之多感到惊诧：“江舟如叶，湖舟如凫，锦塘苏堤，游人如蚁，箫鼓隐隐，声如蜩螗，而瓦如鳞，山如髻，则城中浙外之景也。”[57]李流芳根本不敢在中秋节去苏州虎丘，因为那是旅游旺季，“仕女倾城而往，笙歌笑语，填山沸林，终夜不绝”[58]。南京的秦淮河一带，“夏水初阔，苏、常游山船百十只，至中流，箫鼓士女阗骈，阁上舟中者彼此更相觑为景”[59]。北京的香山每逢良辰佳节，“都人士女，连佩接轸，绮罗从风，香汗飘雨，繁华巨丽，亦一名胜”[60]。

旅游既然成为从士大夫和平民大众都可以参与并热衷的活动，也刺激了旅游相关书籍的出版，这是出版行业对市场需求的积极回应。16 世纪的中国，白银的涌入和接踵而至的商品化，宣告了一个大规模出版时代的来临，随着城市商业的繁荣和印刷技术的进步，私人刻书业呈现出前所未有的发达景象。[61] 以大众市场为目标的书籍大量涌现，如启蒙读物、德育课本、法律条文汇编、小说、戏剧、色情文学、幽默故事、导游手册、外国风物介绍、各类知识摘抄和各类书籍的廉价改写本，只要有读者、有销路就行。[62] 无论从数量上，还是种类上讲，这在中国历史上都是前所未有的。当意大利耶稣会传教士利玛窦从印刷术刚刚传入不久的一个文化世界来到中国时，他对眼前的图书世界赞叹不已：“这里发行那么大量的书籍，而售价又那么出奇地低廉。没有亲身目睹的人是很难相信这类事实的。”[63]

此时的杭州，与北京、南京、苏州一起，构成了全国四大出版中心。杭州的书肆数量很大：

> 多在镇海楼之外，及涌金门之内，及弼教坊、及清河坊，皆四达衢也。省试则间徙于贡院前；花朝后数日，则徙于天竺，大士诞辰也；上巳后月余，则徙于岳坟，游人渐众也。梵书多鬻于昭庆寺，书贾皆僧也。自馀委巷之中，奇书秘简，往往遇之，然不常有也。[64]

这种随着人流而迁徙的书市，经营品种以举业帖括之本、生活日用之书、通俗话本小说为主，同时由于杭州是旅游胜地，吸引着来自大明帝国四面八方各个阶层的游客，因此与旅游相关的书籍如游记汇编、地方志、旅游图册、路程书等皆十分畅销。杨尔曾的《新镌海内奇观》就是在这一背景下产生的。这一融合了文字与图像的媒介既可以作为实地旅游的指南，也可以作为精神式游历的向导，因而大受欢迎。

图文并茂的旅游指南是一种文化创新产品。世界上有许多有趣的地方，并非谁都能轻易地亲自前往。如此一来，不得不先为风景名胜作宣传，扩大知名度。这就和现在的观光海报上刊载新奇有趣的风景图片以吸引游客的道理一样。像杨尔曾这样的晚明出版人或许已经深谙一个秘密：读者非常容易被书中那些生动的诗文所打动，为那些印刻精美的插画所俘虏，从而不假思索地踏上一场或是臆想、或是真实的西湖寻梦之旅。毕竟在诗歌、绘画这些艺术作品中找寻有价值的因素远比从现实生活中来得容易。通过省略、压缩，甚至切割掉生活无聊的时段，艺术作品将观者的注意力直接导向生活中最精彩的场景。一次开销巨大的旅行的起因可能仅仅是因为偶然瞥见了一张动人的图片。

（三）西湖十景与吴山十景

身为《新镌海内奇观》的总编辑，杨尔曾采用了一种传统的方式对选取的图像和诗词进行归纳处理——以“十景”作为观赏风景的分类框架。书中有“咏西湖十景”“咏钱塘十胜”“咏潇湘八景”等若干专题。

自然界的景物变化纷呈，为什么要将之概括为“八个”或“十个”具体的景观，再给每个景观起一个充满诗意的名字呢？《红楼梦》第十七回“大观园试才题对额，荣国府归省庆元宵”中的一个场景或许能给我们启发：大观园工程告竣，贾政赶在元妃省亲之前领着宝玉和一帮清客在园中游赏，为各处风景题写匾额对联。按照贾政的话来说：“若大景致，若干亭榭，无字标题，任是花柳山水，也断不能生色。”[65] 是的，自然之物，无论其本身看起来多么秀美奇特，总是缺少一个名字，一种身份，一个声音。它们必须得到品题，然后才能变得出类拔萃、与众不同。

中国园林题名点景的文化传统由来已久，它的产生与文人画的发展密不可分。沈括在《梦溪笔谈》中记载了宋迪创作《潇湘八景》的经过：

> 度支员外郎宋迪工画，尤善为平远山水。其得意者有《平沙雁落》《远浦帆归》《山市晴岚》《江天暮雪》《洞庭秋月》《潇湘夜雨》《烟寺晚钟》《渔村落照》，谓之八景，好事者多传之。[66]

宋迪是北宋颇有成就的画家，尤其擅长山水。据《宣和画谱》描述，他的绘画具有一种文学内涵，“或因览物得意，或因写物创意，而运思高妙，如骚人墨客，登高临赋”[67]。宋迪曾于嘉祐年间任转运判官和度支员外郎，亲临潇湘之地，《潇湘八景》应该就是在此期间创作的。这幅画一经问世，就备受文人士大夫的推崇：宋迪的好友苏轼一连写了三首赠诗，称赞他的潇湘图具有自然天成的“幽意”。米芾见到《潇湘八景》也不禁拍案叫绝，即兴配诗，并为之作序。文人雅士们通过配画、题诗等多种形式，自娱或唱和，使此画广为传播。南宋宁宗皇帝赵扩丹笔御书八景组诗，从此《潇湘八景》更是名声大震（图 1.10），其他画家也纷纷仿效。

图 1.10　（南宋）牧溪，《潇湘八景》之“远浦归帆”，日本京都国立博物院藏

那么宋迪是不是先选定了八景而后才按景作画呢？这恐怕未必，历代不少绘画理论家都认为宋迪是在完成了画作之后，再根据每幅画的意境拈出四个字加以概括。[68] 宋迪精心构思的八景标题整体上就像一首气息幽远的律诗：

平沙雁落，远浦帆归
山市晴岚，江天暮雪
洞庭秋月，潇湘夜雨
烟寺晚钟，渔村落照

这四组标题不仅对仗工整，而且在声响和寂静之间还形成了对应："雁落"时的鸣叫声与"帆归"的阒静相对；"山市"的喧闹与"暮雪"的苍凉相对；"夜雨"中的风雨之声与"秋月"中的静谧相对；"晚钟"敲响的声音与"落照"的缄默相对。对于宋迪这样中过进士，从小研习音韵和对偶的士大夫而言，在律诗的体制下创作这八个标题，倒也不是什么难事。[69] 这些标题一旦拟定不仅提升了画面的内涵，也为观赏者提供了看画、赏景的线索。正如园林美学家金学智先生所言："没有题名序列的园林，在精神的领域里只具有散文的结构，而有了规整性优秀题名序列的园林则具有了诗的结构。"[70]

对"潇湘八景"的选择归纳具有明显的偶然性和人文色彩。潇湘之地可以入画的景观绝对不只此八种。从沈括对八景的描述中可以看出，宋迪拈出这八幅景致很大程度上是出于艺术效果的考虑，而不是对实际自然景观的客观总结。不过宋迪的这一艺术行为，却影响了后世人观景、取景乃至造景的思维模式。[71] 八景名目成为人们给景观世界分节的标志，一旦被拟出就如同路标一样强劲地支配着人们的观察。落雁、归帆、晴岚、暮雪、秋月、夜雨、晚钟、落照，这一个个充满诗意的短语与其说是宋迪视觉经验的记录，还不如说是他所创造的一种视觉方式。

受《潇湘八景》的影响，文人士大夫纷纷为各自熟知的地方做八景图、八景诗，其中影响最大的当属“西湖十景”。“西湖十景”的名目最早见载于南宋祝穆所撰写的《方舆胜览》。[72] 这些题名与宋迪的“潇湘八景”一脉相承，是画家先绘制出图像，然后再根据画意命名的。崔灏在《湖山便览》中勾勒出了西湖十景名目的起源：与祝穆同时代的画家马远、僧若芬均绘有西湖景致的画幅，画成之后拈出四字景目，其后的画家陈清波、马麟又根据拈出的景目绘制《西湖十景图》，而诗人王洧、词人陈允平也根据这些景目作诗填词，十景的名目由此广为流传。[73] 从西湖十景产生和发展的过程中，我们可以清楚看到艺术（绘画和文学）是如何通过对纷繁散漫的自然景观加以选择，从而支配我们的观察的。偌大西湖的美妙风景当然不止这十处，然而一旦经过绘画的再现和文学的提炼，特定的景致就从大自然中凸显出来。与此同时，人们看待自然的眼光也发生了改变，即从以一个松散的方式观察美的位置转向了另一个位置，在这个位置上，人们可以获得对美的组成部分的深刻理解，继而获得关于美的更加深刻的记忆。好景一被道破，便成绝响，经过历代文人士大夫的艺术加工，“西湖十景”已成为某种典型化的审美感受。到了晚明时候，围绕西湖十景所产生的绘画与诗词已经非常丰富，在畅销的旅游书籍如《西湖志类钞》《新镌海内奇观》中都刊有西湖十景图。

除了“西湖十景”之外，杭州还有“吴山十景”。位于巴黎的法国国家图书馆［Bibliothèque Nationale de France］收藏有一部明代万历年间刻印的书：《湖山胜概》。这是一部由晚明的杭州人陈昌锡出版的“宣传”杭州风景的书籍，图文并茂地展现了杭州吴山的十大景致。陈昌锡在《湖山胜概》的跋语中提到关于西湖十景的吟咏描绘很多，而他又从父老口谈中得知吴山十景的名目，即紫阳洞天、云居松雪、三茅观潮、通玄避暑、宝奎海旭、青衣石泉、太虚步月、海会祷雨、岳宗览胜及伍庙闻钟。

与“潇湘八景”“西湖十景”相比，“吴山十景”不仅产生较晚，知名度也低得多。吴山，春秋时期为吴国的南界，故称“吴山”。又因当时吴国大夫伍子胥因进谏吴王夫差而惨遭屈杀，人们为纪念他，在山上立有伍公庙，故又称此山为伍公山、胥山。据说柳永作《望海潮词》歌颂钱塘胜景，金主完颜亮读到“有三秋桂子，十里荷花”的句子时，不禁产生了对西湖美景的艳羡之心，立志弯弓南下。他命令画工潜入杭州，派给他们两项任务：一是将西湖的胜景绘成图像，贴在软屏间；二是将自己策马奔驰的形象绘制于吴山之巅，并题诗其上——“万里车书盍会同，江南登有别疆封。提兵百万西湖上，立马吴山第一峰。”[74] 这则关于吴山的逸事在晚明广为传播，汤显祖（1550—1616）还将其写入了传奇剧本《牡丹亭》中。[75] 此时，吴山已经成为杭州一个重要的旅游点，留下了众多文化名人的足迹。画家陈洪绶（1599—1652）就曾寓居吴山火德庙西侧的西爽楼，他的居所附近盛开着牵牛花，湿翠盈盈，颇饶幽趣。陈洪绶钟爱此花，每天天一亮就要出门把玩，他绘制的《牵牛花画册》姿态娟妙，着色处无人可比。[76]《顾氏画谱》的编撰者顾炳在游历了名山大川之后结茅于吴山之麓，在此研习书画，追摹古人。[77] 著名戏曲家、出版商李渔（1611—1680）晚年将南京“芥子园”的产业转让，举家搬迁到杭州，将生平的最后一座别业“层园”修建在“前门湖水后江潮”的吴山上。[78] 根据《湖山胜概》的跋语，随着吴山的名气越来越大，民间已经流传着吴山十景的名目，只是没有相关的绘画和吟咏，因此十景的影响并不大。为了推广吴山的风景，陈昌锡决定刻印一部图文并茂的吴山十景之书（图 1.11）。

浏览一下吴山十景的名目不难发现它的命名遵循着既有的套路：题

名的前两个字主要对场所的名称加以限定，后两个字标示时间、季节、景物。如“太虚步月”“太虚”指出景观的位置，即吴山山巅的太虚楼，“步月”则点出要表达的景象，两者相合为一个综合之景——站在太虚楼上眺望月色。但是它所包含的意境却远远大于“太虚”“步月”的简单拼凑，而是成为一个在深度和广度上都得到了很大拓展的有机合成。这种形式和效果，与诗歌的意象结构相通，包含了浓厚的诗意。

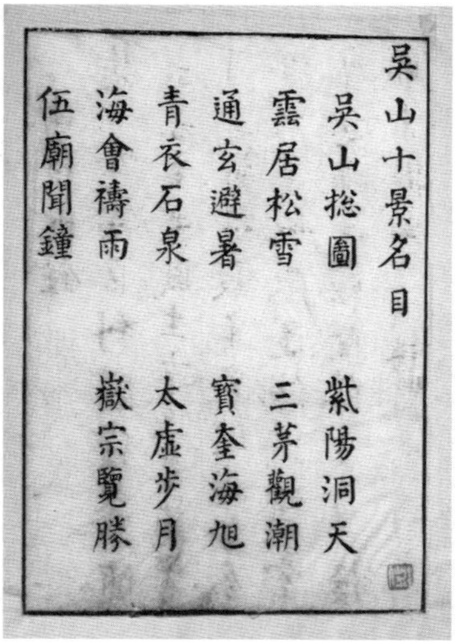
吴山十景名目
吴山揔圖
雲居松雪
通玄避暑
青衣石泉
海會禱雨
伍廟聞鐘
紫陽洞天
三茅觀潮
寶奎海旭
太虛步月
嶽宗覽勝

图 1.11 《湖山胜概》之“吴山十景”，法国国家图书馆藏

无论是西湖十景还是吴山十景，其名目的取舍都受到了潇湘八景的启发。在潇湘八景中蕴含的寒冷肃杀的冬雪、凄清宁静的月光和悠远而充满禅意的钟声等意象，在西湖十景和吴山十景中都再次出现（表 1）。雪、月、钟声这些意象重复出现于十景名目之中并非偶然，欧阳修在《六一诗话》中记述了一个有趣的故事：宋朝初年的诗坛上有九位善于写诗的僧人，他们的诗作描写隐逸闲趣及林下生活，风格清奇雅静。“当时有进士许洞者，善为词章，俊逸之士也。因会诸诗僧分题，出一纸，约曰：不得犯此一字。其字乃山、水、风、云、竹、石、花、草、雪、霜、星、月、禽、鸟之类，于是诸僧皆阁笔。”[79] 离开了这些字，诗僧难有作为，而风景名目自然也无法拟定了。

意象	潇湘八景	西湖十景	吴山十景
雪	江天暮雪	断桥残雪	云居松雪
月	洞庭秋月	平湖秋月	太虚步月
钟声	烟寺晚钟	南屏晚钟	伍庙闻钟

表 1

古人为何如此热衷为风景标立名目呢？这恰恰反映了他们对美和拥有美的兴趣。自然山水之美是由许多复杂的因素组合而成的，而对美做出反应并且拥有它是人类与生俱来的渴望。在与美邂逅的刹那，我们会产生一种强烈的冲动，一种紧紧抓住并将它占为己有的愿望。我们急于向世人宣告："我来了，我看见了，我拥有了。"[I came, I saw, I had it.]可惜美总是短暂的，很多地方我们去过了，很多美景我们见识过了，但不过只是走马观花，曾经强烈震撼我们的情景在回忆中却逐渐变得模糊。那么我们如何才能把握住转瞬即逝的美景，让它成为生命中一部分呢？照相机为今天的人们提供了一种选择，随着快门的按动，我们对将要失去一幅珍贵图景的焦虑也就自然消失了。古人没有现代化器材的协助，于是他们便通过绘画的再现和文学的提炼，创造了为自然风景进行分节的标识。我们不妨把为风景标立名目看成一种编码：现实虽然丰富多变，无法被我们随意复现，但用符号编码的东西却很容易习得，并能在惊人的程度上被追溯和回忆。这种编码的方式可以使观赏者更加敏锐地理解那些促成美的因素（视觉上的和心理上的），也为他们提供了一种拥有美的方式。在去西湖旅游了一趟后，今天的我们会向故乡的友人们展示用佳能、尼康等相机拍摄出的一张张色彩鲜明的照片，而数百年前的古人则会以围绕着西湖十景所绘制的图像、吟诵的诗文来保留和传递他们的湖山记忆。

（四）标榜"卧游"

在《湖山胜概》的跋语中，陈昌锡以"卧游"二字点明出版此书的宗旨："庶阅兹编而结想湖山者，不出户庭，湖光山色在几席间矣，岂不当古之卧游乎？"[80] 稍稍翻阅一下晚明时的旅行书籍就会发现，"卧游"是编纂者使用频率最高的修辞之一。精明的书商杨尔曾为了提升《新镌海内奇观》

的影响力，特意请来三位文化名人陈邦瞻、葛寅亮、方庆来为书作序。三人的推荐语皆紧扣“卧游”二字。陈邦瞻重提宗炳卧游的典故，并点明“杨子之意实仿古人”[81]。葛寅亮说：“观其书将足不遍层峦叠嶂间，而身在丹崖翠壁内矣。”[82]虽不明言“卧游”，其意相当。方庆来说：“彼卧游者，谩劳车马，睹胜景于掌握之中；不出户庭，畅幽情于画图之外。”[83]至于杨尔曾，干脆以“卧游道人”自居，并道出自己编写此书的初衷：“谁能以有尽之天年穷无涯之胜地，故仿意卧游，以当欣赏。”[84]很显然，“卧游”是这部书最大的卖点。除了《新镌海内奇观》，晚明畅销的旅游绘本，如《金陵图咏》《名山记》等无不标榜“卧游”之用。

然而，稍稍琢磨一下晚明旅游绘本中出现的“卧游”二字会发现，这一概念的内涵与宗炳提倡的“卧游”已大不相同，甚至是彼此矛盾的。

首先，“卧游者”的身份改变了。宗炳“是妙善琴书，精于言理”，同时又“好山水，爱远游”的隐逸文人。一直到晚明以前，乐意于实践“卧游”的都是具有高度文化修养的士人，他们能够在山水画中体验精神的趣味。在旅游指南的插图中实践“卧游”的却是一个更为复杂的群体。在为《新镌海内奇观》撰写的序言中，陈邦瞻肯定了杨尔曾出版此书是对宗炳“卧游”之举的模仿，但同时也指出了杨尔曾此举与宗炳的不同之处：“然彼仅豁之己目，此以传之同好。趣尚虽均，广狭迥矣。”[85]从使用者的角度来看，宗炳的山水画仅仅供自己“澄怀观道”，而杨尔曾的旅游指南却不为着私人观赏，而是要“传之同好”的。那么，他的“同好”又是谁呢？当然就是这部书的读者。

马兰安［Anne E. Mclaren］在《在晚明的中国塑造新的阅读大众》［Constructing New Reading Publics in Late Ming China］一文中描述了16世纪中叶出现的一个新的阅读群体：

> 16世纪中叶，通俗出版物的作者与出版商意识到他们的读者已不再局限于知识阶层，在中国印刷文化史上这种情况大概是第一次出现。从那个时代留下来的文集序言和评论中可以看出当时的人们逐渐意识到通俗读物的潜在读者群庞大复杂，包括官员、文人、新富阶层中的收藏家、形形色色的门外汉、普通百姓、学识浅薄之人，甚至广大的“帝国公民”或称“四民”。这种意识在17世纪得到了进一步的扩展与加强。[86]

马兰安所描绘的这一新兴的阅读群体中也包括了以《新镌海内奇观》为代表的旅游绘本的目标读者。随着旅游风气在大众文化中的蔓延，越来越多的人渴望着饱览湖山风光，他们之中不仅有文人雅士，也有商人、底层文人、妓女、普通百姓等形形色色的游客。后者的认知水平和审美品位虽不能和文人士大夫相比，但内心里恐怕也渴望接近这种趣味，毕竟附庸风雅也是一种时尚，如果能花不多的钱买到一部图文结合的旅游读物，可以像宗炳、秦观、王锡爵、何良俊等文人那样体验“卧游”之旅，又何乐而不为呢？

其次，卧游图的使用方式改变了。宗炳的“卧游”是一种个性化的私人实践，是一种孤独的审美体验。用他自己的话说，就是：“闲居理气，拂觞鸣琴，披图幽对，坐究四荒，不违天励之藂，独应无人之野。峰岫峣嶷，云林森眇。”[87]而旅游指南是为了满足大众对热门旅游景点的向往与好奇，众多的读者面对的是完全相同的插图，画中的山水是复制的，并非为某个个体而描绘。方庆来在《新镌海内奇观》的序言中指出了这本书有两大用途：

> 彼卧游者，谩劳车马，睹胜景于掌握之中，不出户庭，畅

幽情于画图之外。即身游者，可按图穷致山川之奇，不至于湮没于当局矣！[88]

旅游绘本的第一项功能与文人山水画相似——当身不能往的时候，可以在图像中“卧游”。可是第二项功能却是旅游指南所独有的——当亲身前往的时候，可以“按图穷致山川之奇”，也就是将书中的插画当作旅行导览图使用。

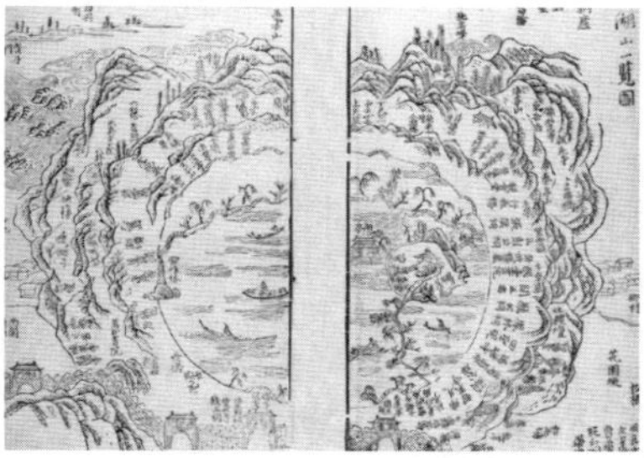
图 1.12　《新镌海内奇观》之“湖山一览图”

再次，卧游图的艺术风格发生了改变。使用者和使用方式的改变，使旅游绘本中“卧游图”的风格与传统的文人卧游画迥然不同。既然读者在实际旅游中要将绘本中的插图当成导览图式，那么图像必然要侧重对实景的刻画。在《新镌海内奇观》有一幅描绘西湖全景的版画（图 1.12）。画家为了力求详尽且使人易于理解，采用了鸟瞰的视角，使得每一处重要的景点在画面上都无一遗漏，而且连地名也不厌其烦地一一标注了出来，与今天“按图索骥”式的游览地图无甚区别——记录的意义超过了审美价值。旅游指南中的插图则多由职业画师完成。比如《新镌海内奇观》的绘图者陈一贯就是一位职业画匠，负责镌刻的新安人汪中信是一位职业刻工。这些插图的创作过程也与文人山水画大不相同，画家甚至要“策蹇游舠，躬历其境”，在实地勘测考察的基础上完成画稿。[89]

而文人卧游的山水画绝不会亦步亦趋地对真实的风景进行机械的描摹，他们对于“导览式”的图画根本不屑一顾。北京故宫博物院收藏有沈周绘制的一套《卧游图册》。该图册现存十九帧，其中含引首和跋尾各一帧，山水七帧，花果七帧，禽、畜、虫各一帧。在跋尾中，沈周（1427—1509）道出了绘制册页的动因：

宗少文四壁揭山水图，自谓卧游其间。此册方或尺许，可以仰眠匡床，一手执之，一手徐徐翻阅，殊得少文之趣。倦则掩之，不亦便乎，手揭亦为劳矣！真愚闻其言，大发笑。

沈周明确表示绘制此套册页是对南朝山水画家宗炳“卧游”之举的追摹，但也得意地指出自己做出了一个重要革新：宗炳的卧游图是绘于墙壁的大幅山水，而沈周却将之改为尺许小幅。小则便于携带，可以随时随地展开卧游。其实，除了形制之外，还有一项重要的革新沈周没有道明：他的卧游图不再拘于山水园林，而是将题材扩展至花果、禽畜和昆虫。比如册页中有一帧《石榴图》（图 1.13），沈周以没骨法绘出一折枝石榴，还在石榴旁题了一首诗：“石榴谁擘破，群琲露人看。不是无藏韫，平生想怕瞒。”石榴粒莹澄澈，象征君子的才华。沈周说君子之才本当如玉韫珠藏，不可使人易知。之所以像裂开的石榴般展露出来，是因为胸襟光明磊落，不愿遮藏。[90] 既然“卧游”之“游”重在精神，那么“一花一世界，一沙一天堂”，何必一定要画山水呢！尽管沈周的这套《卧游图册》在形制和内容上与宗炳的卧游图有别，但其根本意趣却是一致的：画家的目的并不是要一丝不苟地再现现实世界，而是为了“澄怀观道”，即借助描绘的山水、花果、禽畜、昆虫抒发自己的精神情趣，体悟生命的大道。

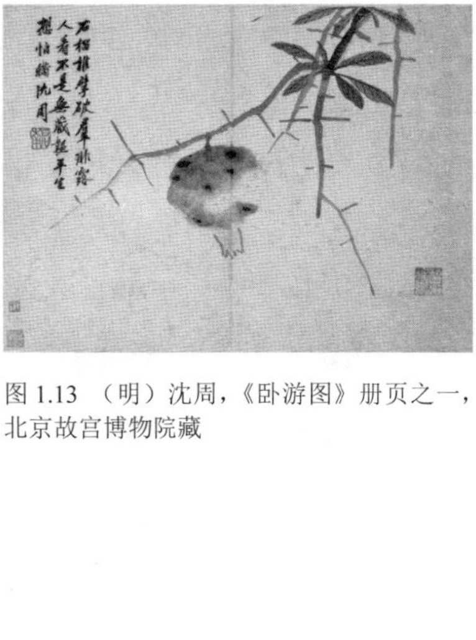

图 1.13 （明）沈周，《卧游图》册页之一，北京故宫博物院藏

文人的卧游是为心灵寻得安息之所，使精神获得解放，因此画中描绘的多为峰岫峣嶷、云林森眇的自然山水，如南宋的《潇湘卧游图》，或深具历史内涵的文化地标，如王维的《辋川图》。然而既是要面对大众市场，旅游绘本中的插图

就不仅拘于自然风景，同样涵盖了世俗都市中的热门景点。《新镌海内奇观》中有一幅描绘杭州“北关夜市”的版画（图1.14）。夜市设在城关附近，热闹非凡：小吃店里灯火通明，挂着鱼肉招揽生意；茶坊里的客人海阔天空地闲聊，有个大人背着小孩正趴在窗口倾听；街上还有卖饼、卖糖的小贩，各种装扮的行人在其间穿梭。画家以丰富的细节描绘了一幅生动的钱塘商业经贸风俗画。还有明末天启三年（1623）出版的《金陵图咏》。这是一本介绍南京著名景点的书，编辑朱之蕃（？－1624）是万历年间的状元，他在序言中称编书的目的是“聊足寄卧游之思”。[91] 该书介绍了南京的40个景点，每个景点都有图有文，其中有一幅“清溪游舫”图描绘了秦淮河一带的贡院、青楼、餐馆、花街。图中画舫如梭、游人似潮，一派都市景象（图1.15）。北关夜市和夫子庙是普通大众旅游消费的场所，但我们很难想象宗炳、秦观、沈周这样的文人会选择到这些烟柳繁华之地去进行“澄怀观道”的“卧游”。

图1.14 《新镌海内奇观》之“北关夜市”

图1.15 《金陵图咏》之“清溪游舫”

最后，卧游图画的性质改变了。宗炳的卧游是一种心灵活动，其目的是“万趣融其神思",达到景致与精神之融合,"畅神而已"。[92] 作为宗炳的追随者，文人们"卧游"的对象是理想化的风景，是想象中的山水。甚至像沈周那样，卧游的对象不必是山水，只要精神足够丰富，一只小鸡、一颗石榴、一串枇杷皆可当作卧游的凭借。

晚明时印刷技术的进步，使图像的复制成为轻而易举之事。作为"卧游"对象的山水画不再是手绘于墙壁或绢帛纸张上个性化的风景，而是被大量印刷的复制品。法国媒介学者雷吉斯·德布雷［Régis Debray］提醒我们物质材料的变革对于艺术风格乃至社会观念的影响：

> 每一个时代，技术革新对社会所掌握的图像的格式、材料和数量都进行了改变。比如，13 世纪的《日课书》，厚重稀罕，与 20 世纪袖珍本的读法自然不一样。同样，哥特式教堂的祭坛画与电影海报招来的眼光，又各不相同。[93]

"卧游"媒介的变化影响了山水画的风格，改变了人们"使用"山水画的方式。更重要的是，对传统的"卧游"观念带来了巨大冲击。"作品是唯一的，在其为实物时纯属独一无二，但倍增之后，便成了符号。"[94] 绘于纸张绢帛上的山水是唯一的，但旅游指南中的风景是被大量复制的，倍增之后，也就成了被大众使用的符号。从此，"卧游"这一概念可以被社会不同阶层的人使用，尽管内涵南辕北辙：于文人士大夫而言，"卧游"仍然是心灵探索和精神放逐的途径；对于普通人来说，"卧游"可以是一种真实的、物质化、大众化的消费行为。

三、品位竞争中的区隔策略

（一）时尚与仿效

“卧游”一词的概念在晚明发生了世俗化的转向：从士大夫们“澄怀观道”的精神追求变为招揽社会各阶层民众进行旅游或其他文化消费的广告语。我们不妨揣摩一下杨尔曾等书商们热衷使用“卧游”一词的原因？过去，“卧游”是士大夫阶层专有的精神享受。文人式“卧游”摆脱了“与自己身体的工具式关系”[95]，强调精神层次的内在修养。“卧游”的实现有赖三个前提：一是有能力绘制或委托他人绘制一幅山水画；二是有欣赏山水画的艺术修养；三是有从实用主义中摆脱出来的一颗“虚静”之心。“卧游”，与其说是文化精英阶层的一种休闲方式，不如说是这一阶层文化优势的体现——告诉世人他们具有超越凡俗的艺术品位和道德情操。普通人或许会艳羡士大夫的卧游，但只是艳羡而已。且不论有没有文化修养的积累，单单是拥有一幅山水画，也不是普通人所能梦见的。

这一情形在晚明时发生了变化。巫仁恕指出晚明士大夫所面对的世界，是个商品经济兴盛、消费活动蓬勃发展的社会：

> 过去有许多日常用品是在家庭内自己制造的，如今都成了市场上的商品，可以轻易地在市场中购得，所以人们从市场上消费购物的频率愈来愈高。以前被视为奢侈品的东西，逐渐成为一般庶民的日常用品，这种现象在服饰的消费方面最为明显。前代的奢侈行为大多只局限于上层社会的极少数人，如高官贵族或少数的大富豪；然而，晚明的奢侈风气却是普及到社会的中下层，而且这股风潮从城市蔓延到乡村。晚明的奢侈消费已

经脱离了维生消费的层次，人们不只固定于喜好某类消费形式，而且还不断地追求变化，于是形成了流行时尚。因为有许多下层社会的人们模仿上层阶级的消费行为与品味，逐渐使得政府规定的身份等级，以及配合特许消费的制度，走向瓦解。[96]

晚明是中国第一个“消费社会”［consumer society］的形成时期。在这个社会中，越来越多的物品，甚至是奢侈品，被投放市场；同时，也有越来越多的人能买得起它们。于是便出现了一场时尚追逐的精彩大戏，商人和庶民争先恐后地仿效上层社会的消费行为和消费品位，形成一种社会竞争：士大夫们创新了衣帽服饰，平民争相效尤；士大夫们收藏文玩古董，富商们纷纷抢购附庸风雅；士大夫们的餐饮膳食、书房家具、交通工具都时时刻刻被商人平民们所模仿（图 1.16）。就连“卧游”这种具有高度文化性的活动也不例外。现代数码相机普及，人人都可以成为摄影师；晚明印刷术和出版业繁荣，人人都可以在山水画中卧游。复制技术使得人们无须花费太多就可以拥有包含大量的山水图像（尽管是雷同的）的旅游书籍。普通人无论有没有超脱的灵魂或审美的眼光，都可以模仿沈周那样“仰眠匡床，一手执之，一手徐徐翻阅”，体会宗炳的“卧游”之乐，哪怕这种模仿只是邯郸学步、东施效颦。以杨尔曾为代表的书商费尽心力地将旅游指南与“卧游”相联系，不过是想借宗炳的典故提升该书的文化档次，为商业化的行为披上一件高雅的外衣。而这一策略之所以获得成功，恰恰在于它迎合了普通消费者的心理：我们要追随并仿效精英阶层的生活方式。

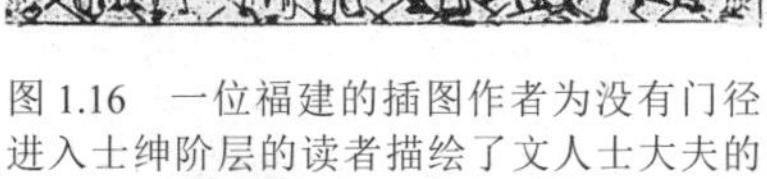

图 1.16 一位福建的插图作者为没有门径进入士绅阶层的读者描绘了文人士大夫的日常生活：收藏书籍（左上）；演奏古琴（右上）；鉴赏古画（左下）；闲敲棋子（右下）。（《三台万用正宗》）

卧游如此，旅游也不例外。在晚明以前，有能力有愿望出门旅游的大多是知识阶层的士大夫。可如今，旅游也不是士大夫们的专利了，普通大众也可以从事旅游活动，甚至可以前往远距离的地方。令士大夫们感到头疼的是，他们心仪的景点往往也是大众们趋之若鹜的场所。苏州的虎丘山和杭州的西湖就是两个好例子。李流芳在《游虎丘小记》中吐槽中秋节那天虎丘人满为患："仕女倾城而往，笙歌笑语填山沸林，终夜不绝。遂使丘壑化为酒场，秽杂可恨。"[97] 同样恼恨的还有张京元。他发现当西湖成为"人人可游，时时可游"的大园子，情形相当不妙：

> 西湖之胜，在近；湖之易穷，亦在近。朝车暮舫，徒行缓步，人人可游，时时可游。而酒多于水，肉高于山，春时肩摩趾错，男女杂沓，以挨簇为乐。无论意不在山水，即桃容柳眼，自与东风相倚，游者何曾一着眸子也。[98]

男男女女蜂拥而至，不看风景，只凑热闹。他们喝酒啖肉，把好好的西湖糟蹋成了庸俗的声色场。除了制造噪音和垃圾之外，还有人到处题写"×× 到此一游"，这更让有教养的文人为之气结。张京元看到湖心亭中写满游客题词的匾额、对联，简直抓狂，大呼："安得借咸阳一炬了此业障！"[99] 好好的亭子搞成这样，干脆放把火烧掉算了。袁宏道在齐云山游览的时候，也严厉批判了当地人刻字留名的恶习：

> 齐云天门奇胜，岩下碑碣填塞，可厌耳。徽人好题，亦是一僻。仕其土者，薰习成风。朱书白榜，卷石皆徧，令人气短。余谓律中盗山伐鏃，皆有常刑，俗士毁污山灵，而律不禁，何也？佛说种种恶业，俱得恶报，此业当与杀盗同科，而佛不及，亦

是缺典。青山白石，有何罪过，无故黥其面，裂其肤？吁，亦不仁矣哉！[100]

看来袁宏道真是气坏了，把佛祖都搬了出来，认为毁坏风景的行为在佛法里相当于杀人偷盗的恶业，必须遭受恶报。

除了平民的干扰之外，文人士大夫们还得应对商人们的竞争与挑战。商人在中国经济中的地位和他们在社会中的形象，一直到晚明时才得以提高。当他们凭借辛勤劳动和商业智慧积累了大量财富之后，一种新的渴望蓬勃而出：他们想要寻求进入更高社会阶层的阶梯。富商巨贾乐此不疲地尝试以各种方法实现从商人阶层到士绅阶层的转型，方法之一就是竭力模仿士大夫们的行为举止，拷贝他们的生活方式。士大夫们热衷旅游，商人自然不甘落后。不仅不甘落后，甚至要利用旅行的机会来“夸富”。比如旅程中的交通工具就是一个可以炫耀身份和财富的手段：你开辆大众车，我偏要开辆迈巴赫；你坐民航经济舱，我偏要乘私人喷气机。总之，处处都要把你比下去。还有，现代土豪喜欢飙车，晚明富商则竞逐舰船。他们营建私家游船画舫，极尽奢华富贵之能事。以西湖的游船为例，文人韵士们偏爱小型舟舫（图 1.17），因为其轻巧便利可以自由穿

图 1.17 文人雅士钟情于小巧的扁舟，北京本《湖山胜概》插图

图 1.18 富商巨贾偏爱大型楼船，《新镌海内奇观》插图

梭于诸桥之下。富商巨贾们则偏爱形制雄伟壮观的楼船（图 1.18）。张岱祖父的朋友包涵所就是西湖楼船的创始人。他为了与友人宾客取乐，打造三艘高端大气上档次的楼船：头号设置歌筵，储备歌童；次号装载书画；三号储备歌妓美人。他标新立异地将楼船当作歌舞演出的剧场，“明槛绮疏，曼讴其下，擫籥弹筝，声如莺试。客至则歌童演剧，队舞鼓吹，无不绝伦”。主人兴致一来，就邀人乘船出航，每趟船程十余日，观看的人一路尾随，但船泊于何处、何时归航，都无人知道。[101] 有的时候，这种高调奢华的出行方式可能引起与文人士大夫之间的冲突。江盈科（1553—1605）在虎丘旅游时就遇到了一个的“富而不仁”的家伙，在给友人的信中，他描绘了这次狼狈不堪的经历：

> 甫投笔，见夕照在山，紫绿交映，命童子提胡床坐船头，披夕爽。乃南来巨舰，与我舟争道，不佞仅避之，跃入船窗，不能得。两舟横冲如霆击，我舟几覆。不佞倏而堕水，水没吾顶，去岸逾寻。[102]

夕阳下，江先生坐在船头看风景。如此富有诗意的时刻愣生生被一艘争抢水道的巨舰破坏了。这艘巨舰很可能是某富商的画舫，江盈科的船几乎翻沉，本人也不幸落水。巨舰也好，争道也罢，都是一种蛮横的“摆阔”。由此可见，旅游活动已然成为商人和士绅之间社会竞争的场域。

（二）《湖山胜概》：雅与俗的竞争

晚明已经进入一种“风尚体系”，其重要标志就是：消费上不再有众多限制以保障少数人的身份地位，下层社会愈来愈多人有能力模仿上层社会的消费行为，且消费物品的创新与品位更新的速度越来越快。[103] 士

图 1.19　巴黎本《湖山胜概》插图

图 1.20　北京本《湖山胜概》插图

大夫创立品位，商人与庶民竭力仿效——这一竞争模式不仅体现在旅游活动本身，甚至扩展到与旅游相关的文化产品上。明代万历年间（1573—1620）出版的两部旅行书籍为我们提供了一个雅俗之间竞争的绝佳案例。巧的是，这两部书有着相同的名字——《湖山胜概》。

其中一部《湖山胜概》收藏于法国国家图书馆，是由文人陈昌锡出版的“宣传”杭州风景的书籍。这部书已是孤本，它的形式美妙绝伦：包括 12 面四色套印插图和 33 面手书体上版刻印的题咏诗歌。套印风格完全采用平涂着色，单纯质朴，富有装饰感。书中的诗词使用了楷、行、草三种不同书体，刻印精美。整部书堪称诗、书、画、印、刻五绝，本身就是件珍贵的艺术品（图 1.19）。另一部《湖山胜概》收藏于中国国家图书馆。它同样描绘了西湖的景致，同样是诗、书、画结合的彩色套印本，也同样是孤本（图 1.20）。中国北京和法国巴黎，世界上两大图书馆中各

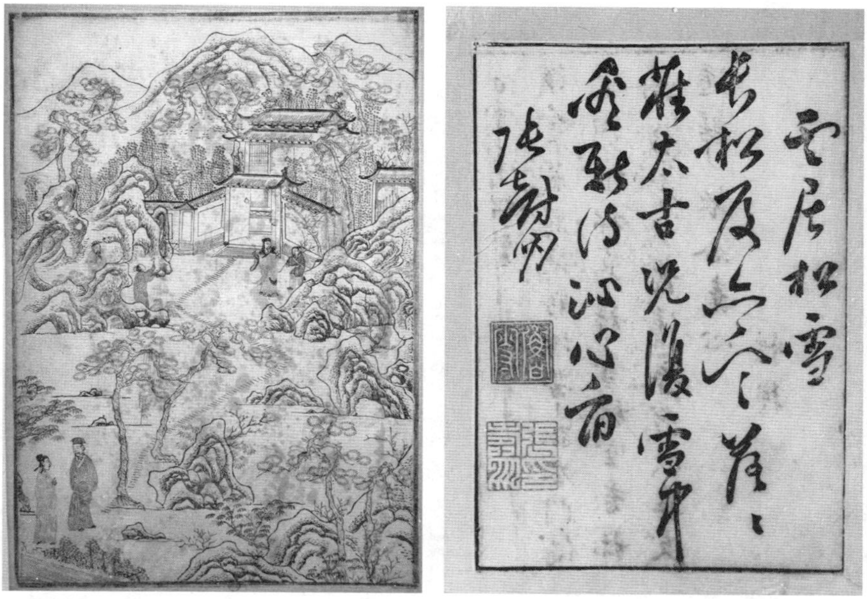

图 1.21　巴黎本《湖山胜概》之“云居松雪”中的插图和用草书写就的诗歌

自收藏着一部名为《湖山胜概》的四色套印古籍，而且都称自己的藏本是万历年间的孤本，这究竟是怎么回事？

细细将两部书加以考察会发现，它们之间有着千丝万缕的联系。不过刻书者的身份全然不同：巴黎本《湖山胜概》的出版人陈昌锡是一位具有高度文化修养的“私家刻书者”；而北京本《湖山胜概》的出版人却是一个只追求经济利益的商业书坊主。由于刻书主体不同，这两部旅游书籍的性质及目标观者都存在差异，所呈现的面目也有文野高下之分。

陈昌锡是一位颇具才干的文人，他不仅从权势显赫的司礼监太监那里借到了进献皇上的《吴山十景图》，邀请包括士大夫官员、艺术家、僧侣在内的社会名家为之题诗，还将之刊刻成一部精美绝伦的书籍。

装帧设计：陈昌锡采取了诗、书、画三者结合的设计形式（图 1.21）。这种形式在 1600 年之后十分流行，当时的旅游指南如《新镌海内奇观》

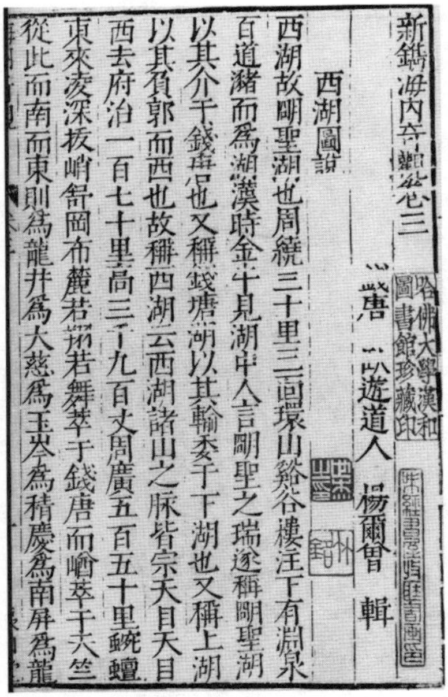
新鐫海內奇觀卷三
錢唐 卧遊道人 楊爾曾 輯
西湖圖說
西湖故明聖湖也周繞三十里三面環山谿谷縷注下有淵泉
百道瀦而爲湖漢時金牛見湖中人言明聖之瑞遂稱明聖湖
以其介于錢唐也又稱錢塘湖以其輸委于下湖也又稱上湖
以其負郭而西也故稱西湖云西湖諸山之脉皆宗天目天目
西去府治一百七十里高三千九百丈周廣五百五十里蜿蟺
東來凌深抜峭舒岡布麓若翔若舞萃于錢唐而崤萃于天竺
從此而南而東則爲龍井爲大慈爲玉岑爲積慶爲南屏爲龍

图 1.22　《新镌海内奇观》中使用的宋体字

(1609)，画谱如《顾氏画谱》(1603)，《诗馀画谱》(1612)，乃至春宫图册如《风流绝畅图》(1606)，《花营锦阵图》(1612)等都采用了这种装帧设计。至于诗、书、画三者结合的方式能产生怎样的艺术效果，程涓在《唐诗六言画谱序》中做了清楚的阐释。他说“天地自然之文，惟诗能究其神，惟字能模其机，惟画能肖其巧”，如果将诗、书、画三种艺术形式结合起来，各自的情境会不自觉地叠加，释放出一个更加广阔的意蕴空间，正所谓“三者兼备，千载辉煌”。[104] 陈昌锡采用此种“多媒体”的设计思路应该是出于此种考虑。

书法风格：巴黎本《湖山胜概》中的诗作是由楷、草、行、章等诸体写就，再依手书上版。题诗的诸人如张寿朋、秦舜友、明纲、孙彦之皆是当时颇有名气的书家，读者可以欣赏甚至临摹其中的书法。如果将其与当时一般书籍中普遍使用的匠体字相比，会发现显著的区别。一般的书籍多采用统一规范化的字体，即“宋体字”(图 1.22)。“宋体字”并不像其名字暗示的那样出现在宋代，而是在明代为适应印刷术需要而产生的。这种字体结构刻板方正，直竖重厚，横划细劲，笔道之末做一重顿，形如三角。[105] 单一标准的字体对抄书者所用笔画和刻工刊刻的范围加以严格限制，从而减低了这些工作所需要的书法和雕刻技艺，这样刊刻水平不那么高的工人也可以胜任。此外，这种字体还可以使出版者在书版上挤进更多的文字，从而削减成本。“匠体字”是典型的商业出版产物，不过在讲求精致品位的文人看来，这种拘谨刻板的字体令人视觉疲劳，甚至透露出一种庸俗恶劣的趣味。钱泳就感慨："刻书以宋刻为上。至元时翻宋，尚有佳者。有明中叶，写书匠改为方笔，非颜非欧，已不成字。近时则愈恶劣，无笔画可寻矣。"[106] 为了改变单调乏味的视觉体验，提升书籍的艺术品位，陈昌锡在《湖山胜概》中就以个性化的书法摹写替代了标准化的印刷字体。面对不同书风的作品，读者除了可以感受到书法艺术的审美趣味，还能体会到一种强烈的个性特征：张寿朋的狂荡不羁，秦舜友的潇洒散淡，吴僧明纲的遒劲爽朗（图1.23）——不同的书法面貌显露出不同的个性。

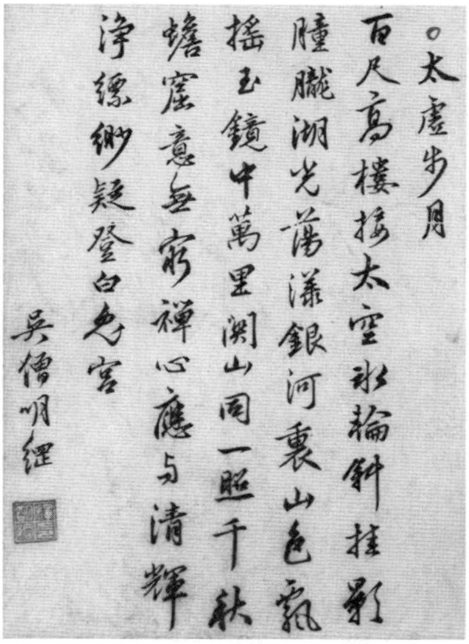

图 1.23　巴黎本《湖山胜概》中僧人明纲的行书

套色技法：巴黎本《湖山胜概》特别注重图像的视觉感染力：线条工整细致，画面极富雅丽生趣。书中的版画部分采用了四彩套印的技术，这是当时非常先进的一种印刷手段。[107] 藏书家叶德辉曾这样描绘彩色套印书籍的魅力："斑斓彩色，娱目怡情，能使读者精神为之一振。"[108] 即便在四百余年之后，翻开这部《湖山胜概》时依然能体会到那种振奋的感觉。彩色套印的印刷过程颇费周章，成本较单色印本高。套色种类越多，所费就越多，"刻一书而用数书之费，非有巨赀大力，不克成功。"[109] 陈昌锡之所以花费巨大成本，精心设计刊刻这部书，因为他心中所设定的读者并非普通的市民，而是有教养的士大夫们。对于他们来说，占有能够带来视觉愉悦感的书籍，与占有书画、古玩等"雅物"一样，是一种身份和品位的象征。

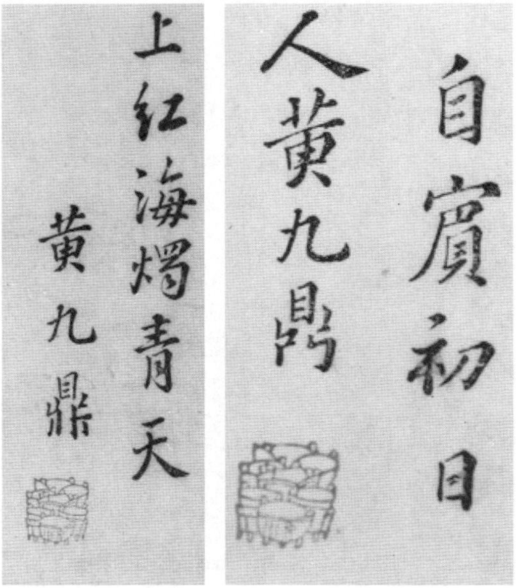

图 1.24a、b：巴黎本《湖山胜概》中黄九鼎的印信

印章钤盖：考察一下巴黎本《湖山胜概》中 13 位诗词作者的印信就会发现，不同于一般印刷书籍翻刻的印信，《湖山胜概》中所有印信都是真印钤盖，或多或寡，或朱或白，似乎都是按照作者原来的手迹加以钤盖的。由此产生了两种推测：其一，在这部书刊刻成后，陈昌锡召集众位名士集赏，众人就在当时各自加盖印章；其二，在书刊刻成后，由刻工分别依照各人手迹上的印章复制后再加盖。然而如果仔细地研究诸人印章以及钤盖的方式、习惯等，似乎第二种推测的可能性不大。首先，印章的镌刻手法并非出自一人之手，刀法、力度及技巧的娴熟程度都不一致。从印章的破口情况看，使用的时间也似乎各有长短，材质各有精粗，刻手的水平高下不齐，不像是同时仿制的。一般来说，仿制的印章会直接刻在版上印出，但这样做就损害了风雅的格调。其次，印章钤盖的手法及力度也各有特点，有的甚至极为明显。比如张寿朋的钤印最为认真，用力也比较大。一则可能因为他的印章很大，而书行所留有的空隙又有限，所以必须小心钤盖，以免破坏全局。黄克谦书、印及钤盖手法都极为工致雅正。黄九鼎所用肖形鼎印，钤盖时多有攲侧，且位置偏左下，这应该与他个人的用印习惯有关（图 1.24a、b）。秦舜友所钤白文名印，常有左倾的习惯，用力也多在左上角，因而常有左上实右下虚的明显痕迹。陈昌锡用印小印佳，

大印较劣，钤印则内侧平而外侧不齐，这大概又是陈氏个人的习惯使然。通过对《湖山胜概》印信的考察，我们可以推测陈昌锡刊刻此书不是为了推向市场，追求商业利润。这部书的印刷数量非常有限，很可能只在一个非常小的文人朋友圈中流传收藏。

从装帧设计、书法风格、套色技法和印章钤盖等各方面看，巴黎本的《湖山胜概》是一部充满文人情趣的读物。它的出版昭示着中国书籍历史上一个重大的转折：书籍已经从实用中脱拔出来，作为珍贵的艺术品，摆放在文人的案头或书架上，散发出一种静谧悠闲的气息。陈昌锡之所以采用各种精致化的手段“打造”这样一部书，目的不仅在于追求灿烂焕然的视觉效果，更是为了脱离普通出版物粗鄙庸俗的趋向——以“雅”胜“俗”。然而，“俗”文化很快就包围了过来，士大夫阶层创造的最新艺术时尚，马上就被庶民阶层挪用和模仿。北京本的《湖山胜概》就是一部“仿效与挪用”的代表作。

我们不妨将两部《湖山胜概》加以比对。巴黎本只有吴山十景，而北京本则由西湖十景与吴山十景两部分构成，也是采用诗画对照的形式，但一幅图后只配有一首诗。此外，北京本《湖山胜概》中收录的吴山十景诗作皆出自巴黎本《湖山胜概》，只不过北京本的诗后不署真名，没有钤盖印章，而且书法摹刻得十分粗劣（图 1.25）。如果再将两书中吴山十景的图画加以比照，可以清楚地看出北京本的图片构图破碎，绘制简陋，大多是

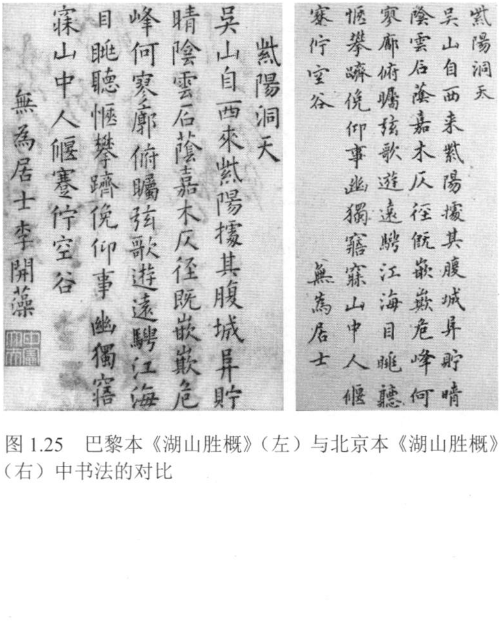

图 1.25　巴黎本《湖山胜概》（左）与北京本《湖山胜概》（右）中书法的对比

图 1.26　巴黎本《湖山胜概》（a 左）与北京本《湖山胜概》（b 右）中插图的对比

从巴黎本的图片中截取片角而成（图 1.26a、b）

再来看北京本《湖山胜概》的西湖十景部分。其中大部分诗词不知原作为何人，只有《三潭印月》《雷峰夕照》这两首是明代词人莫璠所作，但没有署词人真名，而且错误很多。比如《三潭印月》就将原词中“秋静寒潭”误书为“秋乱寒潭”，“颔珠光照冰壶里”误书为“颔珠光照冰壶水”，“还忆同欢”误书为“还忆同观”（图 1.27）。《雷峰夕照》则将原词中“烟花”误书为“烟笼”，“有人”误书为“玉人”（“有人”更为含蓄，“玉人”虽通，却过于香艳）。“古塔斜阳红欲暝”的“暝”字则是个错别字（图 1.28）。

北京本《湖山胜概》的西湖十景图片部分也粗陋不全，大部分都在右下角布置枯树二三株，垒石一丛，山崖一角，刻画草草。由此看来，这部《湖山胜概》应该是盗版伪作，刊刻此书的人以巴黎本《湖山胜概》为底本，从原书中图截片角，诗取孤篇，凑合成书。

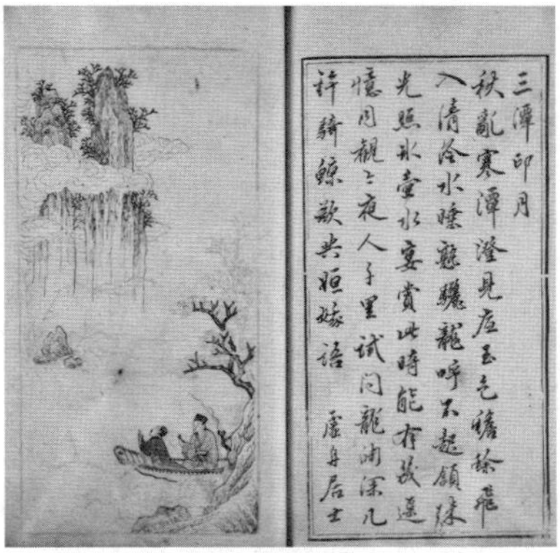

图 1.27　北京本《湖山胜概》之三潭印月

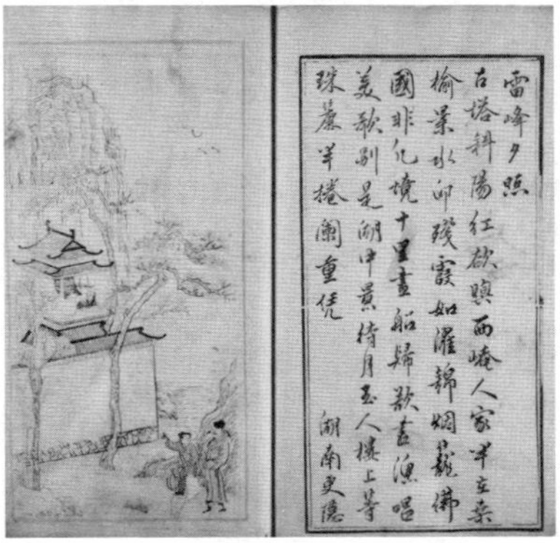

图 1.28　北京本《湖山胜概》之雷峰夕照

书籍剽窃盗版的现象并非当代社会独有，早在晚明时就已相当普遍。前文提到，晚明的出版业欣欣向荣。面对市场高额利润的诱惑，私人书坊之间的竞争异常激烈。这种竞争一方面促进了印刷技术的改进和突破，比如吴兴闵、凌两氏的多色套印，徽人胡正言的饾版拱花术，皆著称于当时后世。另一方面，许多书坊为了牟利，不惜在经营上采取种种不雅、不轨、不法的竞争手段。比如有的书商看到别人刻的书销路好，有油水可捞，便千方百计设法翻刻。袁宏道曾描述唯利是图的书商翻刻之神通，“往见牟利之夫，原版未行，翻刻踵布万”[110]，盗版书居然比原刻书发行得还快还广。而袁宏道本人就是盗版书籍的受害者，他的作品时遭篡改，大名常被假托。假冒书籍被捧为至宝，假冒者大捞一票，这的确令被假冒者大为光火，为了防范禁绝翻刻己书分夺利润，出版家们纷纷在自己所刻的图书上申明：“翻刻必究。”袁宏道就在自家“书种堂”刻印的《锦帆集》《解脱集》《瓶花斋集》和《潇碧堂集》合刻本中亲自撰就了《禁翻豫约》。杨尔曾也在一些书籍的扉页牌记上打出了“武林杨衙夷白堂精刻，不许翻刊”的声明（图 1.29）。

图 1.29　杨尔曾的“反盗版”声明（《图绘宗彝》）

除了盗版翻刻、伪托名人之外，明人还好篡改古书，后果十分严重，顾炎武曾指出：“万历间人，多好改窜古书。人心之邪，风气之变，自此而始。……不知其人，不论其世，而辄改其文，谬种流传，至今未已。”[111] 顾氏生于明末，从小读书，便直接受到了当时坊刻本的影响。所以谈到这个问题，难免愤怒。杨慎列举了改易个别文字的实例：

> 古书转刻转谬，盖病于浅者妄改耳。如近日吴中刻《世说》，“右军清真”，谓清致而真率也。李太白用其语为诗：“右军本清真。”是其证也。近乃妄改作“清贵”。“兼有诸人之差”，谓各得诸人之参差。近乃妄改作“美”“声鸣转急”，改“鸣”作“气”。“义学”，改作“学义”。皆大失古人语意。聊举一二，他不能尽。[112]

杨慎的这番描述恰可与北京本《湖山胜概》中诗词字句篡改的情况相互印证。不光字句有所出入，有一些书贾甚至东拼西凑，伪造新作，或者将已经出版的书改头换面，以残本冒充全本，刻印欺售。比如胡效臣编《百子咀华》一书，即“取诸子之文而割裂之，或摘其一段，或拾其数语，或撮其数字，以供时文獭祭之用”[113]。叶德辉在《书林清话》中指出：

> 明人刻书，有一种恶习。节删易名。如唐刘肃《大唐新语》，冯梦祯刻本改为《唐世说新语》；先少保公《岩下放言》，商维濬刻《稗海》本，改为郑景望《蒙斋笔谈》；朗奎金刻《释名》，改作《逸雅》，以合《五雅》之目。全属臆造，不知其意何居！[114]

节删易名，其意何居？郎瑛揭露了其中隐秘："闽专以货利为计，但遇各省所刻好书，闻价高即便翻刻，卷数目录相同，而于篇中多所减去，使人不知，故一部止货半部之价，人争购之。"[115] 删节后的书籍的印制成本大大降低，定价也低，读者不明就里，糊里糊涂地当作全本买回去，书商则赚盆满钵满。不仅福建，各地书商大都如此。

北京本《湖山胜概》就是这样一类被篡改删并了的盗版书籍。我们不妨想象一下盗版书商当时所处的情境：随着西湖旅游之风的兴盛，作为旅行指南的书籍如《西湖志类钞》《新镌海内奇观》等都像当时流行的城市读物一样，完成之后就成为一种文化商品走向市场，成为时人文化消费的对象。这样的书籍由于价格低廉而广受欢迎。这位盗版书商看到旅游书籍销路畅通，利润丰厚，不禁心下痒痒，顿起盗版的邪念，无奈上述书籍名气太响，像杨尔曾那样谨慎的出版人又打出了翻刻必究的声明，公开打击盗版，明目张胆地下手自然不便。就在此时，他意外地得到了一部《湖山胜概》，此书有诗有画，刻印精美，内容恰好是当时西湖旅游的时髦主题。更重要的是这部书并没有推向市场，而是一部在文人圈中供赏玩之用的内部读物，流通的范围很小。盗版者眼睛一亮：就是它了！于是开始操刀为此书改头换面：诗文作者的真名是不能用的，统统换个名号；序言保留，跋语删去（毕竟跋语是出自原书刊刻者之手）；插图截取片角，大致表明个意思就行了；一幅图配三首诗太多，删去两首（减少成本）；每个人的印章都翻刻一遍也太麻烦，干脆省去；书名不换也罢，反正自古以来名为《湖山胜概》的读物又不止一部。[116] 就这样，一部文人设计刊刻的精品之作就被坊间剽窃利用，生吞肢解到面目全非的地步。这部盗版的《湖山胜概》并非传播文化的精神产物，而是书贾疯狂追逐利润的商品。

刻书家的身份直接关系到他们所刻书籍的性质。作为文人的陈昌锡和作为商人的书贾，他们的身份不同，刻书的目的不一样，所刻书籍自然呈现出文野相别的面貌。然而作为信息的载体，书籍总有其特定的读者群体。现代经济学的供求理论告诉我们“有需求才有供给”，刻书家们形形色色的目的总是统一于受众。[117] 巴黎本《湖山胜概》的阅读群体是具有高雅艺术趣味的文人士大夫，北京本《湖山胜概》锁定的目标群体则是竭力仿效士大夫生活方式的庶民阶层。北京本《湖山胜概》的出版商深谙普通民众“附庸风雅”的需要，于是在降低成本的前提下，“炮制”出了这部盗版书籍。购买此书的读者既无法想见原本《湖山胜概》的雅致绝伦，更不可能体味其间精微的文玩功用。

如果将两部《湖山胜概》并置而观，我们就可以清楚看到晚明时候两种针对不同受众、功能完全不同的书籍：北京本《湖山胜概》是书商以营利、谋生为目的的商品，其作伪技术令人瞠目结舌；而巴黎本《湖山胜概》则是文人雅士置于案头赏玩的艺术品，其精美程度令人赞叹不已。

（三）区隔的策略

雅俗之辨是中国文化史上一个经久不衰的议题。“雅”代表着精英阶层的品位，而“俗”则代表大众即平民阶层的品位。石守谦先生在《雅俗的焦虑》一文中提醒我们要注意两个阶层之间的互动，“因为阶层间经常产生含糊混淆的窘状，所以才有区分的需要”[118]。作为传统社会精英阶层的文人，除了取得政治、经济的权力之外，他们也试图营建一种与庶民有别的生活风格，并以此作为对大众文化包围的抵御。晚明时，随着“社会仿效”现象的加剧，士大夫阶层产生了相当强烈的危机意识。当旅游成为身份与品位竞争的场域，士大夫们不得不以更加积极的态度塑造各种形式的审美趣味，制造新的时尚标准，以作为身份区隔的工具。因为时尚是用来区别出类拔萃和平庸通俗的，所以大部分人注定要在时尚的追逐中败北。正如卜正民［Timothy Brook］所言：

> 时尚从来不是固定不变的，它的边界在不断地移动，总是有新的标准被不断地制定出来，使那些正在趋近于现行标准的人遭到挫折……时尚的标准不是由那些从底层爬上来的企求者决定的，而是由那些已经达到既定水平、需要保护既得的精英地位的人们决定的。他们划出时尚与普通的界限，将大多数企图挤进上流社会的追寻者都拒之门外；不然的话，他们的上流社会地位就会变得不值钱，他们足以象征其优越地位的资本就会失去价值。[119]

在西湖畔激烈的旅游时尚竞赛中，真正的优雅者也必须比徒有其表者技高一筹，于是他们处心积虑地设置新的标准，不让圈外人进来。从旅游地点和时间的选择，旅游行装的筹备，交通工具的选取，到旅游中各种活动的设计，士大夫们费尽心思地运用着多种多样的区隔策略。

（四）地点与时间

即便在同一个城市旅行，讲品位的游览者也会刻意选择一些少有人知的小众景点。晚明文人好作寺观之游，走入山林修禅礼佛，或与僧人诗文酬酢，纵谈性命是当时文人圈子的一种风尚。在《湖山胜概》所列举的“吴山十景”中有不少景致都与佛教寺院有关，如云居松雪、宝奎海旭、海会祷雨。

在一个风雪交加的夜晚，杭州士大夫高濂（1573—1620）借住在禅房中，和僧人拥着火炉烤山芋，填饱肚子之后两人便以山芋为由头谈起禅道来。禅师借芋和火的关系来谈佛教的有无、生灭等因缘，这番参话头的开示让高濂有所醒悟，他立刻从座中起身，向这位高僧致敬。[120] 高濂对于参禅的兴趣倒不一定是出于虔诚的宗教信仰，从他编写的文人生活指南《遵生八笺》中我们可以清晰地感受到他对物质世界的真诚热爱和对高品质生活的孜孜追求。寺院对于他而言更像是一个从事高级文化交流的场所，而谈禅则是一种愉快的精神享受。

晚明的许多文人士大夫都对佛教事物满怀热情。张岱在为自己撰写的墓志铭中感叹自己“学书不成，学剑不成，学节义不成，学文章不成，学仙学佛不成，学农学圃俱不成”[121]。这番自嘲却从另一个角度说明士大夫将佛学知识看成是与书法、剑术、文章、园艺一般重要的基本技能，正是这些技能构成了其作为精英阶层成员的标准。寺院对于文人的吸引力就在于一种隐士般的生活方式：从纷扰的红尘和日常的杂务中引退，他们可以在这里煮茗烹泉，觅句赓歌，谈禅说偈，赏玩书画，专注于提升精神的优雅乐趣（图 1.30）。晚明的很多文献记载都提到在寺庙借宿、观光、

图 1.30 《新镌海内奇观》之“禅堂夜月”

聚会的经验。文人士绅在寺院里寻觅清静，可寺院里的僧人却清静不了。冯梦龙（1574—1646）说过一个笑话：

> 贵人游僧舍，酒酣，诵唐人诗云："因过竹园逢僧话，又得浮生半日闲。"僧闻而笑之。贵人问僧何笑，僧曰："尊官得半日闲，老僧却忙了三日。"[122]

这里唐人诗是指唐代李涉的《题鹤林寺壁》，诗曰："终日错错碎梦间，忽闻春尽强登山。因过竹院逢僧话，偷得浮生半日闲。"贵人游寺庙，并不全然是为了放松休闲，也是一种文化品位的标榜，发展到后来寺庙竟成了标志身份的"名流会"。卜正民指出："尤其在晚明，当高档文化的审美选择受到严格的定义时，地点的选择与事物一样要具有特别的文化意义，并能反映适当的社会地位。因而，对精英人士来说，在适当的地方被看见就变成了和被看见拥有适当的事物一样迫切的问题。这种清净的寺院理想的审美体现把士绅与区分中国社会中的精英与非精英的高度文化价值联系在一起。在这种审美当中，真正的修养不是由一个人在官位中多高来显示，而是由他欣赏寺院环境之美多么微妙或者探测佛教哲学的智慧多深来表示。"[123]

西子湖畔庙宇众多，香火甚旺。不过文人们对于普通香客的朴素信仰似乎并不屑。李鼎在《西湖小史》中直斥当时杭城的三大名寺："若昭庆，一贾肆也，天竺一屠门也，法相一钱埒也。"[124]在追求高雅品位的文人看来，无论是为了看热闹而摩肩接踵地参加昭庆寺的香市，或是为了生个大胖儿子而争相朝拜法相寺的长耳和尚，普通香客前往寺庙完全是出于功利目的，他们无法感受佛教圣地的庄严和神圣，更不可能领会佛法的微妙大义。为了与烧香拜佛的普通民众相区别，文人们往往会选择特别的时间前往寺庙寻幽探胜。高濂曾在雪夜在禅房煨芋谈禅，也曾在月夜前往天竺寺与禅僧诗友聚会：

中竺后山，鼎分三石，居然可坐，传为泽公三生遗迹。山僻景幽，云深境寂，松阴树色，蔽日张空，人罕游赏。炎天月夜，煮茗烹泉，与禅僧诗友，分席相对，觅句赓歌，谈禅说偈。满空孤月，露浥清辉，四野轻风，树分凉影，岂俨人在冰壶，直欲谭空玉宇，寥寥岩壑，境是仙都最胜处矣。忽听山头鹤唳，溪上云生，便欲驾我仙去。俗抱尘心，萧然冰释，恐朝来去此，是即再生五浊欲界。[125]

高濂游览寺庙的体验与普通香客大为不同。他以优美的叙述传达了一个观点，那就是宗教圣地的伟大和崇高只有士绅阶层才能真正欣赏与理解：他们凌驾于普通香客粗俗的宗教信仰之上，体味到寺庙静谧幽绝的方外景致，欣赏着其中的建筑、艺术与文学，以及与历史的丝丝联系。

（五）随从与游伴

明代文人出游常常要携带一个小型人力装备团，王思任就详细地描述了他前往天台山、雁荡山旅行时所带的随从，其中的主要成员及其职责包括：

书记：负责记录山水游程；
童子：随身服侍伺候；
挑夫：挑行李，负重物；
厨师：准备饮食料理；
官办小吏：负责接洽驿宿等问题。[126]

图 1.31　巴黎本《湖山胜概》中的挑夫

图 1.32　巴黎本《湖山胜概》中童子扛着雨具，跟随在主人身后

当然不是每个人出行都像王思任这般劳师动众、大费周章，但大多数晚明士人在旅游时都会带上几个仆人随身伺候，在巴黎本《湖山胜概》的插图中我们就可以看到挑夫、童子、等随从的身影。（图 1.31、1.32）

当时很多文人去西湖旅行时都喜欢延请一位熟悉当地景物风情的导游，这样便于更快捷有效地展开旅游活动。比如王穉登在前往杭州旅行前就做了两件事：一是去书店里买了一本“图经”，也就是杭州的地方志，放入行李箱中；二是邀请友人管建初同行，因为此人对两浙的山川曲折了若指掌。[127] 这与英国“大旅行”时绅士们花钱雇导游的情形十分相似，正如培根所言：

> 余赞成年少者游异邦须有一私家教师或老成持重的仆人随行，但随行者须通该邦语言并去过该邦，这样他便可告知主人在所去国度有何事当看，有何人当交，有何等运动可习，或有何等学问可得，不然年少者将犹如雾中看花，虽远游他邦但所见甚少。

[That young men travel under some tutor, or grave servant, I allow well; so that he be such a one that hath the language, and hath been in the country before; whereby he may be able to tell them what things are worthy to be seen, in the country where they go; what acquaintances they are to seek; what exercises, or discipline, the place yieldeth. For else, young men shall go hooded, and look abroad little.[128]]

正如前文提到的，晚明的士大夫们常常把旅游当作“博雅教育”的重要部分。欣赏美景固然重要，学习当地的历史、人文知识，开阔眼界也必不可少。有贴心的仆人追随，打探奇景幽趣；有博学的朋友陪伴，介绍风土人情——这才是有品位的文化之旅。

图 1.33　巴黎本《湖山胜概》中做道士装扮的文人

(六) 服饰

根据场合选择服饰——这并不是现代社会独有的着装法则。明代士大夫旅游时也会为自己选择相应的衣饰，一个基本原则就是：“居城市有儒者之风，入山林有隐逸之象。”[129] 在巴黎本《湖山胜概》的插图中有好几位做道士装束的人物（图 1.33）。他们是道士吗？未必。晚明士人出门旅行，除了做一般所谓儒士的装扮之外，还常常身着“道服”，塑造出一种超然散淡的隐逸形象。根据《长物志》中的描述，道服有两种形制：一种用白布作袍，四周镶上黑布；另一种用茶褐色的布作袍，四周镶上黑布。《湖山胜概》中人物所穿着的道服应当属于第二种。无论是打坐养神、骑着驴儿赶路，还是披雪避寒，道衣都是明人旅行时不可缺少的服饰。[130]

明人将头上所戴的帽子称为“巾”，在《湖山胜概》中我们可以看到明人旅行时所佩戴的各种头饰。“缁撮”，也就是用一小块黑色的布包裹住头发，这是一种历史悠久的士人装扮。《诗经·小雅》中就描绘了一位戴着莎草编的笠，束着黑色头巾的“都人士”的形象。[131] 明代文人仍然很喜欢这种简单朴素的造型（图1.34）。

图1.34　巴黎本《湖山胜概》中“缁撮”装扮的文人

“唐巾”原本是唐代帝王所戴的一种便帽（图1.35），士大夫是不允许使用的，然而到了晚明时，它却成为文人偏好的一种巾饰，在《湖山胜概》的插图中戴着这款帽子的人物多达17位（图1.36）。[132]“唐巾”的流行受到了晚明“复古”风气的影响。[133] 像晋巾、唐巾、诸葛巾、东坡巾这些等前代已有的巾饰到

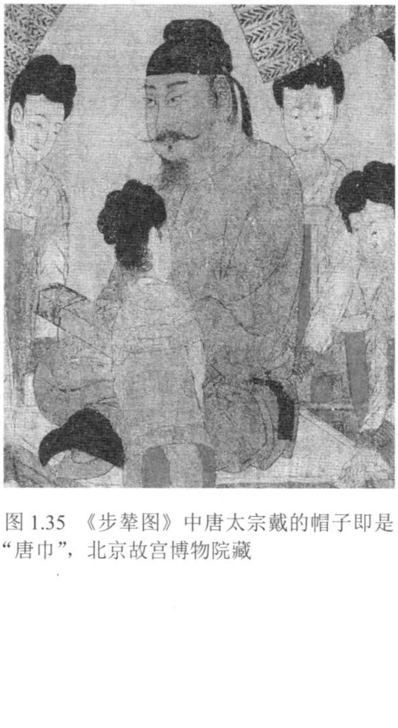

图1.35　《步辇图》中唐太宗戴的帽子即是“唐巾”，北京故宫博物院藏

了晚明时又再度流行，成为士人的时尚装扮。[134] 在这股风潮的影响下，有人索性把自己打扮成唐代人或者晋代人。冯梦龙就讲述了一则关于复古服装的笑话：翟耆年酷爱奇装异服，他常常身着唐朝服饰，把自己打扮成唐代人的样子。一天他前去拜访友人许彦周，只见许彦周头顶梳着女人的抓髻，下身穿着名为“犊鼻裤”的短裤衩，脚踩着高齿木屐出门迎接他。这身怪异的装扮令翟耆年看傻了眼，许彦周不急不忙地说：“我这是模仿晋代人的装束，有什么好大惊小怪的？难道只许你扮唐人偏不许我不扮晋人吗？”[135] 如果去看一场巴黎或纽约最新的时装秀，你就会明白无论是在四百年前还是在今天，复古始终是时装设计的灵感来源。欣赏时装秀有时就如同搭乘时光机器，倘若有哪位高级时装设计师将时间机器上的开关设定在眼下，只怕观众都要觉得不满意。在时尚的领域中，有时越古老的反而越时髦。

除了“好古”之外，流行时尚的另一种趋势则是“求异”。《湖山胜概》插图中不少士人所佩戴的“纯阳巾”（图 1.37）就是晚明巾饰由复古转变为新奇的实例。纯阳巾帽底圆形，顶坡而平，帽顶向后上方高起，以示

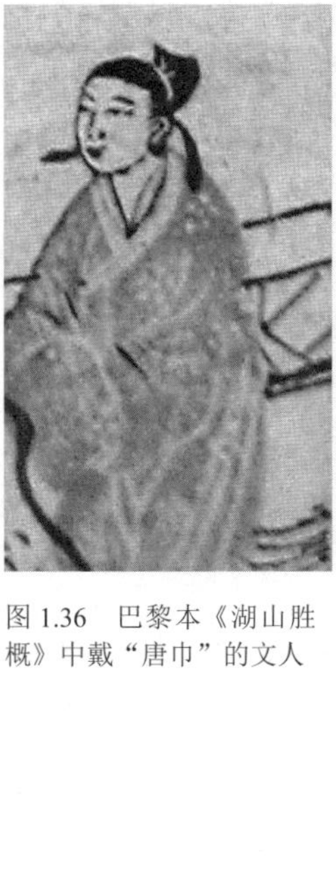

图 1.36 巴黎本《湖山胜概》中戴“唐巾”的文人

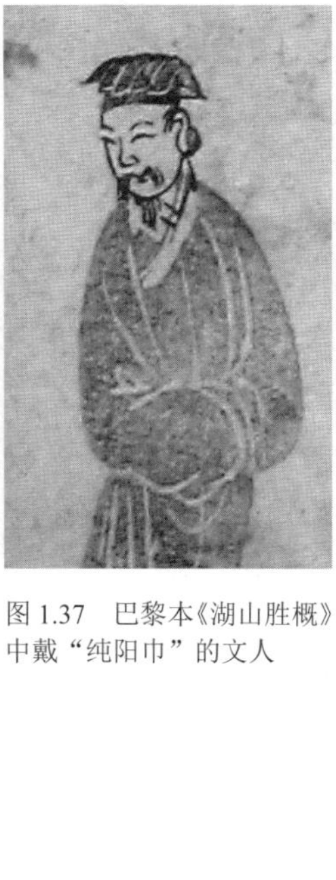

图 1.37 巴黎本《湖山胜概》中戴“纯阳巾”的文人

图 1.38 （明）曾鲸，《吕仙像》，藏处不明

超脱。相传这种头巾是“纯阳祖师”吕洞宾成仙之后常戴的，所以叫作纯阳巾（图 1.38）。它还有另一名字叫“乐天巾”，是以唐代诗人白居易（乐天）而命名的。纯阳巾是明代后期文人们自己开创的流行样式，为的就是标新立异。

“披云巾”又名“臞仙云巾”，是明人设计的专为抵御风寒而戴的巾饰。《湖山胜概》的《云居松雪》一图中就出现了这款帽子（图 1.39）。这种帽子通常用缎或毡制作，扁巾方顶，后面拖着披肩半幅，以棉或毡作为内絮，保暖性能较好，是冬日出游的最佳选择。

《湖山胜概》的插图中还出现了两款帽子，据说是由明朝开国皇帝朱元璋亲自设计的。[136] 其中一款名曰“四方平定巾”（图 1.40），为的是歌颂自己平定四方的赫赫功勋，其实就是一种方桶状的黑漆纱方帽；另一款名曰“六合一统帽”（图 1.41），是一种由六片黑色绒、缎合成的半球形小帽，顶缀帽珠。所谓“六合一统”取意四海升平，天下归一。这种帽子一直流传到今天，俗称瓜皮帽。

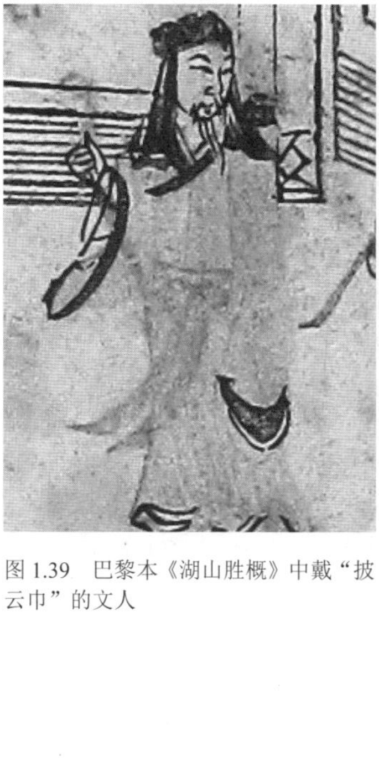
图 1.39　巴黎本《湖山胜概》中戴“披云巾”的文人

图 1.40　巴黎本《湖山胜概》中戴“四方平定巾”的文人

图 1.41　巴黎本《湖山胜概》中戴“六合一统帽”的文人

除了上述几款帽子之外，明人出行有时还会戴斗笠。斗笠的样式很丰富：有用细藤绢布做的“云笠”，有用竹丝编织，再以槲叶细密铺盖而成的“叶笠”，还有用鸟的羽毛织成的“羽笠”。（图 1.42）。

服饰是一个社会的表情。因此巴尔扎克［Honoré de Balzac］在《风雅生活论》中专辟一章讨论服饰并尖锐地提出一项服装原则：“粗人把自己遮盖起来，阔佬与傻瓜把自己包装起来，风雅人士则是着装。”他认为服饰表达着政治观点：人们能够从服装上看出谁生活优裕，谁整天劳作，谁穷苦不堪，甚至谁来自哪个居民区。[137] 在《湖山胜概》的插图《海会祷雨》中，我们便可以通过画面人物的服饰清楚地分辨出他的身份和阶级：代表政府前来祷雨的官员头戴乌纱帽，身着公服，身边丫鬟仆从环绕；文人雅士三五成群，身着长可掩足的袍衫，头上戴着唐巾、四方平定巾、六合一统帽等各种时尚冠饰;富家女子，头梳高顶髻，身穿交领长裙，有丫鬟陪伴;僧侣道人身披禅衣，手持佛珠；平民百姓（差役）则捋袖敞襟，系带裹腿，以便活动（图 1.43）。无须任何文字注解，服装本身就说明了一切。

图 1.42 《新镌海内奇观》中头戴斗笠的文人

图 1.43 巴黎本《湖山胜概》之《海会祷雨》

（七）装备

晚明文人出门旅游，不但要携带具有实用性的器物如手杖（图 1.44）[138]、雨具（图 1.45）[139] 等，还要配备许多附庸风雅的道具，以彰显品位。

在《湖山胜概》的插图《青衣石泉》和《太虚步月》中各有一位手持类似马尾巴器物的人物（图 1.46a、b），他们手中所执之物是什么呢？在万历三十七年（1609）出版的，由王圻和他的儿子王思义共同编撰的百科式图录类书《三才图会》中你可以找到答案。《三才图会》“如意、麈”一节引《释藏指归》云：“鹿之大者曰麈，群鹿随之，皆看麈所往，随麈尾扭转为准。今讲僧执麈尾拂子，盖象彼有所指挥者故耳。”[140] 从麈的示意图中（图 1.47）我们可以看出明代人认为这种将兽毛、麻等扎成一束，再加一长柄的器物就是“麈尾”，又叫“拂子”或“拂尘”。

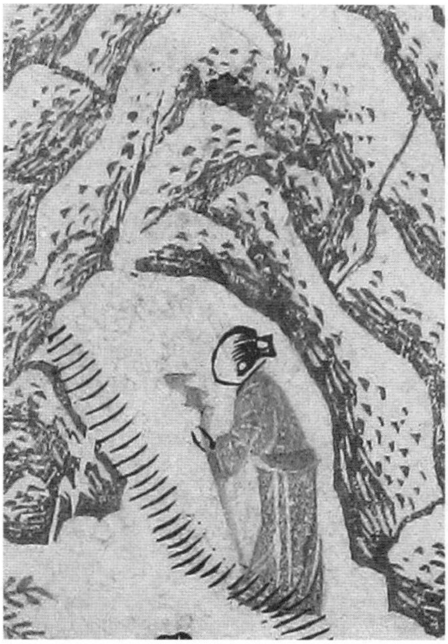

图 1.44　手杖，巴黎本《湖山胜概》

图 1.45　雨具，巴黎本《湖山胜概》

图 1.46a、b：巴黎本《湖山胜概》中手执拂尘的文人

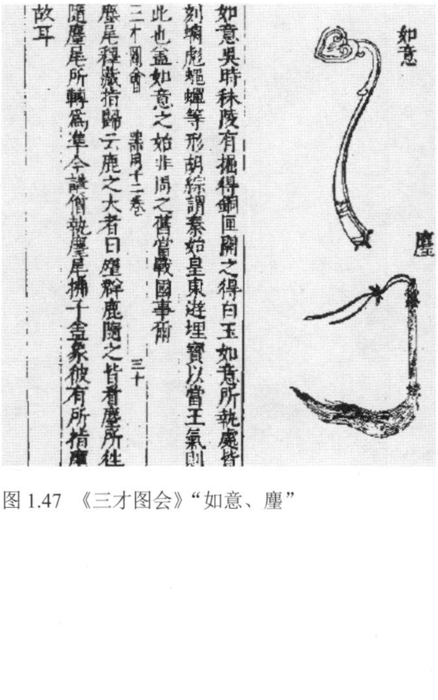

如意

如意吳時秣陵有掘得銅匣開之得白玉如意所執處皆刻螭彪蝇蟃等形胡綜謂秦始皇東遊埋寶以當王氣則此也盖如意之始非周之舊當戰國事爾

三才圖會 器用十二卷 三十

麈

麈尾釋藏指歸云鹿之大者曰麈群鹿隨之皆看麈所往隨麈尾所轉爲準今講僧執麈尾拂子盖象彼有所指麾故耳

图 1.47 《三才图会》“如意、麈”

图 1.48 （唐）孙位，《高逸图》（局部），上海博物馆藏

麈尾是一种凝聚着清谈文化的士林雅器。在记录魏晋文人言谈轶事的笔记小说《世说新语》中，麈尾是经常出现的标志性道具。在清谈中挥着麈尾，大约是一副很潇洒的派头，符合魏晋人的审美观。清谈并不总是和风细雨的，有时也会相当激烈，甚至有剑拔弩张之势，这时候麈尾就会有更实际的用途。《世说新语》中就讲述了这样一个故事：一次，孙盛和殷浩在一起清谈，两人反复辩论极为激烈，连饭都顾不上吃，情绪激动时双方用力将作为主讲标识的麈尾掷来掷去，以至麈尾上的毛全都脱落，弄得饭菜里全是毛。[141] 在这一场合中，麈尾代表着主讲者的资格，有点像今天讨论会上的话筒。"麈"字由"主""鹿"二字构成，也就是群鹿之首的意思。手执麈尾，实际上就是以"主鹿"自命，为的是显示意见领袖引导流辈的风流精神。这虽然只是一微小之物，却凝聚了清谈文化的绮丽辉煌，昭示着士人的倜傥气度。崇尚复古的晚明文人认为携带此物徜徉于山水间，可以彰显名士风范，别有一种风流态度。

然而，魏晋名流清谈所用的麈尾与明人手中所执之物究竟是不是同样的器具呢？《艺文类聚》引南朝徐陵《麈尾铭》，称麈尾"员（圆）上天形，平下地势，靡靡丝垂，绵绵缕细"[142]。这种上圆下平的形制似乎与《湖山胜概》和《三才图会》中出现的"一束毛加一根柄"的器物不同。在表现魏晋人物形象的图画中我们终于找到了这种上圆下平的麈尾。唐代画家孙位的《高逸图》中描绘了阮籍的形象，他手中所执的就是麈尾（图 1.48）。敦煌壁画中有一幅《维摩诘像》，画中的居士维摩诘手执麈尾坐在胡床之上（图 1.49）。此外，

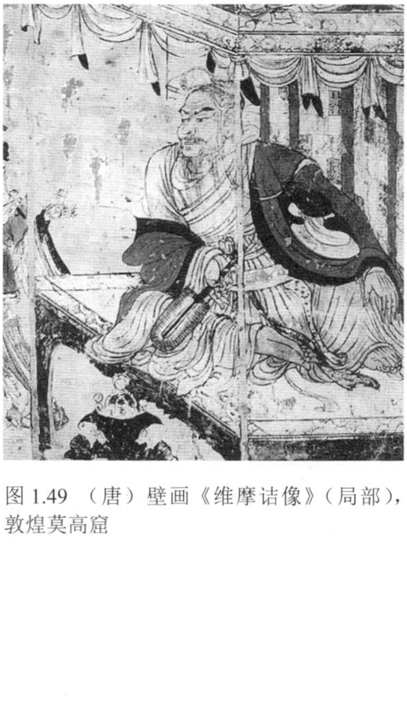
图 1.49 （唐）壁画《维摩诘像》（局部），敦煌莫高窟

图 1.50 巴黎本《湖山胜概》中手持折叠扇的文人

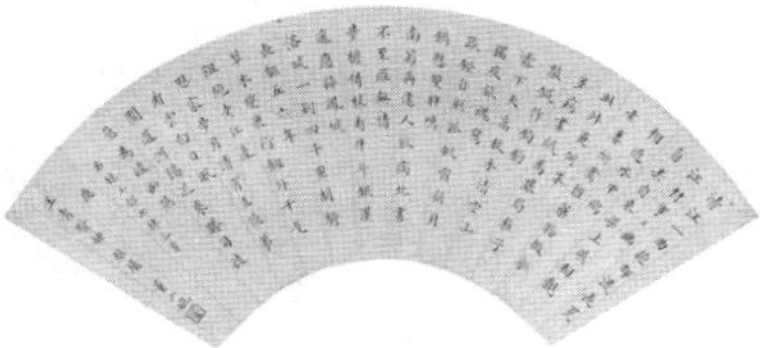

图 1.51 （明）董小宛，《杜甫诗三首扇面》，南京海德国际拍卖有限公司 2016 年春季拍卖会

在南北朝的石刻中也有不少手持麈尾的人物形象。很明显，他们手中所持的麈尾形如树叶，下部靠柄处则常为平直，再加上柄，边上饰以长毫，“豪（毫）际起风流”[143]，所以孙殷二人才会搞得饭菜上全是落毛。

《湖山胜概》插图中身着道服的人手中挥动的其实是拂尘，与魏晋时人们使用的麈尾是两种不同的器物。[144] 高濂在《遵生八笺》中将拂尘列为山溪逸游的重要游具，然而他与王圻父子一样，也把拂尘与麈尾混为一谈。[145] 可见明人虽然“慕古”，追求魏晋人士忘情山水间的飘逸气度，但因为没有见过真正的麈尾，而弄错了清谈的道具。

除了拂尘之外，《湖山胜概》的插图中还出现了另一件明人旅行时用以展现潇洒风姿的重要“道具”，那就是“折叠扇”（图 1.50）。折叠扇，又名“撒扇”，因为扇子收起来的时候是折叠的，使用的时候则撒开。扇骨聚其头而散其尾，所以又叫作“聚头扇”。这种扇子是明朝永乐年间从日本、朝鲜一带传到中国的。永乐皇帝觉得它卷舒自如携带方便，就命令工匠大量仿制。到了万历年间折叠扇成了文人士大夫的重要装饰品。利玛窦在他的中国札记中描述了晚明士人对这种“怀袖雅物”的热衷：“上等人士使用的，一般是用光纸做的，上面装饰着图案，很美丽地描着金色，人们携带时或是打开或是合起。有时候扇上书写着一些格言，甚至整篇诗词。扇子作为友谊和尊敬的一种象征，是最常互相馈赠的礼物。”[146] 一把绘制着山水或题写着书法的折叠扇成为当时文人的风雅道具，并迅速流行起来，引发了社会仿效的现象。青楼妓女乃至良家妇女也都手持折叠扇，有些颇具艺术才华的“名妓”还将自己绘制了画作或题写了书法的扇子作为礼物送给与自己有交情的文人雅士或女性朋友（图 1.51）。[147]

图 1.52　巴黎本《湖山胜概》中手持道扇的文人

“道扇”也是明人旅行时携带的一种游具。道扇有两种不同材质：一种是纸糊的，另一种是竹子编的，通常与道服搭配使用。《湖山胜概》的插图《通玄避暑》中就有一位手执道扇与友人对弈的文士形象（图 1.52）。

（八）饮食器皿

明人出游时对饮食也非常讲究。张岱在出门旅行前草拟给朋友的邀请函中详细列出出游时需要携带的东西：

凡游以一人司会，备小船、坐毡、茶点、盏箸、香炉、薪米之属，每人携一篮、一壶、二小菜。游无定所，出无常期，客无限数。过六人

图 1.53　巴黎本《湖山胜概》中的挑担童子

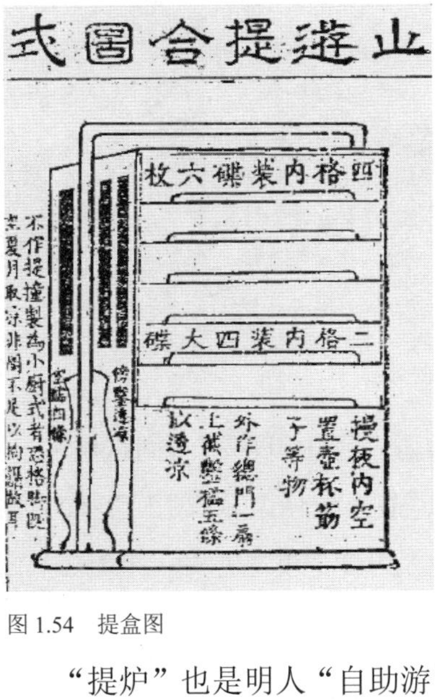

图 1.54　提盒图

则分坐二舟，有大量则自携多酿。[148]

司会是居中协调旅游事务的人，负责掌管出游的财货物资。根据这封短信的记录，旅游时所带的游具除了坐毡、香炉等器物之外，还有与饮食有关的器具和食品，如饭盒、杯盏、筷子、酒壶、茶点、小菜、薪米等。这些东西通常由奴仆随从背负携带（图 1.53）。

“提盒”是在山郊野外用餐时一种非常实用的器具，它是由《遵生八笺》的作者、杭州名士高濂设计的。它的功能类似现代的便当盒，但容量要大得多。提盒的外形如同一个橱柜，设有一活门，装卸自如，方便开启。内部下方隔出一个小空间，可以装入六个酒杯、一个酒壶、六双筷子和二盏劝杯。上方分为六格，其中四格每格装六小碟下酒的果肴，还有两小格每格放四大碟鱼肉菜肴。提盒中的食物足以供六个人饱餐一顿（图 1.54）。[149]

“提炉”也是明人“自助游”时的重要餐饮器具。其外形与提盒相似，内部分为三层：最底下一层嵌着铜造的水火炉；中间一层的夹板有两个孔，左边放茶壶，右边放炖汤和温酒用的桶状的锅；最上一层则放备用的炭火，旁边凿有透气排烟的梅花孔（图 1.55）[150]。

畅游山水，兴之所至，难免要饮酒助兴，所以“酒樽”是旅行时不可缺少的餐具。在追求风雅的文人看来，盛酒器以陶瓷质地的为最好，铜制其次。但是旅行时追求轻便，因此葫芦所制成的酒具最为合适，当时比较流行的酒樽款式有太极樽与葫芦樽两种（图 1.56）。[151] 在山间旅行时，将提盒、提炉与酒樽这三种器具“束以二架，共作一肩”[152]，就组合成一个“便携式厨房”，不但可以满足口腹之欲还增添了情趣。

明人酷爱茶香，在他们看来，招朋引伴，携一二童子在山间穿林越涧、寻泉品茗是一件极为畅意的事，因此茶盏、茶壶、茶注、茶炉等品茶用具也就成为旅行时必备的器物了（图 1.57a、b）。许次纾（1549—1604）在《茶疏》专设“出游”一节，提出：士人登山临水，都要饮酒；但如果缺少茗碗薰炉等品茶的器具，那就只是徒游于豪举，无法体现朋友间素雅高洁的友情。许次纾还特别设计了一套野外旅行用的饮茶装备，包括:“茶罂一，注二，小瓯四，洗一，瓷合一，铜炉一，小面洗一，巾副之，附以香奁小炉香囊七。”这才只是“半肩”所挑之物，另外“半肩”挑的是专门用来煮茶的水。高濂认为在西湖的泉水中虎跑泉最好；而两山的茶叶中当属龙井茶最佳，虎跑泉与龙井茶的组合堪称“最佳搭档”。要在谷雨前采下茶叶立即烘焙，挹取虎跑泉水烹煮。然后高卧山中，对着明月，品着香清味冽的新茗，才是人生一大享受。[153] 他还依据自己的品茗体验，将 16 种茶具和 7 种贮茶具各取了一个雅致的名字，比如注茶的瓷瓦壶取

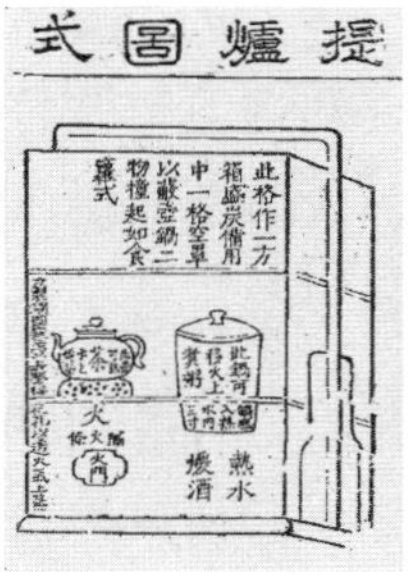

图 1.55　提炉图

图 1.56　酒樽图

图 1.57a、b：巴黎本《湖山胜概》中烹茶和捧壶的童子

名“注春”，取泉水的瓷瓶名叫“云屯”，品茶的小瓷杯名为“啜香”，竹茶匙名曰“撩云”，茶洗名曰“滤尘”，煽火的竹扇叫作“团风”，清洁器皿的抹布则唤作“受污”。

（九）文娱器具

明代文人流连山水之间，还喜欢携带一些文娱器具以供闲时消遣。古琴是当时风雅文士旅行时的良伴，《湖山胜概》的插图《紫阳洞天》中便有一位怀抱古琴追随主人的童子形象（图 1.58）。

万历二十四年（1596）杭州文人胡文焕在其刊刻的《文会堂琴谱》中提出了适宜弹奏古琴的十四种场合："遇知音，逢可人，对道士，处高堂，升楼阁，在宫观，坐石上，登山埠，憩空谷，游水湄，居舟中，息林下，值二气清朗，当清风明月。"[154] 石上、山埠、空谷、水湄、舟中、林下，这些场合都与户外旅行相关，加之有知己好友同游，清风明月相伴，自然是极适于弹琴的。明代人对于古琴与自然环境的配合极为讲究：对月鼓琴，要等到二更人静万籁无声之时；对花鼓琴，最好要对着香气清幽、色彩素净的岩桂、江梅、茉莉、玉兰等花才算风雅；临水弹琴，必须对着轩窗池沼，窗外要有盛放的荷花；或者在竹边林下，有微风洒然，游鱼出声，才有尘外风致。[155]《湖山胜概》中收入黄九鼎所作的《通玄避暑》诗："真境三天外，风来万玉清。携琴坐石室，六月峭寒生。"诗人坐在通玄观的石室中，凉风吹来，观内万竿修竹摇荡碧虚，他拨动琴弦，霎时间，酷热的六月也生出峭寒的清冷之韵，令人作天外之想。高濂也曾在夏日的夜晚独坐于西湖畔的山间小亭中，当时南风习习生凉，明月高悬天际，他对月弹琴，响

图 1.58　巴黎本《湖山胜概》中抱着古琴、追随主人的童子

遏流云。琴曲的选择也要与环境、心情相吻合：高旷抚《秋鸿出塞》，清幽鼓《石上流泉》，《风雷引》可以消暑避热，《广寒游》则适合在清冷的场合下弹奏，一曲《梅花三弄》更是寒彻人间烦愤。[156] 即便不会弹琴也不要紧，关键是要能领略其中的趣味，用陶渊明的话说就是“但得琴中趣，何劳弦上音。”

下围棋是另一项明代文人旅行时热衷的娱乐项目。利玛窦在中国札记里描述了明代万历年间文人对围棋的热爱，留下了迄今为止所发现的欧洲历史上第一次有关围棋的记录：

中国人有好几种这类的游戏，但他们最认真从事的是玩一种在三百多个格的空棋盘上用两百枚黑白棋子下的棋。玩这种棋的目的是要控制多数的空格。每一方都争取把对方的棋子赶到棋盘的中间，这样可以把空格占过来，占据空格多的人就赢了这局棋。官员们都非常喜欢这种棋，常常一玩就是大半天。有时候玩一盘就要一个小时。精于此道的人总有很多的追随者，他肯定会非常出名，尽管这也许是他唯一的专长。事实上，有些人还请他们做指导，特别优待他们，为的是学会玩这种复杂游戏的精确知识。[157]

虽然利玛窦没有说明这是什么游戏，但稍懂围棋的人一眼就可以看出，这一段描述的正是围棋。《湖山胜概》的插图《通玄避暑》和《太虚步月》中都描绘了文士们在山水间对弈的情景（图 1.59）。明代另一件记录文人下棋场面的作品是吴门画派晚期画家尤求于 1566 年绘制的《秋窗博弈图》（图 1.60）。在群山环抱、碧色树篁的掩映之下，一场国手之间的对弈正进行得酣畅淋漓。茅亭中人物高冕宽服，围坐在一张黄花梨棋桌旁。弈棋二人对坐，旁边围绕着观棋之客，童子三人或瀹茗、或立视。亭外湖渚、坡树相映成趣，一派乡野小景的秀丽风光。

图 1.59 巴黎本《湖山胜概》中下围棋的文人雅士们

图 1.60 （明）尤求，《秋窗博弈图》（局部），匡时 2010 年秋季拍卖会

旅游时若要携带围棋最好是将它放置在专门的围棋罐子里，这罐子与室内用的釉质围棋罐不同，是藤编的，这样即使不小心堕地触石，也不至于损坏。将罐子装进藤编的棋篮中，轻便可爱，实在是游具中的一件妙品呢！[158]

（十）交通工具

舆轿和舟舫是明代人在西湖旅行时最常选取的两种交通工具。“肩舆”比较稳便，最适宜于山地行旅，因为江南多用竹材制作，因而民间又称之为“篮舆”（图 1.61）。巴黎本《湖山胜概》插图中人物所乘坐的则是一种有座无厢的简易竹舆，俗称“竹兜子”（图 1.62）。肩舆、篮舆和竹舆形制功能上略有区别，但常统称为“山舆”，取其山行便利之意。[159] 陈昌锡在《湖山胜概》的跋语中就指出：“虎林以湖山甲天下，凡游人慕西湖来者，辄舍舟而舆，寓目吴山，尽其胜而后返。”山舆这种交通工具并非明代人所发明，唐代白居易的《东归》诗中就记述了长途行旅中应用这种交通工具的具体感受：“翩翩平肩舆，中有醉老夫。膝上展诗卷，竿

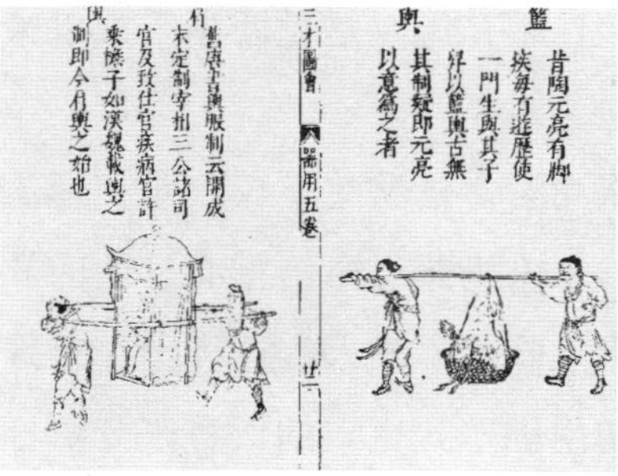

图 1.61　肩舆和篮舆，《三才图会》插图

图 1.62　竹兜子，巴黎本《湖山胜概》

头悬酒壶。食宿无定程，仆马多缓驱。临水歇半日，望山倾一盂。藉草坐嵬峨，攀花行踟蹰。风将景共暖，体与心同舒。”诗人闲适地坐在肩舆上，一路平舒，水媚山妍，风暖酒香，何等闲逸自在！从中我们大抵可以体味到明代士人舆行的乐趣。

山间行旅需要山舆，湖中游览则少不了舟舫。文人雅士纷纷赞美舟游西湖的妙处。闻启祥认为山居固然好，但自己却尤不能忘情于舟舫，他列举出舟游优于山居的三大特点：

特点	山居	舟游
1	饮食寝处常住不移	活
2	看山时向背横斜固定不变	幻
3	访客叨扰，应对辛苦	意东而东，意西而西，甚寂而安

舟游具备活、幻、随意这三大优势，因此山水游历自然以舟游胜出。[160]西湖与舟舫是一体的，拥有一艘舟舫几乎成为当时所有湖畔文人的梦想。有的士大夫干脆自己动手设计造船。黄汝亨（1558—1626）客夏游黄山、白岳时，见竹筏行溪林间，好事者载酒从之，十分闲适，因而想到故乡西湖，觉得西湖水又清澈又宽广，很适合这样的竹筏。返乡后他便与友人吴德聚共谋制作，该船“朱栏青幕，四披之，竟与烟水云霞通为一席，泠泠如也”[161]。它还有一个美丽的名字——浮梅槛。每花月夜，及澄雪山阴，

黄汝亨便与韵人禅衲徜徉六桥，观者如堵，都在感叹这是西湖千载以来未有的风流之举。

对于黄汝亨这样生活在西湖畔的文人而言，舟舫绝不仅仅是交通工具，更是趣味的象征、身份的标志。它与士人为旅行生活精心打造的衣履冠饰、装备配件、饮食器皿一样，无不反映了“文人”这样一个特殊的社会群体对风雅生活的追求。我们不妨用巴尔扎克式的语言来分析一下这些“游具”背后的内涵：虚荣心不过是每日盛装打扮的艺术，因此每个人都觉得有必要设立一个标记，作为他权势的样本，向路人指明他爬到夺彩竿的哪一节；于是道衣、披云巾、纯阳巾、拂尘、折叠扇、道扇、提盒、提炉、酒樽、注春壶、屯云瓶、啜香盏、古琴、围棋罐、舟舫等等，林林总总的物质标志，表示一个人能享受多少休息，有权利满足多少奇思异想，可以浪费多少人力、财力、思想和劳动。因此行人只消看一眼，就知道他是有闲人，不是劳动者，是整数，不是零。[162]

（十一）活动

在热闹鼎盛的游人群体中，为了与风尘仆仆的商人和一般的旅行者区别开来，文人士大夫努力追求一种“有致”的旅行生活。有致，用今天的话说就是要有品位。戏曲家高濂隐居在西子湖畔，筑山满楼于跨虹桥，收藏古今图书，将生命消磨在这片湖光山色中。他认为西湖一年四季都有幽趣供人赏玩，于是撰写了一篇《四时幽赏录》，与热爱山水的人们分享此中别致的趣味，且看其中的部分旅游项目：

春时幽赏：孤山月下看梅花、虎跑泉试新茶、山满楼观柳、西泠桥玩落花……

夏时幽赏：三生石谈月、湖心亭采莼、飞来洞避暑、空亭坐月鸣琴……

秋时幽赏：西泠桥畔醉红树、宝石山下看塔灯、策杖林园访菊、乘舟风雨听芦……

冬时幽赏：雪霁策蹇寻梅、扫雪烹茶玩画、雪夜煨芋谈禅、山窗听雪敲竹……

这些旅游项目有一个共通点：花不了多少钱，甚至根本不用花钱，但要真正“玩转”这些项目，必须具备良好的文化修养和艺术趣味。在高濂看来旅游的品位与金钱无关，因为“清风明月不用一钱买也”。关键是要具备审美的眼光和敏感的心灵，只有“高朗其怀，旷达其意，超尘脱俗，别具天眼”[163]，才能享受到山水间的真趣。

高濂的这篇文字绝不仅是对自然山水的深情表白。如果给《四时幽赏录》换一个更现代、更直白的题目，应该是：《在商人和平民竞争之下（没钱却有品位的）文人旅游策略大纲》。策略的核心是：从事花费少、文化内涵高的活动。布尔迪厄［Pierre Bourdieu］观察到那些在文化资本比在经济资本方面更富有的教授会倾向于在所有领域中的禁欲消费，通过以最小的经济代价寻求一种创新。比如在用餐时，他们“几乎有意识地与（新）富人和他们丰盛食物对立，创新地寻求趋向于异国情调（意大利菜、中国菜等）和烹调民众主义（农家菜）”[164]。“以最小的经济代价寻求一种创新”不仅是法国教授的策略，也是晚明精英文人的选择。这两类人群的共同点就是：相较于经济资本，文化资本更加富足。

士大夫在旅游的时候，会强调“眼光”的重要性。“眼光”是由教育再生产生出的一种历史产物，本身就隐含着一种认识资质、一种文化能力的运用。[165] 以赏雪为例，普通人只能看到“大地白茫茫一片”，高濂却能以一双敏锐的艺术之眼，品出常人所未能体会的妙观。积雪初晴，他登高远望，只见满城雪积，万瓦铺银，鳞次高低，尽若堆玉。正当日暮之时，千家万户青烟四起，缕缕飘升，在高濂眼中，此番景象就好像从玉版纸中界以乌丝阑画幽胜，清雅之至。[166] 他还告诉我们雪花六出，有形神之美；飞雪敲竹，亦有声音之妙：

飞雪有声，惟在竹间最雅。山窗寒夜，时听雪洒竹林，淅沥萧萧，连翩瑟瑟，声韵悠然，逸我清听。忽尔回风交急，折竹一声，使我寒毡增冷。暗想金屋人欢，玉笙声醉，恐此非尔所欢。[167]

乱山深处，飞雪折竹，其声苍茫幽眇，那些在高档筵席上觥筹交错，在 KTV 里夜夜笙歌的人自然无法欣赏这份世外的旷远悲凉。要能领略这番清冷雅韵，大抵也得是个有些尘外风致的人。

对于高濂来说，雪既能以眼观，亦能以耳听，甚至可以用嘴巴品尝。他说："茶以雪烹，味更清洌，所为半天河水是也。不受尘垢，幽人啜此，足以破寒。"[168] 煮雪烹茶，这是中国文人延绵千年的雅尚。白居易就"融雪煎香茗，调酥煮乳糜"，陆龟蒙也曾"闲来松间坐，看煮松上雪"。苏轼甚至在冬日的梦中品尝了雪水茶，当他从那个清雅别致的梦中醒来，便提笔写下两首"回文诗"追忆这段故事：

十二月十五日，大雪始晴，梦人以雪水烹小团茶，使美人歌以饮余，梦中为作回文诗，觉而记其一句云："乱点馀花唾碧衫"，意用飞燕唾花故事也。乃续之，为二绝。

酡颜玉碗捧纤纤，乱点馀花唾碧衫。歌咽水云凝静院，梦惊松雪落空岩。

空花落尽酒倾缸，日上山融雪涨江。红焙浅瓯新火活，龙团小碾斗晴窗。[169]

雪花自空而落，便可用来烹煮龙凤团茶，苏轼梦中煎茶所用的应当是刚下的“新雪”。到了明代，文人们则普遍认为贮藏经年的“陈雪”要佳于“新雪”。文震亨就在《长物志》中指出:“雪为五谷之精，取以煎茶，最为幽况。然新者有土气，稍陈仍佳。”[170] 这种“陈雪之尚”一直影响到清代饮茶人，《红楼梦》中妙玉招待宝玉、黛玉、宝钗三人喝茶时用的梅花上的雪，就用鬼脸青的花瓮在地下埋了五年。[171]

文人煮雪烹茶，不仅是为了清冽的滋味，更是为了标榜自身的品位。据说宋朝学士陶穀买了党太尉家的一名姬妾。一次他取雪水烹团茶，便问姬妾:“党家可有这份雅趣？”姬妾摇摇头:“他家是粗人，哪能体会此中真味，不过是在销金帐中浅斟低唱，饮羊羔酒罢了。”[172] 雪水茶与羊羔酒，这两种饮料的选择代表了两种完全不同的生活品质，前者是风雅，后者是粗俗。难怪当黛玉将雪水误以为旧年雨水时，遭到妙玉一声冷笑，说她竟是个大俗人。

雪，不花一分钱，却可赏、可听、可品尝。只要文化积淀足够丰富，就可以在旅游时得到综合的感官享受（图 1.63）。在巴黎本的《湖山胜概》中，除了迷人的风光之外，还描绘了虚构的游人：他们徜徉山水之间，品茗、下棋、观石、听泉、玩月、赏花、看雪。《湖山胜概》与《四时幽赏录》一样，提供给了阅读者“怎样潇洒旅游”的指南，只不过是以更加形象的方式呈现而已。

图 1.63 （明）文徵明，《关山积雪图》（局部），北京故宫博物院藏

苍松、奇石、清泉、朗月、皓雪、鲜花，这些自然界的景致构筑了明人旅行生活中重要的赏玩内容。在与雪月花石相伴

相亲的过程中，文人们也在不断开发自己的感官世界，积累感官知识，在他们眼里，不懂得自然之美，不懂风花竹石能移人情的人，根本算不上文雅之人。俗人也赏花、玩月、看雪、观石，只是他们并无足够的品位来感受这些事物的趣味，因而常常遭到文人“暴殄天物”的讽刺：张岱嘲笑那些在七月半的晚上争着赏月的人是贪求虚名、赶时髦；[173] 在袁宏道看来，虽然花开时节，人们绯幕云集，但实际上是“辱花者多，悦花者少”[174]；张京元更是毫不留情地批评那些肩摩趾错，以拥挤挨簇为乐的西湖游客们“意不在山水，即桃容柳眼，自与东风相倚，游者何曾一着眸子也”[175]。

大众旅游的普及，给士大夫阶层的旅游活动造成了压力。庸俗的聚众迫使文化精英们积极采取各种区隔策略，以维持身份和品位：在别处，反季节，反地点，采取独特的装备，寻求对新体验的独占权。这些策略的核心在于“发明趣味”。柯律格［Craig Clunas］敏锐地注意到“趣味”在晚明时成为一个引人瞩目的问题：

> 正是在16世纪（主要是后半叶），传统的精英阶层感到其社会地位受到威胁，转向“发明趣味”，以此手段来强调，要紧的不仅是对美学奢侈品的占有，而且是占有它们的方式。[176]

柯律格此言是针对晚明时的书画古玩收藏而言。自然山水虽然不是奢侈品，但“占有它们的方式”同样比“占有”更重要。雪、月、花、石、泉本身并无趣味可言，但要听之、观之、赏之、玩之、品之，则有赖趣味的发明和运用。文化消费如同破译、解码的活动，拥有编码的人才能鉴赏。所以艺术与文化消费的品位鉴赏能力，天生就倾向具有实现使社会区分合法化的社会功能。[177] 对晚明的士大夫们来说，如果不懂得“发明趣味”，那么旅游不过是从一个目的地赶往另一个目的地，重复着用双脚丈量土地的行为。

注释：

1. 陈平原:《从文人之文到学者之文:明清散文研究》,三联书店,2004年,第55页。
2. 袁宏道:"兰泽、云泽两叔",《袁宏道集笺校》卷二十一,上海古籍出版社,2008年,第747页。
3. 袁宏道:"沈广乘",《袁宏道集笺校》卷五,第242页。
4. 袁宏道:"丘长孺",《袁宏道集笺校》卷五,第208页。
5. 袁宏道:"管东溟",《袁宏道集笺校》卷六,第292页。
6. 袁宏道:"陶石篑",《袁宏道集笺校》卷六,第286页。
7. 袁宏道:"汤郧陆",《袁宏道集笺校》卷六,第286页。
8. 郑焱:《中国旅游发展史》,湖南教育出版社,2000年,第2—3页。
9. 湛若水:"送谢子振卿游南岳序",《湛甘泉先生文集》卷十七,收入《四库全书存目丛书》第56册,齐鲁书社,1997年,第724页。
10. 巫仁恕:《品味奢华:晚明的消费社会与士大夫》,中华书局,2008年,第35—38页。
11. 针对明人旅游生活兴起的"缘起",曹淑娟有一段简洁明了的解释与说明:"晚明文人亲近自然山水,有其时代背景因素,如不满意于政治,许多人颓放其用世之心,往寻山林之乐;如工商起步,城镇市民逐渐形成旅游风气;如良知之学的传播,教人体认鸢飞鱼跃、鸟鸣花落的景象亦是天理流行的境界;这些都缩短了人与山水之间的距离。"参见曹淑娟著《晚明性灵小品研究》,台北文津出版社,1988年,第206页。高彦颐详细分析了晚明旅游风气的兴盛与商品经济的发达和市镇的蓬勃发展之间的密切关系:"明代的旅游,至嘉靖、万历而大盛。商品经济的发达,助长手工业之兴旺及农贸市场之专业化。米粮的贩卖运送、棉织品及其他生活必需品的流通、丝茶瓷器的长途贸易及从美洲经福建或西域进口之白银,在促进城镇的发展和各省水陆交通的频繁。明末书商大量印制的《商旅路程》等刊物,说明了商贾之往来是促进旅游的经济因素。并因而造就了客舍、酒楼、茶馆、挑夫、船户等相关行业之发展。"参见高彦颐著《近代中国妇女史研究》,"中央研究院"近代史研究所近代中国妇女史编辑委员会,1995年,第21页。
12. "世之所谓乐者可知矣,兰膏明烛,二八递代,徘徊于觞俎之间,穷日夜而不能自休;叫枭盱庐,揶手交臂,离合于一枰之上,掷百万而不满其一睨,此世俗之所共愉快也。有鉴古玩者,过而笑之,曰:'此何其垢且浊也!'则以法书图画之为清,弹琴弈棋之为适矣。而又有笑其侧者,彼且与名胜相招邀,与山水为游衍。故有丹青浩然,刻画贾岛,若将求为师资而不能,而登高丘、汎长川不可骤得,至托为卧游以赏之。噫!此亦远矣,而知道者犹然非之,何也?"参见焦竑著《焦氏澹园集》(收入《四库禁毁书丛刊》集部61册,北京出版社,2000年,据明万历三十四年刻本)，卷十八，《李如野先生寿序》，第 14 页。
13. 袁宏道："东洞庭"，《袁宏道集笺校》卷四，第 164 页。
14. 袁宏道："湖上别，同方公子赋"，《袁宏道集笺校》卷九，第 409 页。
15. 袁中道:《游居柿录》，收入《日记四种》，湖北辞书出版社，1997 年，第 234 页。
16. 屠隆："送董伯念客部请告南还序"，《白榆集》卷三，收入《明代论著丛刊》，台北伟文，1977 年，第 154 页。
17. 袁宏道："瓶史 · 好事"，《袁宏道集笺校》卷二十四，第 826 页。
18. 张岱："祁止祥癖"，《陶庵梦忆 · 西湖梦寻》，第 72 页。
19. 张忠良的论文"晚明文人的嗜癖言行"(《台南女院学报》第 23 期，第 403—428 页)对晚明的"癖"文化做了全面的分析，指出这种风尚一方面是受到传统审美意识的影响，另一方面则是受到当代思潮与环境的刺激，重视个性的发挥，而共同形成的。
20. 马孟晶："名胜志或旅游书——明《西湖游览志》的出版历程与杭州旅游文化"，载《新史学》，2013 年 12 月，第 97 页。
21. 万木春："远离山水"，载《新美术》2014 年第 9 期，第 28—36 页。
22. 顾彬:《中国文人的自然观》(马树德译)，上海人民出版社，1990 年，第 118 页。
23. 董其昌："画旨"，《容台集》别集卷四，西泠印社出版社，2012 年，第 673 页。
24. 董其昌："画旨"，《容台集》别集卷四，第 675 页。
25. 董其昌："画旨"，《容台集》别集卷四，第 691 页。
26. 万木春："远离山水"，第 28 页。
27. 万木春："远离山水"，第 34 页。
28. 王雨谦:"西湖梦寻序"，张岱《西湖梦寻》，收入《武林掌故丛编》第 3 册，广陵书社，2007 年，第 1606 页。
29. 张岱："玉莲亭"，《陶庵梦忆 · 西湖梦寻》，第 158 页。
30. 张岱："西泠桥"，《陶庵梦忆 · 西湖梦寻》，第 171—172 页。
31. 张岱："智果寺"，《陶庵梦忆 · 西湖梦寻》，第 169 页。
32. 马孟晶："名胜志或旅游书——明《西湖游览志》的出版历程与杭州旅游文化"，载《新史学》，2013 年 12 月第 99 页。
33. 季婴"《西湖游览手镜》序"，《西湖游览手镜》，收入《西湖文献集成》第三册，杭州出版社，2004 年，第 995—996 页。
34. 田汝成："《西湖游览志》叙"，《西湖游览志》，收入《武林掌故丛编》，广陵书社，2007 年，第 10 册第 5987 页。
35. 马孟晶："名胜志或旅游书——明《西湖游览志》的出版历程与杭州旅游文化"，载《新史学》，2013 年 12 月第 93 页。

36. 沈恺：“小西湖记”，《环溪集》，收入《四库全书存目丛书》，集部·别集类，册92，卷3，页33a。
37. Francis Bacon, Essays of Francis Bacon,The Project Gutenberg EBook（http://www.gutenberg.org/ebooks/575）
38. 同上注。
39. 同上注。
40. 浦祊：《游明圣湖日记》，收入《武林掌故丛编》第2册，广陵书社，2007年，第1012页。
41. 浦祊：《游明圣湖日记》，第1008页。
42. 李流芳：“题画为子薪”，《檀园集》卷十二，收入《四库全书》集部第1295册，上海古籍出版社，1989年，第404—405页。
43. 何良俊：《四友斋丛说》卷二十八，中华书局，1959年，第257页。
44. 何良俊：《四友斋丛说》，第255页。
45. 《宋书》卷九十三·隐逸《宗炳传》，中华书局，2007年，第2279页。
46. 徐复观：《中国艺术精神》，广西师范大学出版社，2007年，第179页。
47. 秦观：“书辋川图后”，《淮海集笺注》（徐培均笺注），上海古籍出版社，1994年，第1120－1121页。
48. 陈淳：《陈白阳集》，收入《四库全书存目丛书》集部第146册，齐鲁书社，1997年，第358页。
49. 除了绘画之外，自宋代以来，诗文也是文人“卧游”的重要媒介之一。南宋理学家吕祖谦编写了《卧游录》一书，收录了古人游历山水的文字。
50. 郑振铎：《西谛书跋》，文物出版社，1998年，第56页。
51. 郑振铎：《中国古代木刻画史略》，上海书店出版社，2006年，第68页。
52. 杨尔曾:《东西晋演义》，收入《古本小说集成》，上海古籍出版社，1990年，第1—10页。
53. 杨尔曾：《新镌海内奇观》，收入《续修四库全书》史部地理类第721册，上海古籍出版社，2002年，第345—346页。
54. 杨尔曾：《新镌海内奇观》，第347页。
55. 杨尔曾：《新镌海内奇观》，第344页。
56. 巫仁恕:《品味奢华:晚明的消费社会与士大夫》，中华书局，2008年，第179页。
57. 虞淳熙:“慧日峰记”,收入《明人小品十六家》,浙江古籍出版社,1996年,第214页。
58. 李流芳：“游虎丘小记”，《檀园集》卷八，《景印文渊阁四库全书》第1295册，台北商务印书馆，2008年，第367页。
59. 王士性：《广志绎》卷二“两都”，中华书局，1981年，第24页。

60. 袁中道："西山十记·记三"，《珂雪斋集》卷十二，上海古籍出版社，1989年，第537页。
61. 袁逸在"明后期我国私人刻书业资本主义因素的活跃与表现"一文中分析了私人刻书业发达的因素：一是政府政策之优惠；二是工价低廉；三是刻书业拥有众多的主顾和广阔的市场。参见《浙江学刊》，1989年第3期，第125页。
62. 卜正民：《纵乐的困惑：明代的商业与文化》（方骏等译），广西师范大学出版社，2016年，第187—189页。
63. 利玛窦：《利玛窦中国札记》（何高济等译），中华书局，2005年，第21—22页。
64. 胡应麟："经籍会通"，《少室山房笔丛》卷四，中华书局，1958年，第55页。
65. 曹雪芹：《红楼梦》，人民文学出版社，1980年，第187页。
66. 沈括：《梦溪笔谈全译》（胡道静等译注），贵州人民出版社，1998年，第536页。
67. 《宣和画谱》（俞剑华注译），江苏美术出版社，2007年，第266页。
68. 如邓椿在《画继》卷六《山水林石·王可训》中说："宋复古'八景'皆是晚景，其间'烟寺晚钟''潇湘夜雨'颇费形容。钟声固不可为，而潇湘夜矣，又复雨作，有何所见？盖复古先画而后命意，不过略具烟霭惨淡之状耳。"赵希鹄在《洞天清禄集·古画辨》中也指出："宋复古作潇湘八景初未尝先命名，后人自以洞庭秋月等目之，今画人先命名，非士夫也。"参见邓椿：《画继》，人民美术出版社，2005年，第80页；俞剑华：《中国古代画论类编》，人民美术出版社，2004年，第87页。
69. 姜斐德对宋迪《潇湘八景图》中诗与画的关系做了详细而深入的分析，参见姜斐德著《宋代诗画中的政治隐情》第三章《诗与画相融》，中华书局，2009年，第48—57页。
70. 金学智：《中国园林美学》，中国建筑工业出版社，2005年，第315页。
71. 耿欣：《"八景"文化的景象表现与比较》，北京林业大学硕士论文，2006年，第6页。
72. "（西湖）山川秀发，四时画舫遨游，歌鼓之声不绝。好事者尝命十题，有曰：平湖秋月、苏堤春晓、断桥残雪、雷峰落照、南屏晚钟、曲院风荷、花港观鱼、柳浪闻莺、三潭印月、两峰插云。"参见祝穆著《方舆胜览》卷一，中华书局，2003年，第7页。
73. 崔灏：《湖山便览》卷一，收入《西湖文献集成》第8册，杭州出版社，2004年，第630—631页。
74. 罗大经：《鹤林玉露》，中华书局，2008年，第241页。
75. 汤显祖：《牡丹亭》，人民文学出版社，1980年，第68—69页。
76. 朱彭：《吴山遗事诗》，收入《武林掌故丛编》第1册，广陵书社，2007年，第588页。
77. 同上注。

78. 朱彭：《吴山遗事诗》，第 591 页。
79. 欧阳修：《六一诗话》，人民文学出版社，1962 年，第 8 页。
80. 陈昌锡：《湖山胜概》（万历刊本），法国巴黎国家图书馆所藏孤本，第 3 页。
81. 杨尔曾：《新镌海内奇观》，第 341—342 页。
82. 杨尔曾：《新镌海内奇观》，第 343 页。
83. 杨尔曾：《新镌海内奇观》，第 344 页。
84. 杨尔曾：《新镌海内奇观》，第 347 页。
85. 杨尔曾：《新镌海内奇观》，第 341—342 页。
86. Anne E. Mclaren: “Constructing New Reading Publics in Late Ming China”, Cynthia J. Brokaw, Kai-wing Chow（ed.）Printing and Book Culture in Late Imperial China, University of California Press, 2005, p.152.
87. 宗炳：“画山水序”，收入俞剑华编《历代画论大观》第 1 编，江苏美术出版社，2015 年，第 45 页。
88. 杨尔曾：《新镌海内奇观》，第 344 页。
89. 朱之蕃：《金陵图咏》，天启三年序朱氏金陵刊本，第 1—2 页。
90. 关于这幅画的详细讨论请参看李晓愚《化俗为雅：论文人画家对花果题材的处理》，《文艺研究》，2017 年第 3 期，第 144—153 页。
91. 朱之蕃：《金陵图咏》，天启三年序朱氏金陵刊本，第 1—2 页。
92. 宗炳：“画山水序”，《历代画论大观》第 1 编，第 45 页。
93. 雷吉斯·德布雷：《图像的生与死：西方观图史》（黄迅余等译），华东师范大学出版社，2014 年，第 26 页。
94. 雷吉斯·德布雷《图像的生与死》，第 37 页。
95. 皮埃尔·布尔迪厄：《区分：判断力的社会批判》，第 329 页。
96. 巫仁恕：《品味奢华：晚明的消费社会与士大夫》，第 289—290 页。
97. 李流芳：《檀园集》卷八，《景印文渊阁四库全书》第 1295 册，第 367 页。
98. 张京元：“断桥小记”，收入《陶庵梦忆·西湖梦寻》，第 209 页。
99. 张京元：“湖心亭小记”，收入《陶庵梦忆·西湖梦寻》，第 231 页。
100. 袁宏道：“齐云”，《袁宏道集笺校》卷十，第 457—458 页。
101. 张岱：“包涵所”，《陶庵梦忆·西湖梦寻》，第 53 页。
102. 江盈科：“与王百谷”，《江盈科集》卷十三，岳麓书社，1997 年，第 590 页。
103. 巫仁恕：《品味奢华：晚明的消费社会与士大夫》，第 187 页。
104. 程涓：“唐诗六言画谱序”，《唐诗画谱》（黄凤池编），山东画报出版社，2007 年，第 109 页。
105. 钱存训：《中国纸和印刷文化史》，广西师范大学出版社，2004 年，第 207 页。

106. 叶德辉：《书林清话》，中华书局，1999 年，第 35 页。
107. 范景中先生在《套印本和闵刻本及其〈会真图〉》（《新美术》，2005 年，第 4 期，第 77—82 页）一文中对古籍彩色印本做了简明扼要的介绍。古籍彩色印本按照印刷的版次和版数，大致可以分为四种：一、一版多色本，即同一版片在不同位置刷上不同颜色，一次印在同一页上；二、一版多次本，即同一版片在不同位置刷上不同颜色，多次印在同一页上；三、多版套印本，即把版面不同颜色的文字，各雕为一版，分色分版套印在同一页上；四、饾版套印本，即把画面不同的颜色部分，雕成一块块的小版，依次逐色套印，拼砌嵌合，有如饾饤。《湖山胜概》所采用的印刷技术就属于第三种，程序较为复杂，是成熟阶段的产物。
108. 叶德辉：《书林清话》，第 215 页。
109. 同上注。
110. 袁逸：《明后期我国私人刻书业资本主义萌芽因素的活跃与表现》，《浙江学刊》，1989 年第 3 期，第 127 页。
111. 顾炎武："改书"，《日知录集释》（黄汝成集释）卷十八，花山文艺出版社，1990 年，第 838 页。
112. 杨慎："《世说》误字"，《丹铅续录》卷三，宝颜堂祕笈本，第 6 页。
113.《钦定四库全书总目》卷一百三十二，中华书局，1997 年，第 1740 页。
114. 叶德辉：《书林清话》，第 182 页。
115. 郎瑛："书册"，《七修类稿》卷四十五，上海书店出版社，2009 年，第 478 页。
116."湖山胜概"常用来作为对杭州西湖山水的总括，比如南宋周密《武林旧事》卷五题为"湖山胜概"，明代夏时亦撰有《钱塘湖山胜概记》一卷。
117. 关于版画功能因受众不同而变化的论述可参见董捷《明末湖州版画创作考》，中国美术学院 2008 年博士论文，第 167—171 页。
118. 石守谦：《雅俗的焦虑——文徵明、钟馗与大众文化》，《从风格到画意：反思中国美术史》，三联书店，2015 年，第 262 页。
119. 卜正民：《纵乐的困惑：明代的商业与文化》，第 248—249 页。
120. 高濂：《四时幽赏录》，收入《武林掌故丛编》第 7 册，广陵书社，2007 年，第 4489—4490 页。
121. 张岱："自为墓志铭"，《琅嬛文集》，岳麓书社，1985 年，第 200 页。
122. 冯梦龙：《古今谭概》微词部第三十，中华书局，2007 年，第 391 页。
123. 卜正民：《为权利祈祷：佛教与晚明士绅社会的形成》（张华译），江苏人民出版社，2005 年，第 122 页。
124. 李鼎：《西湖小史》，收入《西湖文献集成》第 3 册，杭州出版社，2004 年，第 1197 页。晚明文士笔记中对于这三座寺庙的描述足以做这句话的注解。如张岱《西湖梦寻》中“昭庆寺”一条云：“万历十七年，司礼监太监孙隆以织造助建，悬幢列鼎，绝盛一时。而两庑栉比，皆市廛精肆，奇货可居。春时有香市，与南海、天竺、山东香客及乡村妇女儿童，往来交易，人声嘈杂，舌敝耳聋，抵夏方止。”（《陶庵梦忆·西湖梦寻》，第159页。）《陶庵梦忆》中“西湖香市”条又再次提到昭庆寺香客杂来之盛况：“昭庆寺两廊故无日不市者，三代八朝之古董，蛮夷闽貊之珍异，皆集焉。至香市，则殿中边甬道上下、池左右、山门内外，有屋则摊，无屋则厂，厂外又棚，棚外又摊，节节寸寸。凡胭脂簪珥、牙尺剪刀，以至经典木鱼、伢儿嬉具之类，无不集。此时春暖，桃柳明媚，鼓吹清和，岸无留船，寓无留容，肆无留酿。袁石公所谓‘山色如娥，花光如颊，温风如酒，波纹如绫’，已画出西湖三月。而此以香客杂来，光景又别。士女闲都，不胜其村妆野妇之乔画；芳兰芗泽，不胜其合香芫荽之熏蒸；丝竹管弦，不胜其摇鼓欲笙之聒帐；鼎彝光怪，不胜其泥人竹马之行情；宋元名画，不胜其湖景佛图之纸贵。如逃如逐，如奔如追，撩扑不开，牵挽不住。数百十万男男女女、老老少少，日簇拥于寺之前后左右者，凡四阅月方罢。恐大江以东，断无此二地矣。“（《陶庵梦忆·西湖梦寻》，第109页。）袁宏道在《解脱集》“湖上杂叙”一条中描绘了天竺进香的热闹场面：“天竺之山，周遭攒簇如城。余仲春十八夜宿此，烧香男女，弥谷被野。一半露地而立，至次早方去，堂上堂下人气如烟，不可近。”（《袁宏道集笺校》，第438页。）张京元在“法相寺小记”中则点明了信徒们纷纷前往法相寺的原因：“法相寺不甚丽，而香火骈集。定光禅师长耳遗蜕，妇人谒之，以为宜男，争摩顶腹，漆光可鉴。”（《陶庵梦忆·西湖梦寻》，第256—257页。）通过以上三位文人的记述，我们可以想见晚明时西湖昭庆、天竺、法相三大寺庙的繁盛场景。

125. 高濂：《四时幽赏录》，收入《武林掌故丛编》第7册，第4483页。

126.“台荡之胜，入怀者廿年，入梦者几夜……敕一书记、一童子、一庖、一官办、二粗力，人行矣。”参见王思任《王季重杂著》，台北伟文图书公司，1977年，第645页。

127. 王穉登：《客越志略》，收入《武林掌故丛编》第2册，广陵书社，2007年，第1015页。

128. Francis Bacon, Essays of Francis Bacon,The Project Gutenberg EBook（http://www.gutenberg.org/ebooks/575）

129. 文震亨：《长物志图说》，山东画报出版社，2004年，第387页。

130. 文震亨：《长物志图说》，第390页。

131.“彼都人士，臺笠缁撮。”见“诗经·小雅·都人士”，《诗经注析》，中华书局，2006年，第716页。

132.“唐巾，唐制，四脚，二系脑后，二系领下，服牢不脱。有两带、四带之异。今则二带上系，二带向后下垂也。今之进士巾，亦称唐巾。”参见田艺蘅《留青日札》卷二十，上海古籍出版社，1992年，第411页。“其制类古毋追，尝见唐人画像帝王多冠，此则固非士大夫服也。今率为士人服矣。”参见王圻《三才图会》“衣服一卷”，上海古籍出版社，1988 年，第 22 页。

133. 晚明的复古、慕古风气体现在服饰、艺术品赏鉴与收藏等各个领域，成为一种消费时尚。李乐就指出："今天下诸事慕古，衣尚唐段、宋锦，巾尚晋巾、唐巾、东坡巾；砚贵铜雀，墨贵李廷珪，字宗王羲之、褚遂良，画求赵子昂、黄大痴。独做人不思古人。”参见李乐《见闻杂记》卷六，上海古籍出版社，1986 年，第 468 页。
134. 顾起元在《客座赘语》中描述了明代服饰风尚的变化："南都服饰，在庆、历前尤为朴谨，官戴忠静冠，士戴方巾而已。近年以来，殊形诡制，日新月异。于是士大夫所戴其名甚伙，有汉巾、晋巾、唐巾、诸葛巾、纯阳巾、东坡巾、阳明巾、九华巾、玉台巾、逍遥巾、纱帽巾、华阳巾、四开巾、勇巾。”参见顾起元《客座赘语》卷一“巾履”，中华书局，1987 年，第 23 页。
135. 冯梦龙:“异服”，《古今谭概》卷二“怪诞部”，《冯梦龙全集》，江苏古籍出版社，1993 年，第 34 页。
136. 沈从文、王予予:《中国服饰史》，陕西师范大学出版社，2004 年，第 139—140 页。
137. 巴尔扎克:《风雅生活论》（许玉婷译），江苏人民出版社，2008 年，第 71—76 页。
138. 手杖，又称“扶老”，通常为竹制。在山间行走时，可以借助步徙，节省气力，正如马元调所言："山行无杖，正如将军临阵失马，徒步跳躍，劳碌十倍。”（马元调“横山游记”，收入《武林掌故丛编》第 3 册，广陵书社，2007 年，第 1874 页。）
139. 这种雨具与我们今天使用的雨伞功能相同，只是外形要笨重些。天气恶劣时可以挡风避雨；炎热晴朗时，也可以遮遮阳光。
140. 王圻、王思义:《三才图会》十二卷·器用，上海古籍出版社，1988 年，第 1338 页。
141. 余嘉锡:《世说新语笺注》，《文学第四》第 31 条，中华书局，2009 年，第 259 页。
142. 欧阳询:“麈尾”，《艺文类聚》卷六十九，上海古籍出版社，1985 年，第 1216 页。
143. 同上注。
144. 关于麈尾已有多篇论著讨论过。其中最有代表性的首推傅芸子《正仓院考古记》一书中的相关论述。此外，还有贺昌群的《〈世说新语〉札记》和日本福井文雅的《麈尾新考》两篇论文。白文化在《三生石上旧精魂：中国古代小说与宗教》一书中对麈尾与拂尘两种器物的演变做了详细的介绍。参见傅芸子《正仓院考古记》，日本东京文求堂，1941 年；贺昌群《世说新语札记》，《国立中央图书馆馆刊》复刊第一号，1947 年；福井文雅《麈尾新考》，载于《大正大学研究纪要（文学部·佛教学部）》第 56 号，1977 年；白文化《三生石上旧精魂：中国古代小说与宗教》，北京出版社，2005 年。
145. 高濂在《遵生八笺·溪山逸游·游具》的“拂尘”一条中称："古有红拂麈尾，红拂乃富贵家用物，毋论麈尾，似不易得。近有以天生竹边如灵芝如意形者，斫为拂柄，甚雅。其拂惟以长棕为之，不必求奇，以白尾为妙。余有万岁藤一小枝，玲珑透漏，俨肖龙形，制为拂柄，可快披拂。”文震亨在《长物志》中的“麈”一条中称：“麈，古人用以清谈，今若对客挥麈，便见之欲呕矣。然斋中悬挂壁上，以备一种，存旧玉柄者，其拂以白尾及青丝为之，雅。若天生竹鞭、万岁藤，虽玲珑透漏，俱不可用。”可见，高、文二人均将麈尾与拂尘认作一物。

146. 利玛窦：《利玛窦中国札记》，第 26 页。
147. “南方女人皆用团扇，惟妓女用撒扇。近来良家女妇亦有用撒扇者，此亦可见风俗日趋薄也。”参见王圻、王思义辑《三才图会》卷十二，第 1344 页。
148. 张岱：“游山小启”，《琅嬛文集》卷二，第 101 页。
149. 高濂：《遵生八笺》，巴蜀书社，1988 年，第 360—361 页。
150. 高濂：《遵生八笺》，巴蜀书社，1988 年，第 361 页。
151. 高濂：《遵生八笺》，巴蜀书社，1988 年，第 365 页。
152. 高濂：《遵生八笺》，巴蜀书社，1988 年，第 362 页。
153. 高濂：“虎跑泉试新茶”，《四时幽赏录》，收入《武林掌故丛编》第 7 册，第 4481 页。
154. 胡文焕：《新刻文会堂琴谱》，收入《四库全书存目丛书》子部第 74 册，齐鲁书社，1995 年，第 31 页。
155. 高濂：《遵生八笺》，巴蜀书社，1988 年，第 636—637 页。
156. 高濂：“空亭坐月鸣琴”，《四时幽赏录》，收入《武林掌故丛编》第 7 册，第 4484 页。
157. 利玛窦：《利玛窦中国札记》，第 86 页。
158. 高濂：《遵生八笺》，巴蜀书社，1988 年，第 357 页。
159. 王子今在《中国古代行旅生活》一书中对古代行旅方式做了全面探讨。其中《篮舆伊轧》一节对舆轿的各种演变与功能做了清晰的说明。参见王子今《中国古代行旅生活》，商务印书馆国际有限公司，1996 年，第 53—58 页。
160. 闻启祥：“西湖船会”，《明人小品集》，台北淡江书局，1956 年，第 25 页。
161. 黄汝亨：“浮梅槛记”，《明人小品十六家》，第 423 页。
162. 巴尔扎克关于这一问题的论述可参见《风雅生活论》，第 17—18 页。
163. 高濂：《四时幽赏录》，收入《武林掌故丛编》第 7 册，第 4479—4480 页。
164. 皮埃尔·布尔迪厄：《区分：判断力的社会批判》，第 292 页。
165. 皮埃尔·布尔迪厄：《区分：判断力的社会批判》，第 3—4 页。
166. 高濂：“雪后镇海楼观晚炊”，《四时幽赏录》，《武林掌故丛编》第 7 册，第 4490 页。
167. 高濂：“山窗听雪敲竹”，《四时幽赏录》，《武林掌故丛编》第 7 册，第 4490 页。
168. 高濂：“扫雪烹茶玩画”，《四时幽赏录》，《武林掌故丛编》第 7 册，第 4489 页。
169. 苏轼：“记梦回文二首并叙”，《苏轼诗集合注》（冯应榴辑注）卷二十一，上海古籍出版社，2009 年，第 1070 页。

170. 文震亨：《长物志图说》，第 109 页。
171. 曹雪芹：《红楼梦》第四十一回“贾宝玉品茶拢翠庵，刘姥姥醉卧怡红院”，人民文学出版社，1980 年，第 500—508 页。
172. 参见皇都风月主人编《绿窗新话》卷二引宋无名氏《湘江近事》，上海古籍出版社，1991 年，第 69 页。
173. 张岱：“西湖七月半”，《陶庵梦忆·西湖梦寻》，第 111—112 页。
174. 袁宏道：“瓶史·监戒”，《袁宏道集笺校》卷二十五，第 828 页。
175. 张京元：“断桥小记”，《陶庵梦忆·西湖梦寻》，第 209 页。
176. 柯律格：《长物：早期现代中国的物质文化与社会状况》（高昕丹等译），生活·读书·新知三联书店，2015 年，第 11 页。
177. 皮埃尔·布尔迪厄：《区分：判断力的社会批判》，第 1—11 页。

第二章　空灵晶映：张岱的文字图画

明崇祯五年（1632）的冬天，西湖下了一场大雪，纷飞三日不止。这一天，夜深人静，张岱着毳衣、举火炉、登小舟，独自一人冲破天地间肃杀的冷寂，前往湖心亭看雪。此时湖中人声鸟鸣俱绝。霜降罩湖，天与云、与山、与水，上下一应俱白。此番景致令他欣喜："湖上影子，惟长堤一痕，湖心亭一点，与余舟一芥，舟中人两三粒而已。"这次看雪之旅还有意外的邂逅，当张岱赶到湖心亭时，居然已有两人铺毡而坐，童子正在温酒。这两个人是从百多里外的金陵而来，客居在杭州。张岱与他们共饮了三大碗酒方才告别，船家驶离湖心亭时，张岱听到他喃喃嘀咕："莫说相公痴，更有痴似相公者。"[1]

在回忆录《陶庵梦忆》中，张岱以简峭朗洁的文字勾勒出一幅清丽悠远的西湖雪夜图："天与云与山与水，上下一白。"为了不使画面死板，张岱便在这一片白雪的底色上，加上了"一痕"（长堤）、"一点"（湖心亭）、"一芥"（舟）、"两三粒"（舟中人）。淡淡几笔白描就包含了长与短、点与线、方与圆、多与少、大与小的诸多变化。这画面似乎还太安静了，于是张岱便与船夫驾舟出现在茫茫湖天之际，同时煮酒炉上红色火光也从白色的雪景中跳跃而出，画面的色彩顿时亮了起来。人与自然共同构成了一

图 2.1 （南宋）夏圭，《雪堂客话图》，北京故宫博物院藏

幅灵逸飘动的水墨图（图 2.1）。

其实，倘若不是在大雪纷飞的冬夜，湖心亭并非宁静清绝之地。它坐落在湖心，被群山环拱。据张岱在《西湖梦寻》中的描述，自万历二十八年（1600），司礼监孙东瀛加以改建之后，湖心亭“金碧辉煌，规模壮丽，游人望之如海市蜃楼，烟云吞吐”，就是滕王阁、岳阳楼也无法比拟。春天到来的时候，湖心亭又有市集景观，“山景、睺罗、书画、古董，盈砌盈阶，喧阗扰攘，声息不辨”[2]。

然而张岱不像一般人那样，喜爱“水光潋滟晴方好”的西湖，而是对白雪覆盖下清幽冷寂的西湖情有独钟。他选择在“是日更定”的夜半时分去游湖心亭，在天地一色的苍茫与宁静中体味清景的独绝之美。诚然，无西湖的“大雪三日”，便不会有张岱笔下的绝世美景，但没有张岱那精心构造巧妙经营的寥寥百字，湖心亭的雪景也不可能为后世的人们所念念不忘。张岱这一次富有艺术意味的精神体验，开创了欣赏西湖景致的一个全新视角。

张岱，字宗子，又字石公，号陶庵，本是绍兴一个乘车马衣轻裘的世家公子。在 68 岁那一年，他用带点儿沮丧的幽默为自己作墓志铭，预期将在 77 岁死亡。他说他喜欢深深的庭院、俏丽的丫鬟、俊美的娈童、华丽的衣裳、诱人的美食、奔驰的骏马、绚烂的华灯、绽放的烟火；还有梨园歌舞、紫檀架上的古董、雪白的手剥开金黄的橘子，新绿的茶叶在水中缓缓舒展……他耽于一切精美的物质生活，而他的感官也在这些享受中被磨砺得纤细而敏锐。在这幅颇有些自谑意味的自画像里，张岱遗漏了一件重要的事：他努力培养自己的写作才能，成了明末清初最优秀的散文家之一。但他并没有利用这种才华去攀登科举考试的阶梯，而是把大半生涯消磨在杭州这块文化发达的圣地，忍把浮名，换了浅斟低唱。

张岱对西湖情有独钟。倘若我们要穿越时空，去逛逛晚明的西湖，那么张岱会是最好的导游，“湖中典故，真有世居西湖之人所不能识者，而陶庵识之独详；湖中景物，真有日在西湖而不能道者，而陶庵道之独悉”[3]。

大凡到过杭州的人都会被西湖那缥缈的韵致所打动，那一泓湖水是神赐予我们感官的礼物，它的美色只消观赏，不可言喻。正如张岱的好友祁豸佳（1594—1683）所言：

> 西湖之妙，妙在空灵晶映，一入于诗，便落脂粉。即东坡二诗，亦所不免。世间凡物，竹篱茅舍，鸡犬桑麻，一入于画，无不文雅，而西湖图景，虽桃柳舟航，犹是滓秽太清。故余独谓看西湖决不能为西湖之画，看西湖决不能为西湖之诗也。[4]

这诗与画都难以传达的山水之妙，只有张岱才能为它传神写照。祁豸佳称赞张岱的记游“有郦道元之博奥，有刘同人之生辣，有袁中郎之倩丽，有王季重之诙谐，无所不有。其一种空灵晶映之气，寻其笔墨，又一无所有”[5]。张岱那探索视觉物象［visual image］的语言给后世人指明了一种欣赏西湖的独特方式；更准确地说，他的文字不仅提供了欣赏的方式，还以这样的方式打造了一个艺术化的生活世界，让后世的人们能够体验到这一世界的特有性质。

一、欲把西湖比西子

一天，张岱和他的族弟张弘谈起了西湖与同在浙江境内的另外两个湖泊：湘湖和鉴湖。张弘用一味赞颂的口气评论道：西湖仿若美人；湘湖僻处萧然，舟车罕至，好比隐士；鉴湖自有一种淡远的气韵，恰似神仙。张岱并不以为然，他说，湘湖就像待字闺中的少女，腼腆羞涩。鉴湖则是身出名门的闺秀，令人钦慕，但不可以狎弄亲近。那么，西湖呢？

> 若西湖则为曲中名妓，声色俱丽，然倚门献笑，人人得而媟亵之矣。人人得而媟亵，故人人得而艳羡；人人得而艳羡，故人人得而轻慢。[6]

西湖无疑是漂亮的，但那是风尘女子的漂亮，纵使天香国色，也不得不逢场作戏，所以任谁都可以亲近她、倾慕她，也就任谁都可以轻慢她、冷落她。正是西湖艳丽的声色，招来了她的喧嚣与凄惶。当然，张岱并没有刻意贬低西湖之意，他的表白里带着些许伤感和惋惜。

张氏兄弟以女子的形象来品评西湖，通过自己的情感体验和想象赋予了这片湖水鲜活的生命与灵魂。以“形人意象”的方式观看风景，这是中国文人常用的一种审美模式。所谓“形人意象”就是以人作为美感换位的凭借，在面对山水时，以观人的美感增加观景时情致的共鸣。观赏者把对人相貌与气质的感知“换位”成了欣赏山水的美感凭借，在面对自然风景时就仿佛对视壮夫、英雄、奇侠、佳丽，产生独特的审美体验。[7]

张岱将对湖泊的这番品评写入了《西湖梦寻》中，这是一部记载西湖掌故逸闻的笔记。撰书时明朝已经灭亡，张岱经历着易代的巨大伤痛，于是提笔创作此书，“以西湖园亭桃柳、箫鼓楼船皆残缺失次，故欲梦中寻之，以复当年旧观也”[8]。原本园林如织、繁花似锦的西湖只剩下断井残垣。但在为《西湖梦寻》作序的查继佐（1601—1676）看来，此时的西湖反倒因为寂寞冷清显露出另一番玉洁冰清的动人妙质：

> 湖中之繁华绮丽虽凋残已尽，而湖光山色未尝少动分毫，东坡所谓晴光潋滟、雨色空蒙故端然自在也。西湖向比西子，若楼台池馆则西子之锦衣袨服也，嫩柳夭桃则西子之歌喉舞态也。近日西子乃罢歌舞，去靓妆，拔簪珥，解衣盘礴，政当西子澡盆出浴之时，须看其冰肌玉骨、妖冶动人，何待艳服乔装方为艳色也哉？[9]

繁华时，西湖如身着锦服的西施，明艳照人；寂寞时，西湖则更像出浴后的西施，铅华尽洗，清新可人。张岱、张弘和查继佐皆以美人品评西湖，这大约是受了苏东坡（1037—1101）的启发。他的那首小诗传神地勾勒出了西湖晴雨皆宜的美景：

> 水光潋滟晴方好，山色空蒙雨亦奇。欲把西湖比西子，淡妆浓抹总相宜。

自从苏东坡将西湖比作西施，西湖便与女色有了瓜葛。像张岱这样深具古典修养的晚明文人在流连山水时，除了耳得为声、目遇成色以外，脑海中想必会浮现出东坡的这首小诗。在精练的诗句中，他们体味着对意境瞬间精确掌握的快感，感受着历史的召唤与启发。苏东坡借助“西子”这一比拟与后世的游人分享了他的视觉体验，而“西子”的比方也成为

图 2.2 （东晋）顾恺之，《洛神赋图》局部（摹本），北京故宫博物院藏

一个初始的图式［an initial schema］。文人们以此作为欣赏西湖的出发点，并通过自己的亲身体验不断对这个图式加以修正和补充。

万历二十五年（1597）的初春，袁宏道来到杭州，踏上了生平第一次的西湖之旅。他“从武林门而西，望保俶塔突兀层崖中，则心已飞湖上也”。在昭庆寺简单用了茶点后，袁宏道便驾着小船入湖了。这是一次充满了惊艳与悸动的审美经历：

> 山色如娥，花光如颊，温风如酒，波纹如绫，才一举头，已不觉目酣神醉。此时欲下一语描写不得，大约如东阿王梦中初遇洛神时也。[10]

袁宏道热衷于山水，张岱对他的游记极为推崇：“古人记山水手，太上郦道元，其次柳子厚，近时则袁中郎。”[11] 认为袁宏道是明代写山水游记的一流高手，可以与南北朝地理学家郦道元、唐朝文学家柳宗元相媲美。袁氏笔下的西湖别具性灵：山色就像少女美妙的黛眉，花光就像少女鲜嫩的粉颊，湖面暖风如同酒香一样醉人，湖中波纹仿佛白绫一般起伏。他那“目酣神醉”的感官体验是自我的、封闭的，然而在描绘对西湖的第一印象时，苏东坡的西子之比又浮现在了他的眼前，只不过他将浣纱女的形象转变为“翩若惊鸿，婉若游龙”的洛河之神，以寄托自己对这片湖泊始惊、继醉、终狂的痴情与爱恋（图 2.2）。

和袁宏道一样，夏基也把一个窈窕佳人的形象“投射”[project] 到了西湖的自然山水之上：

> 西湖山明水秀，变化万状，淡妆浓抹，无所不宜。自东坡取比西子，故今称为西子湾焉。中有一亭，方圆数亩，以为游人登览之地，字曰湖心。以西子有心，雨则含颦，晴则解笑意也。亭负城面山，诸峰环拱，独南北二峰，高出群岫之上，并侍斯亭，如左右立，故人称为西子两鬟焉。六桥横列绵亘十里，三春桃柳，如锦绣夺目，人又称为西子裙拖六幅，诚武林之奇观也。[12]

湖心亭、南北二峰、六桥，这些本是并无甚关联的西湖景致，然而夏基却将它们分别解读为西施的心灵、云鬟和裙衫。他无疑对苏东坡的那个比拟非常熟悉，因此在审视西湖时，毫不费力地从山水景观中辨认出了早已储存在自己心灵深处的西子形象。

张岱曾经看到过嘉定文人画家李流芳在《雷峰暝色图》上的一段题跋。[13] 这段题跋展现了晚明文人是如何将“美人”“老衲”“醉翁”这些不同的人物形象投射到西湖景观上的：

> 吾友子将尝言，湖上两浮屠，雷峰如老衲，宝石如美人，

图 2.3 《新镌海内奇观》之“雷峰夕照”

予极赏之。辛亥在小筑，与方回池上看荷花，辄作一诗，中有云“雷峰倚天如醉翁”，印持见之，跃然曰：“子将‘老衲’不如子‘醉翁’，尤得其情态也。”盖余在湖上山楼，朝夕与雷峰相对，而暮山紫气，此翁颓然其间，尤为醉心。然余诗落句云：“此翁情淡如烟水。”则未尝不以子将“老衲”之言为宗耳。癸丑十月醉后题。[14]

李流芳的好友闻启祥将西湖上的雷峰、保俶两座塔分别比作老衲与美人，李流芳对此颇为欣赏。而他自己则在诗中把雷峰塔比作醉翁。李流芳的另一位朋友严调御认为，醉翁的比拟比老衲高明，更能体现雷峰塔颓然湖上的情态。可末了，李流芳却承认，他的比拟并非凭空而来：与雷峰塔朝夕相对的体验固然重要，闻启祥的“老衲”形象作为初始图式也启发了自己的诗词创作（图 2.3）。[15]

二、烟云互迤逦

李流芳性好佳山水，尤爱江南景致，每到风景绝胜处，辄怳然不能自主，神为之摄。而最令他留恋忘归的胜地就是西湖。他泛舟湖上写给友人的一首诗就表达了他对西子湖魂牵梦萦的情感：

自我别西湖，且复经年矣。譬如心念人，一见真可喜。故人知我癖，置我浮家里。著意筹云山，恣情逐烟水。昨夜泊湖心，清月照瀰瀰。今朝向南屏，馀霞乍收绮。城头日欲上，山腰雾未已。忽然飞雨至，烟云互迤逦。遥山正一抹，长林涤如洗。坐觉雷峰失，已诧皋亭紫。咄嗟旦暮间，变态纷如此。山光与水气，相将弄奇诡。平生爱山心，对此即欲死。觅句畏唐突，作图但形似。不如浇以酒，一笑铲魂礧……[16]

在李流芳的眼中，西湖山水昏旦百变，姿态纷纭。特别是“烟云互迤逦”，山光与水气相互作用产生的奇幻效果，令这位艺术家流连沉醉。朱之俊（1596—1671）曾与张公亮冒雨游西湖，他们也体验到了这种烟云起灭、其状万殊的自然奇景：

既入舟，见湖上诸山尽作影，于影中争出云，若败絮、若飞练、若马、若行人，云山相混，根枝掩蔽，纯为墨天。公亮偶指一峰曰：“奇云也。”予曰：“山也。”指一峰曰：“怪山也。”予曰：“故云也。”盖公亮短于视，又素未识南北山何状，故多指多惑，湖与烟亦复相混。数百步外，水为烟据，如空中有水，随舟所之，然后开。开处亦如镜，受气呵眉目有物，故不尽识湖近远。[17]

云与山，湖与烟相互混合，呈现出种种视觉的幻境：像破败的棉絮、像洁白的熟绢、像奔驰的骏马、像行走的人。张公亮是近视眼，一会儿将山看作云，一会儿又把云误认为山。这种云山一体的情境是简直一幅典型的米家山水画（图 2.4）。

高濂隐居在西湖边，初秋时节，他登上保俶塔顶观海日，在光彩绚

图 2.4 （宋）米芾，《云起楼图》，美国弗利尔美术馆藏

烂的天空里领略了云霞的瞬息变化：

> 东望海日将起，紫雾氤氲，金霞漂荡，亘天光彩，状若长横匹练，圆走车轮，或肖虎豹超骧，鸾鹤飞舞，五色鲜艳，过目改观，瞬息幻化，变迁万状。顷焉阳谷吐火，千山影赤，金轮浴海，闪烁荧煌，火镜浮空，曈胧辉映，丹焰炯炯弥天，流光赫赫动地。[18]

满天金色的云霞有的像成匹的长幅白绢，有的像行进中的圆形车轮，有的像老虎豹子在追赶骏马，有的像凤凰仙鹤在空中飞舞。这样的奇观令高濂“目乱神骇，陡然狂呼，声振天表”，一直到下塔闭息敛神之时，“迷目尚为云霞眩彩”[19]。这样的视觉体验正如安东尼对他的部将爱洛斯所描绘的日暮幻影：

> 有时我们看见天上的云像一条蛟龙；
> 有时雾气会化成一只熊、一头狮子的形状；
> 有时候像一座高耸的城堡、一座突兀的危崖、
> 一座雄峙的山峰，或是一道树木葱茏的青色海岬，
> 俯瞰尘寰，用种种虚无的景色戏弄我们的眼睛。[20]

天上云彩的形状本身并没有意义，是观看者的心灵充分发挥想象力从中解读出各种形象，从而赋予了它们形式。贡布里希［E.H.Gombrich］在《艺术与错觉》的第六章“云中的物像”中对此有精妙的论述。贡布里希援引了心理学中著名的“罗夏测验”——这一测验利用对称的墨迹诊断人的反应（图2.5），指出“我们把这些偶然形状解读为什么形象，取决于从它们之中辨认出已经储存在自己心灵中的事物或物像的能力。比如总把这样一个墨迹解释为一只蝙蝠或者一只蝴蝶，就意味着某种知觉分类的行为——在我心灵的归档系统中，我把它跟我曾亲眼见到过或梦见过的蝴蝶归为一类”[21]。

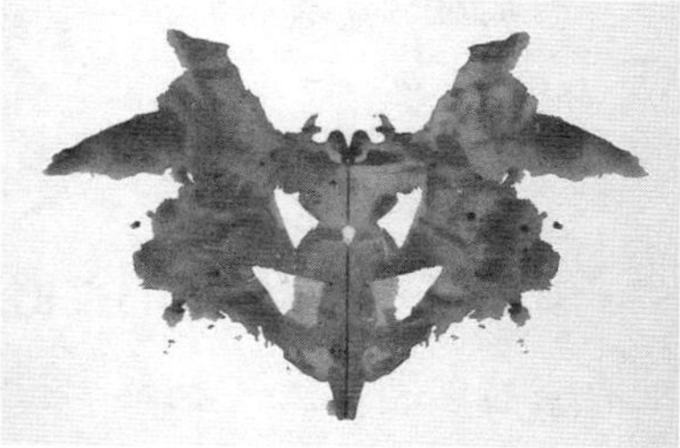

图2.5　罗夏测验墨迹图之一

图2.6　巴黎本《湖山胜概》之“紫阳洞天”

这种依靠想象力完成的投射活动在日常生活中屡见不鲜。除了云彩之外，石头也可以作为审美投射的对象。史鉴（1434—1496）到吴山下的紫阳庵游览，发现此处秀石玲珑、岩窦窈窕（图2.6）。他被这些风姿各异的石头深深吸引，不禁提笔赞道：

（紫阳庵）前后左右皆大石，怪怪奇奇，如蛟龙，如虎豹，如麒麟，如凤凰，如狮子，如罗汉，如寿星，如莲花，如芝草，如庆云，如蜂房，如燕巢，如车盖，如马鞍，如浮图，如虾蟆，又如牛，如鹿，如钟，如磬，如鼓，如鼎彝，如笔架，如屏风者，甚众。[22]

石头与云朵一样，它们的形成纯出偶然，形状本身也没有意义。是观看者将久蓄于心中的形象投射到石头上，从中辨认出奇奇怪怪的各种事物。在赏石者心灵的指引下，一块块石头便成为大自然的缩影，将嵩华之秀，玄牝之灵，文物器具之雅都含纳其中，这也启发了后来的山水画理论，正如《画筌》中所说："石看三面，有圭端、刀错、玉尺、银瓶、香案、琴墩、虫窠、鱼砌、覆盂、欹帽、缺拆、蹲兽、蚌壳、螺躯、鸟罩、犀首之异状，须离象而求。"[23]

投射不仅能让普通人在辨识过程中体会乐趣，还能够充分激起艺术家的好奇心，启发他们的创作灵感。世界不同地区的风景画家都不约而同地发现了审美投射的价值。宋代画家宋迪认为陈用之的山水画虽然精致却缺少天趣，他给陈用之出了一个主意：

汝先当求一败墙，张绢素讫，倚之败墙之上，朝夕观之。观之既久，隔素见败墙之上，高平曲折，皆成山水之象。心存目想：高者为山，下者为水；坎者为谷，缺者为涧；显者为近，晦者为远。神领意造，恍然见其有人禽草木飞动往来之象，了然在目。则随意命笔，默以神会，自然境皆天就，不类人为，是谓活笔。[24]

陈用之接受了他的忠告，"自此画格进"。巧的是莱奥纳多·达·芬奇［Leonardo da Vinci］也提出了与宋迪类似的刺激灵感的方式，他鼓励绘画者观察潮湿污染的墙壁或是色彩斑斓的石块，从中可以看到群山、废墟、岩石、森林、平原、丘陵、溪谷等种种神奇的风景：

我得提醒你们，时时驻足凝视污墙、火焰余烬、云彩、污泥以及诸如此类的事物，于你并不困难，只要思索得当，你确能收获奇妙的思想。[25]

这种审美投射的产生有两个必不可缺的条件，一是观看者本身的心理定向，这是由记忆、知识和期待共同激发的；二是投射对象也必须具有某种不确性，只有这样，观看者才能在上面投射他所期待的形象。在特定的自然条件下，西湖的山水就成了游览者进行审美投射的天然屏幕，由于画面不明确，观看者的想象力就拥有了充分的自由，几乎可以为所欲为地设想出任何特征和形状，像李流芳、高濂这样的艺术家们想必从中获得了极大的快乐，因而“对此即欲死”了。

三、窗棂中的景致

吴山城隍庙的右侧有一座火德庙，内为道士精庐，那是张岱很喜欢去的地方，他在那里发现了欣赏西湖景致的一个独特角度：

北眺西泠，湖中胜概，尽作盆池小景。南北两峰如研山在案，明圣二湖如水盂在几。窗棂门棒凡见湖者，皆为一幅图画。小则斗方，长则单条，阔则横披，纵则手卷，移步换影。若遇韵人，自当解衣盘礴。画家所谓水墨丹青，淡描浓抹，无所不有。[26]

火德庙道士精庐构建的妙处就在于充分利用了湖中之景、南北之山、明圣二湖之水，通过借景的手法来实现其空灵晶映之美。祠庙建筑上的门窗都成了张岱的取景框：原本巍峨高耸的南北二峰就好像书桌上的山形砚台，而西湖的里湖和外湖就如同案几上的水盂。张岱所说的斗方、单条、横批、手卷，多半是审美的感兴之作。西湖那广阔的青山秀水被纳入了小小的窗棂门棹中，成为一幅幅淡描浓抹的水墨丹青图。

早在南北朝时期，诗人谢朓（464—499）就对窗户的本义做出最精辟的概括："辟牖栖清旷，卷帘候风景。"这句诗点出了窗户的景观性功能：人们可以利用窗户框景、借景，将窗外无限的自然世界纳入室内有限的空间中。杜甫诗云"窗含西岭千秋雪"，有了窗户，西岭的雪景就被镶嵌在了窗子里，好比画配了框子。

钱锺书先生风趣地指出窗比门代表更高的人类进化阶段，因为门是住屋子者的需要，窗则是一种奢侈——可以把外面的风景邀请入家里来，供人占领和享受：

> 古代诗人像陶渊明对于窗子的这种精神，颇有会心。《归去来兮辞》有两句道："倚南窗以寄傲，审容膝之易安。"不等于说，只要有窗可以凭眺，就是小屋子也住得住么？他又说："夏月虚闲，高卧北窗之下，清风飒至，自谓羲皇上人。"意思是只要窗子透风，小屋子可成极乐世界；他虽然是柴桑人，就近忧庐山，也用不着上去避暑。所以，门许我们追求，表示欲望，窗子许我们占领，表示享受。[27]

和陶渊明一样，明末清初的生活美学大师李渔（1611—1680）也很懂得利用窗户占领并享受风景。这位伟大的戏曲家、园林专家一生钟爱西湖，认为天下山水"莫秀于吾浙之西湖，是清新俊逸之才也"[28]，他的名号“湖上笠翁”就是根据西湖而来。居住杭州时，李渔曾有意购买一条湖舫，并对它的窗格加以设计：

> 四面皆实，独虚其中，而为“便面”之形。实者用板，蒙以灰布，勿露一隙之光；虚者用木作框，上下皆曲而直其两旁，所谓便面是也。纯露空明，勿使有纤毫障翳。是船之左右，止有二便面，便面之外，无他物矣。坐于其中，则两岸之湖光山色、寺观浮屠、云烟竹树，以及往来之樵人牧竖、醉翁游女，连人带马尽入便面之中，作我天然图画。且又时时变幻，不为一定之形。非特舟行之际，摇一橹，变一像，撑一篙，换一景，即系缆时，风摇水动，亦刻刻异形。是一日之内，现出百千万幅佳山佳水，总以便面收之。[29]

这种借景法和张岱在火德庙中所用的借景法在本质上是一致的——首先在空间上突破局限，以小小舟舫与舟舫外极大之自然相连，延展了观赏者的视野。但李渔的借景法并未止于此处，而是进一步突破了时间的界限——随着游船的前进，扇面窗中的景物“时时变幻，不为一定之形。”小小的扇面窗包围的空间是有限的，通过它呈现的景物却可以随时间的流逝而各异其趣。于是画舫不再仅仅是一个孤立的物象，而是与湖水青山一起构成完整的审美意象，它是同时向时间和空间借景的行动着的风景。李渔“动静相宜”的借景法不仅拓宽了借景的内容，也增加了借景的维度。不仅如此，舟舫本身也成了舟外人观赏玩味的对象：

> 不特以舟外无穷景色摄入舟中，兼可以舟中所有之人物，并一切几席杯盘射出窗外，以备来往游人之玩赏。何也？以内

视外，固是一幅便面山水；而以外视内，亦是一幅扇头人物。譬如拉妓邀僧，呼朋聚友，与之弹棋观画，分韵拈毫，或饮或歌，任眠任起，自外观之，无一不同绘事。同一物也，同一事也，此窗未设以前，仅作事物观；一有此窗，则不烦指点，人人俱作画图观矣。[30]

用李渔的话说："此窗不但娱己，兼可娱人。"内外视点不同，就产生不同审美体验（图 2.7）。郑板桥（1693—1765）也有过类似的经历：

昨游江上，见修竹数千竿，其中有茅屋，有棋声，有茶烟飘扬而出，心窃乐之。次日过访其家，见琴书几席，净好无尘，作一片豆绿色，盖竹光相射故也。静坐许久，从竹缝中向外而窥，见青山大江，风帆渔艇，又有苇洲，有耕犁，有馌妇，有两小儿戏于沙上，犬立岸边，如相守者，直是小李将军画意，悬挂于竹枝竹叶间也。学者诚能八面玲珑，千古文章之道，不出于是，岂独画乎？[31]

图 2.7　有"便面"的舟舫，便于舟中人欣赏风景，而舟舫本身也成为舟外人观赏玩味的对象（《闲情偶寄》康熙刻本）

在江上，望江畔人家，犹如一幅图画；等第二天到江畔人家做客，再回望江面，又似另一幅图画。由外望内，是一种境地。由内望外，又是一种境地。此情此景，不禁让人想起现代诗人卞之琳的《断章》：

> 你站在桥上看风景，看风景的人在楼上看你。明月装饰了你的窗子，你装饰了别人的梦。

无论是在吴山巅的道士精庐，还是在西子湖上的舟舫中，想要窥窗如画，就必须要有一双审美的眼睛，“昔人云：‘会心处正不在远。’若能实具一段闲情、一双慧眼，则过目之物尽是图画，入耳之声无非诗料”[32]。倘若用敏锐的艺术眼光审视周围的一切，那么“譬如我坐窗内，人行窗外，无论见少年女子是一幅美人图，即见老妪白叟扶杖而来，亦是名人画幅中必不可无之物；见婴儿群戏是一幅百子图，即见牛羊并牧、鸡犬交哗，亦是词客文情内未尝偶缺之资”。[33]

四、南北宗论与风景欣赏

在张岱看来，眺望西湖的最佳地点当属吴山上的火德庙。他为自己发现了这么一个理想的观景点而颇感得意，他的一首诗就将这种心情表露无遗：

> 中郎评看湖，登高不如下。千顷一湖光，缩为杯子大。余爱眼界宽，大地收隙罅。瓮牖与窗棂，到眼皆图画。渐入亦渐佳，长康食甘蔗。数笔倪云林，居然胜荆夏。刻画非不工，淡远长声价。余爱道士庐，宁受中郎骂。[34]

张岱在诗中所提到的中郎，就是袁宏道。尽管张、袁二人都有浓厚的“西湖情结”，但对于何处才是最佳的观景点却持有完全不同的见解。

张岱喜欢站在高处远眺西湖，他常常芒鞋布袜、努策支筇，登上南北高峰、五云山、吴山的山巅，自高而下欣赏西湖的景致。由于选择了特殊的观景角度，原本纤巧、秾丽的西湖便呈现出淡荡苍茫、雄浑开阔的意境。可袁宏道对于登高观湖却不以为然。他的朋友陶望龄嘲笑他不登保俶塔，他振振有词地解释："余为西湖之景，愈下愈胜，高则树薄山瘦，草髡石秃，千顷湖光，缩为杯子。北高、御教场是其样也。虽眼界稍阔，然我真长不过六尺，睁眼不见十里，安用此大地方为哉？"[35] 一番道理说得陶望龄哑口无言。

风景和绘画一样，有些近看比远眺悦目，有些则恰恰相反。袁宏道之所以认为西湖之景愈下愈胜与他对西湖所具有的绘画特质的认识有关。他曾以宋画和元画分别比拟西湖和山阴的景色，不但说明其间的差异，更进一步表明自己具有辨识优劣的能力：

> 然会稽诸山，远望实佳，尖秀淡冶，亦自可人。昔王子猷语人，但云山阴道上。"道上"二字，可谓传神。余尝评西湖如宋人画，山阴山水如元人画。花鸟人物细入毫发，浓淡远近色色臻妙，此西湖之山水也。人或无目，树或无枝，山或无毛，水或无波，隐隐约约，远意若生，此山阴之山水也。二者孰为优劣，具眼者当自辨之。[36]

在袁宏道看来，西湖的山水如同宋代的宫廷绘画华丽纤巧、精工细密，追求逼真的景物容貌。既然"细入毫发""色色臻妙"自然应当近距离细细玩赏方能体味出其中的妙处（图 2.8）。而山阴的山水"远望实佳"，是因为它"尖秀淡冶"，更接近元人清微淡远，逸笔草草，以笔墨韵味取胜的绘画风格（图 2.9）。

图 2.8 （南宋）刘松年，《西湖四景山水图》之秋景，北京故宫博物院藏

图 2.9 （元）高克恭，《秋山暮霭图》，北京故宫博物院藏

袁宏道以宋元绘画画境的区别对山水景物加以品鉴，是受了当时画坛的“宋元之争”这一热门话题的影响。[37] 自嘉靖以来，明代的画坛就出现了“拥元”与“拥宋”两大不同派别。何良俊就是倾向于元代绘画的艺术评论家。在论及元代画家时他指出：

> 其韵亦胜，盖因此辈皆高人，耻仕胡元，隐居求志，日徜徉于山水之间，故深得其情状。且从荆（浩）、关（仝）、董（源）、巨（然）中来，其传派又正，则安得不远出前代（南宋）之上耶？[38]

到了 16 世纪末，继承宋画的传统画家几乎到了人人质疑的地步。这时的一些文人如詹景凤、高濂、项元汴等纷纷挺身而出，强调宋画的价值。比如高濂评价宋画曰：“今之评画者，以宋人为院画不以重，独尚元画。以宋巧太过而神不足也。然而宋人之画亦非后人可造堂室。而元人之画敢为并驾驱驰？”[39] 值得注意的是，高濂并未否定元画的成就，不过他对宋画的尊崇是对一直以来占据优势的元画的反动。

晚明画坛上，拥元、拥宋的两大派系似乎一直维持着平衡的局面，直到领袖人物董其昌倡导对气韵的推崇（而这正是元画最突出的品质），

图 2.10 （唐）李昭道，《明皇幸蜀图》，台北“故宫博物院”藏

这一平衡才被打破。董其昌曾经明确指出马、夏的修养不如元四家：“不行万里路，不读万卷书。看不得杜诗。画道亦尔。马远、夏圭辈不及元季四大家。”[40] 董其昌一贯被视为拥元一派的领袖。[41] 高居翰［James Cahill］这样概括他在拥元派的地位：“在华亭（松江）一地，以董其昌为首的文圈接受了乡先辈何良俊的领导，坚信元画较为优越，在他们的拥护之下，造成了宋元两派失衡，使得拥宋的对立观点几乎遁入地下。”[42]

袁宏道与“宋元之争”的核心人物董其昌交情深厚。[43] 袁宏道对于董其昌的艺术成就十分推崇，认为他可以与王维、苏轼相媲美。[44] 他曾向董其昌借阅过《金瓶梅》抄本的前半部[45]，还与哥哥宗道一同向董其昌请教过宋元大师与明代画坛高手的传承关系，[46] 对董其昌有关宋元绘画的见解自然十分熟悉。因此，当袁宏道面对西湖和山阴的景色时就很自然地将它们分别与宋、元绘画的风格联系起来。而他对两种不同景色的评价，虽云“二者孰为优劣，具眼者当自辨之”，却已然透露出自己的偏好。

张岱也常常以“绘画的眼光”观看西湖的景色。张岱祖父的好友包涵所在西湖附近拥有一座名为“青莲山房”别墅。“山房多修竹古梅，倚莲花峰，跨曲涧，深岩峭壁，掩映林峦间。”尽管这座别墅台榭之美冠绝一时，外部却以石屑砌坛，柴根编户。但在张岱看来这“正如小李将军作丹青界画，楼台细画，虽竹篱茅舍，无非金碧辉煌也”[47]。小李将军，即唐代宫廷画家李昭道，他的绘画风格巧赡精致，画面繁复，线条纤细，为“青绿山水”之代表。所谓“青绿山水”就是用矿物质石青、石绿作为主色的山水画，画面显得富丽堂皇，很有皇家气派（图 2.10）。而这位包涵所，“穷奢极欲，老于西湖者二十年。金谷、郿坞，着一毫寒俭不得，

图 2.11 （五代）董源，《潇湘图》局部，北京故宫博物院藏

索性繁华到底”[48]，难怪张岱会在他的别墅中发现李昭道的画风了。

在张岱眼中，青莲山房的繁华豪奢中透露出李昭道金碧辉煌的画风，而西泠桥边的山水则展现出另一种截然不同的艺术风格。张岱曾追忆南宋著名书画收藏家赵孟坚在此地游览时的往事：当时，赵孟坚常常客居在杭州，端午节那天朋友们邀他游览西湖。他们在湖上一边赏景，一边喝酒。酒酣之际，赵孟坚便脱下帽冠，用酒洗发，箕踞而坐，旁若无人地大声吟唱起屈原的《离骚》。黄昏时分，船驶入西泠桥，赵孟坚忽然指着林麓最幽处瞪大眼睛叫道：“此真洪谷子、董北苑得意笔也。”附近船上的人都为之惊骇绝叹，认为他是被贬凡间的天上神仙。赵孟坚以五代山水画家荆浩、董源的绘画（图 2.11）为参照来观看西泠桥附近的景色，张岱对此深为赞同，认为“得山水之趣味者，东坡之后，复见此人”[49]。

在晚明人建构的画史模式中，李昭道与董源分别属于南北两宗不同的脉络。《容台别集》《画旨》“禅家有南北二宗”条云：

禅家有南北二宗，唐时始分。画之南北二宗，亦唐时分也。但其人非南北耳。北宗则李思训父子着色山水，流传而为宋之赵幹、赵伯驹、伯骕，以至马、夏辈。南宗则王摩诘始用渲淡，一变勾斫之法，其传为张躁、荆、关、董、巨、郭忠恕、米家父子，以至元之四大家，亦如六祖之后有马驹、云门、临济，儿孙之盛，而北宗微矣。要之，摩诘所谓云峰石迹，迥出天机，笔意纵横，参乎造化者，东坡赞吴道子、王维画壁，亦云：吾于维也无间然。知言哉。[50]

南北宗论为晚明人提供了认识前代画史的基本模式，而南北宗的不同画风也强劲地支配着晚明人对自然山水的观察。[51] 李日华（1565—1635）在万历三十八年（1610）秋天的两则日记中分别描绘了他在旅行途中看到的两种不同类型的景致：

十二日，雨。十里，至庐岭。十里，至昌化县。县在万山中，无城。儒学倚一峰下，面对稠林，森秀之极。十里，至白石桥。十里，至手挖巡司。十里，至朱柳。有睢阳双节庙。十里，绕溪行六七里，四面峰峦回合，疑无径路。逾一小岭。又三里，至结口，宿焉。是日，雨不止，衣袍沾湿，仆夫颇疲顿。余于舆上，领略云山滃蒙之状。沈绿深黛中，时露薄赭。倏敛倏开。非襄阳米老，断不能与造化传神。乃知此老高自标置，固非浪语。向余不知画法，不为此行在万山中适值澍雨，亦何由证入哉。忆余初从余杭渡口，晴色可掬，止西望有晦昧之意。今乃知余来时，正山灵酝雨之候也。余实步步入雨境耳。[52]

十三日，大晴，自颊口起行，五里至高路，五里至横溪桥，十里至岭脚。过车盘岭，五里至顺溪，五里至杨家塘，五里至昱岭关，王里至新桥铺，上老竹岭。岭当两山回合处，岭以东水皆流入太湖，岭以西水皆流浙江，山势两背相抵，曲涧蛇行其间，万杉森森，四望疑无出窦，而竹岭稍通一线，亦半假人力凿治，真一夫当关之胜也。气候新晴，愈觉澄朗，诸峰晓色，澄翠托蓝，日光射之，远者如半空朱旗，近者涂金错绣，丹枫苍桧，点缀其间，万壑屯云，午千流漱玉。到此，又思李昭道父子画法不为虚设，大、小米如中书堂，淡审判押挈，其总领而已。[53]

米芾的“云山墨戏”和李家父子的“金碧山水”这两种绘画程式成为李日华领略雨天和霁日两种不同风景的向导。

张岱的审美趣味也受到了当时盛行的南北宗论的影响[54]，在给友人包严介的一封信中他谈到了自己对这两种绘画风格的看法：“画如小李将军，楼台殿阁，届画写摹，细入毫发，自不若元人之画，点染依稀，烟云灭没，反得奇趣。”[55] 在元代画家中，张岱特别推崇倪瓒，甚至将自己的书斋命名为“云林秘阁”。[56] 他站在吴山高处眺望西湖景致，对倪瓒山水画的记忆成为他观察的起点：“数笔倪云林，居然胜荆夏。刻画非不工，淡远长声价。”[57] 倪瓒的画具有一种“古淡天然”的风格[58]，而这恰与张岱的审美意趣十分投合。张岱主张“竹石间意，在以淡远取之，则妙不可言矣”[59]；在绘画方面提出“若云林笔意，则萧疏懒散，用笔如斧，用墨如金，佛家所谓灭塑也”[60]；论及戏曲时也说“布帛寂粟之中，自有许多滋味，咀嚼不尽，传之永远，愈远愈新，愈淡愈远”[61]。在欣赏自然风景的时候，他也格外偏好由山水的淡远之境形成的空灵之美：

园中有楼，倚窗南望，沙际水明，常见浴凫数百，出没波心，此景幽绝。(《玉莲亭》)[62]

丹垣绿树，翳映阴森，亭对峭壁，一泓冷然，凄清入耳。(《冷

泉亭》[63]

溪声淙淙出阁下，高厓插天，古木蓊蔚，大有幽致。(《岣嵝山房》)[64]

其地径路崎岖，草木蔚秀，人烟旷绝，幽阒静悄，别有天地，自非人间。(《九溪十八涧》)[65]

图 2.12 （元）倪瓒，《容膝斋图》，台北故宫博物院藏

不论是幽绝的玉莲亭，凄清的冷泉亭，大有幽致的岣嵝山房，还是幽阒静悄的九溪十八涧，张岱的描绘都令我们摆脱喧嚣，进入了一个“空灵晶映”的天地。他在《湖心亭看雪》一种所勾勒出的冰痕雪影、辽远空阔的画面，也会让我们很自然地联想到倪瓒那萧瑟幽寂、寒林浅水、一片空灵的绘画风格（图 2.12）。就是这种“古淡天然”的艺术趣味推动着张岱在西湖的山水中发现独特的景物之美。

在西方，以山水画来观照自然风景也是一种常见的审美方式。在 18 世纪的英国，有教养的男女都着迷于克劳德 · 洛兰［Claude Lorrain］的绘画。克劳德 · 洛兰是法国著名的风景画家，但整个成年时代都在罗马度过。他着力于描绘罗马乡间的景致，作品的主题常取自古迹或古物。克劳德喜欢把景色浸染上一层金色光线或银色空气，并通过细微的色彩渐变达到某种惊人的光线效果。他的画风宁静而富有诗意，呈现出一派理想化的自然（图 2.13）。

克劳德的画作打开了英国观光客的眼界，让他们领略到了自然的崇高之美。与热爱山水画的中国文人不同，在英国的艺术传统中，山水画长久以来一直被忽略，自然风景通常只作为人物画或宗教画的背景出现。在英国人看来只有农民和挖沟的工人才在野外工作，自然风景根本不值得艺术家花费气力去表现。然而大旅行的兴起使英国贵族得以在意大利欣赏到以克劳德为代表的风景画家的作品，这些再现往昔梦幻美景的绘画使他们知道：原来乡间的景致竟可以如此美丽迷人！

图 2.13 克劳德·洛兰油画

图 2.14 根据克劳德·洛兰的油画制作的版画

旅行者们狂热地搜集克劳德的画作，并将它们作为旅游纪念品带回英国。英国的绅士阶层热衷于谈论从意大利带回的这些画作。许多人因为看到这些绘画而期盼着自己可以寻找到机会越过英吉利海峡，到意大利一游。克劳德的风景画成为英国收藏界的珍宝，也催生了大量印刷品，甚至印刷品的印刷品（图 2.14）。印刷术的发明和版画艺术的发展使得原本只能为少数富有阶层独占的大师画作可以为普通大众所拥有。那些不太富裕的中产阶级没有财力前往意大利旅行，于是他们开始到英国乡村中去找寻克劳德画中的景象，如果那个地方让他们联想起克劳德的某幅作品，他们就认为那个地方美丽，坐下来野餐。一些富有的英国人甚至将自己地产上的园林，仿照克劳德的美丽梦境加以改造。总之，克劳德的风景画深刻地影响了英国乃至整个欧洲人的审美观，人们习惯于按照他的标

图 2.15 （西班牙）委拉斯开兹，《纺织女》，马德里普拉多博物馆藏

准去评价现实世界的景色，在本国的风光中发现“如画的母题”［picturesque motif］。

自然的作品越相似于艺术品，就越发令人感到愉悦。意大利文的 pittoresco、英文的 picturesque 以及法文的 pittoresque 与拉丁词 pictor 有关，都意指“如画的”这一审美概念。凡·高［Vincent van Gogh］于 1888 年 8 月 9 日写给弟弟的一封信也显示了绘画作品是如何打开观看者视野的。那天他正在一家小饭店里吃午餐，却偶然发现了某些完全“委拉斯开兹［Velásquez］式”的元素：

> 我所在的这家饭馆非常奇怪。它全部是灰色的……一种委拉斯开兹式的灰色——就像在《纺纱女》那幅画中的一样（图 2.15）——甚至连从百叶窗缝隙中穿透进来得非常狭窄非常强烈的光线都不缺，那光线就像斜穿委拉斯开兹的画作中的光线一样……在厨房里，有一个老妇人和一个又矮又胖的仆人，他们也穿着灰、黑、白三色的衣服。我不知道向你描绘的是否足够清晰，但是就是在这里，这是纯粹的委拉斯开兹式的。
>
> ［This restaurant where I am is very queer; it is grey all over...So it already has a Velásquez grey—like in the “Spinning Women” —and even the very narrow, very fierce ray of sunlight through a blind, like the one that slants across Velásquez’s picture, is not wanting...In the kitchen, an old woman and a short, fat servant also in grey, black,

white. I don't know if I describe it clearly enough for you, but it's here, and it's pure Velásquez.[66]]

在凡·高看来，一个伟大的画家就如同一位向导，能够让我们更加清楚地看到世界的某些部分。正如阿兰·德波顿［Alain de Botton］所总结的：

如果说是委拉斯开兹引导凡·高认识了灰色以及壮硕厨师们的粗糙脸庞，那么莫奈就是落日的向导，伦勃朗使他了解了晨光，维米尔让他了解了青春少女（他在圆形剧场附近看见一个少女后写信告诉弟弟提奥："那简直就是完美的维米尔画中人。"）一阵大雨后罗讷的天空使他想起了葛饰北斋，而米利特的麦子与海上圣马利亚的年轻女子让他联想起契马布埃和乔托。

［If Velásquez was his guide to grey and to the coarse faces of large cooks, then Monet was his guide to sunsets, Rembrandt to morning light and Vermeer to adolescent girls（'a perfect Vermeer,' he exclaimed to Theo after he spotted one example near arena）. The sky over the Rhône after a heavy rain shower reminded him of Hokusai, the wheat of Millet and the young women in Saintes-Maries de la Mer of Cimabue and Giotto.[67]]

西方人以绘画的眼光看自然是到18世纪之后才普遍出现的。然而，在中国历史上，诗歌与绘画这两门艺术在北宋前期就密切地结合起来，因而以"绘画之眼"观山水也就成为文人雅士惯用的审美模式。据钱锺书考证，具体地将自然风物比拟为某种画法或某某大画家的名作，正式的源头可以追溯到北宋的文人画家文同（1018—1079）。他的诗句，例如“独坐水轩人不到，满林如挂《瞑禽图》”（《晚雪湖上寄景孺》）、“峰峦李成似，涧谷范宽能”（《长举》）、“君如要识营邱画，请看东头第五重”（《长举驿楼》）都体现了绘画与自然风景的联结。[68] 北宋时，山水画便开始影响文人观看风景的方式；到了晚明，对宋、元不同绘画风格的偏好更直接决定了审美的不同眼光。

贡布里希一再提醒我们“大自然的真实不能被未经训练的感官所察觉”，因而世间绝无“纯真之眼”［innocent eye］。[69] 以山水画为代表的视觉艺术品无疑能提升人们欣赏风景的能力，它使得平常湮没在自然界众多素材中的要素凸现出来，并且稳定下来，一旦观赏者熟悉了这些要素，视觉艺术就会在不知不觉中推动他们在周遭世界中发现这些要素，然后让这些要素在生命中发酵。艺术品打开了人们关联世界的途径，开创了他们观看和体验世界的方式。当我们以晚明人艺术的眼光重新领略西湖的景致之后，也就更能理解王尔德［Oscar Wilde］那颠倒再现理论的逻辑：

> 如果不是从印象派那里，我们从哪儿得到那些奇妙的灰雾？它们沿着我们的街道蔓延过来，把煤气街灯渲染得朦朦胧胧，使一栋栋房屋变成了怪异的影子。如果不是从他们和他们的那位大师那里，我们从谁那儿得到了那些笼罩着我们河流的可爱的银色薄雾？它们为曲折的桥梁和颤摇的驳船赋予了消失中的优美所具有的黯淡形式……请问什么是自然？自然不是生养我们的伟大母亲，她是我们的创造物。[70]

五、时间的趣味

一般人去西湖游玩大都是在热闹的时候，比如春夏、花朝或晴朗明媚的天气。然而在张岱看来这些人并不真正懂得西湖的性情与风味。“世间措大，何得易言游湖”，他觉得想要深情领略西湖的魅力必须借鉴汉代大学问家董季直读书的方法：

故余尝谓：“善读书，无过董遇三馀，而善游湖者，亦无过董遇三馀。董遇曰：‘冬者，岁之馀也；夜者，日之余也；雨者，月之余也。’雪巘古梅，何逊烟堤高柳；夜月空明，何逊朝花绰约；雨色涳濛，何逊晴光潋滟。深情领略，是在解人。”[71]

浦祊与张岱不谋而合，当有人询问他湖上之游，何时为佳的时候，他回答道，“雨奇，晴好，西子固‘淡妆浓抹总相宜’也。昔人有‘晴湖不如雨湖，雨湖不如月湖，月湖不如雪湖’之语，安得勾留一载，以践四时之游乎！”[72]

自然界奇景的观赏常常受制于时序，山水在不同季节、不同时间、不同气候下呈现给人的景致也迥然不同。不论是欣赏山水的人（游客），抑或再现山水的人（画家），都应当对这些差异了然于心。唐代文人王维在《山水论》中总结了不同时间和季节里风景的妙处：

早景则千山欲晓，雾霭微微，朦胧残月，气色昏迷。晚景则山衔红日，帆卷江渚，路行人急，半掩柴扉。春景则雾锁烟笼，长烟引素，水如蓝染，山色渐青。夏景则古木蔽天，绿水无波。秋景则天如水色，簇簇幽林，鸿雁秋水，芦岛沙汀。冬景则借地为雪，樵者负薪，渔舟倚岸，水浅沙平。[73]

郭熙也指出："真山水之云气四时不同：春融洽，夏蓊郁，秋疏薄，冬黯淡。真山水之烟岚四时不同：春山淡冶而如笑，夏山苍翠而如滴，秋山明净而如妆，冬山惨淡而如睡。"[74] 西湖有山有水，晴雨雾雪，四季不同，晨昏晦朔，四时各异。文人雅士在游湖时总期望能领略这变化无穷的情韵。难怪李鼎在《西湖小史》中列举西湖的七大特色要将时序美列为第一，而在时序美当中又有先后：

余论湖景，当以雪为第一。次，新柳：馀寒初浅，半染轻黄，绝样风流，致堪肠断。其次，月：皎蟾当空，波光生艳，众山静绕，如百千美人，临镜梳鬟，四季皆妙，不独秋也。又其次，红叶：南山一带，秋老愈妍，错如锦绣，岂减二月花哉。[75]

史鉴曾经一连三次游湖，观赏到了西湖在晴、雨、雾三种不同天气下的景致。第一次是在晴时：

时春日妍丽，湖水明净，万象在下，柳色微绿，梅花犹繁盛，点缀远近。

第二次游湖时：

风雨交作，船不得出外湖，惟在断桥内迤逦行耳。顾望四山，云雾蒙幂，淋漓霮霸，俨如水墨画中。（图 2.16）

图 2.16 （明）李流芳，《西湖烟雨图》，天津博物馆藏

第三次游湖时雨过天晴：

> 时宿雨新止，天宇朗然，日光漏云影中，乍明乍灭，群山尽洗，绝无尘土气。空翠如滴，众壑奔流，水色弥茫，湖若加广，草木亦津津然有喜色焉。遥望云气出山腹，如白浪在大海中汹涌不定。

晴时春光明媚，遇雨则烟雾迷蒙，霁时又是一番空翠欲滴的清新，史鉴体味着西湖“其状万殊”的姿态，难怪要发出“所遇之景不同，而所得之乐无不同也”的感叹了。[76] 王世性在三十年的宦游生涯中每次外出必假道武林，每次到了西湖一定要四方游览。在他看来，无论晴雨雪月，没有不适合游湖的季节。“人知其乐，而不知其所以乐也，余则能言”，他以宜晴、宜雨、宜雪、宜月概括了西湖风景给予他的多种情感体验：

> 当其暖风徐来，微波如玉，桃柳遍堤，丹青炫目；妖童艳姬，声色陈遝，尔我相觑，不避游人。余时把酒临风，其喜则洋洋然。故曰宜晴。
>
> 及夫白云出岫，山雨满楼，红裙不来，绿衣佐酒；推篷烟里，

图 2.17:（南宋）夏圭，《松溪泛月图》，北京故宫博物院藏

忽遇孤舟，有叟披蓑，钓得鲢头。余俟酒醒，山青则归，雨细风斜则否。故曰宜雨。

抑或琼岛银河，枯槎路途，山椒转处，半露楼台，天风吹雪，堕我酒杯；偶过孤山，疑为落梅。余时四顾无人，则浮大白，和雪咽之，向逋仙墓而吊焉。故曰宜雪。

若其晴空万里，朗月照人；《秋风》《白苎》，露下满襟；离鸿惊起，疏钟清听。有客酬客，无客顾影，此于湖心亭佳，而散步六桥，兴复不减。故曰宜月。[77]

和王世性一样，张岱深谙不同时间游湖的不同乐趣，但他对月夜似乎格外偏爱。客居西湖的那些日子里，他大多寄寓在舟舫之上，夜夜与湖上的明月相对（图 2.17）；避嚣灵隐寺时，他便卧于冷泉亭上，夜夜与山间的明月厮磨，“深山清寂，皓月空明，枕石漱流，卧醒花影”[78]。月亮在他的笔下呈现出不同的姿态：有新磨之月，“此时月如镜新磨，山复整妆，湖复颒面”[79]；有空明之月，“其地有秋雪庵，一片芦花，明月映之，白如积雪，大是奇景”[80]；有晶莹的月光，“夜月登此，阒寂凄凉，如入鲛宫海藏，月光晶沁，水气滃之”[81]；有斑驳的月影，“岁月既多，树皆合抱，行其下者，枝叶扶苏，漏下月光，碎如残雪”[82]。在这位淬炼语言的高手笔下，西湖的明月变得分外晶莹剔透、光润亮泽。

农历七月半那天晚上，张岱在西湖畔闲坐。此时他既不看湖，亦不赏月，而是将目光投向了湖畔的赏月人，心里暗暗将这些人分成了五类：

第一类人坐着楼船，带着箫鼓，冠盖盛筵，伶人唱曲助兴。声光缤纷，令之意乱情迷，虽于月下，“名为看月而实不见月者”；第二类人纵情逸乐，左顾右盼，名娃童娈，环坐舟船甲板上，“身在月下实不看月者”；第三类人斜倚船舱，名妓闲僧为伴浅酌，丝管袅绕低唱，相谈轻声细语，是“看月而欲人看其看月者”；第四类不坐船也不乘车，不穿长衫也不戴头巾，酒醉饭饱，呼叫三五个同伴，挤入人群中，在昭庆寺、在断桥，狂呼乱叫，装醉，哼着不成调的曲子，是“月亦看，看月者亦看，不看月者亦看，而实无心一看者”；还有最后一类应该算作故作优雅的唯美派了，他们荡着小船，净几暖炉侍候，素瓷煮茶，佳人为伴，匿藏踪影而静静赏月，是“看月而人不见其看月之态，亦不作意看月者”[83]

七月半即农历七月十五日，是佛教的重大节日——盂兰盆节。这本是个诵经拜忏，以超度祖先亡魂的节日。但在张岱笔下，这一天却成了杭州人大胆放纵的欢乐时光。这个节日原有的宗教祭祀的内容在整个市井大众中的影响被冲淡得了无痕迹，仅仅成为一个社会惯性和心理暗示性极强的日期标示，人们于是可以名正言顺地放下日常生产事务性的工作，以放松无忌的心情将祭祀演变成一场欢乐的庆典，正如雅各布·布克哈特［Jakob Burckhardt］所言，节日庆典以它们的最优美的形式标志着从现实生活向艺术世界过渡的起点。[84] 平时杭州老百姓游览西湖大都是上午去，傍晚就回，在张岱看来简直就是“避月如仇”。可在七月半这天晚上，却是另一番光景：

因为贪求欣赏月色的虚名，人们成群结队地争着出城，多赏给把守城门的士卒一些酒钱，轿夫高举火把，在湖岸上列队等候着。游人一上船，就催促船夫快些把船划向断桥，赶去参加那里的盛会。二更以前，西湖上的人声、鼓乐声，如热水沸

图 2.18 （南宋）马麟，《秉烛夜游图》，台北“故宫博物院”藏

腾，如大地撼动，如梦魇时的喊叫，又如喃喃的呓语，如聋人叫喊，又如哑人咿咿，大船小船一齐凑向岸边，什么景致都看不见，只看见船篙击打船篙，船帮碰着船帮，人肩并着肩，脸对着脸而已。过了一会儿，游兴阑珊，官府摆的赏月筵席散了，差役吆喝着开道，官轿离开了。轿夫呼叫船上的人，用城门要关来吓唬他们，灯笼火把像一列列星光，人们一群群簇拥着离开了。岸上的人也成群列队地赶在关城门以前进城，湖上人渐渐稀少，不一会儿就全部散去了。[85]

夜游西湖本是文人士大夫的风雅之举，苏东坡在杭州做官的时候，每逢休息日就会领着友人、歌伎在西湖上游玩，一直到深夜方才踏着月光，燃着蜡烛极欢而归（图 2.18）。在张岱看来苏东坡的旷古风流已不可复追，而世俗大众的赶热闹的夜游赏月行动则有一点矫己顺俗、附庸风雅的意味，这样你拥我挤的“好名”之举，也类似某种时尚愚行［Follies of Fashion］。张岱用戏谑的笔调描绘了赏月人的种种意态，在他看来这些人只是赶时髦罢了，哪里是真的爱他明月好呢？整个夜晚，张岱作为一个优雅的旁观者始终游离在他所热爱的世俗之外，于热闹中审视出冷静来。直到人群散去之后，他才把船靠近湖岸，与朋友们坐在断桥的石磴上举杯共饮：

此时月如镜新磨，山复整妆，湖复颒面，向之浅斟低唱者出，匿影树下者亦出。吾辈往通声气，拉与同坐。韵友来，名妓至，杯箸安，竹肉发。月色苍凉，东方将白，客方散去。吾辈纵舟酣睡于十里荷花之中，香气拍人，清梦甚惬。[86]

俗人与雅士面对的是同一轮明月，只是体会到的趣味截然不同。万历四十三年（1615）的七月半，李日华也到西湖赏月，他在当天的日记中这样写道："俗重中元盂兰佛事，只是士女倾城，夜泛湖中，大小船无不受雇者，追明乃止。然亦只东北半壁如沸，若湖南，寂寂一片月光，照踏歌数辈而已。"和张岱一样，为了避开喧嚣的人群，他选择了在游人稀少的地方游览，这次的旅游经验很好，所以他还说："因相约暇时访之。"[87]

晚明的西湖已经成为大众游览的胜地，但游人频繁、车马喧嚣不免有损山林清幽。在当时的文人士大夫看来这种仅仅追求感官热闹的旅游方式只能算作"俗游"：

靡曼当前，钟鼓列后，丝幛筵衺，楼船披靡，山珍水错，充溢圆方，男女相错，嬲而杂坐，涟漪不入其怀，清音不以悦耳，是谓俗游。[88]

为了与社会大众有所区别，文人便开始定位自己的游观活动，以标榜品拉和维持文化形象。在游湖的过程中，时段、位置及方式的选择，会直接影响到享受的内容和质量。袁宏道对于观赏景物的时段，提出了与一般民众不同的看法：

然杭人游湖，止午、未、申三时。其实湖光染翠之工，山岚设色之妙，皆在朝日始出，夕舂未下，始极其浓媚。月景尤不可言，花态柳情，山容水意，别是一种趣味。此乐留与山僧游客受用，安可为俗士道哉！[89]

“别趣”在此是一种雅俗判断的标准。既言“别趣”，自然是指一种异于常态的领悟。正如布尔迪厄所指出的，劳动阶级喜欢那些简单、流行的愉悦，而知识分子则高傲地拒绝这种简单的东西。他们觉得自己的趣味应该更复杂、更微妙，他们拒绝这种简单性。[90] 想要避俗、去俗，刻意的“等待”是很重要的：

袁宏道等待的是人潮散去的黄昏。他曾借宿在净慈寺，那里“烧香男女弥谷被野”，“堂上堂下人气如烟”，而袁宏道总是选择在黄昏时分，以乘船的方式赏景，并从堤上夜游步行而返。[91] 在他看来，唯有避开人群，才能真正享受游览时的清静自在。

李日华等待的是天寒地冻的季节。他曾在萧瑟的冬天与友人一同游湖，“时河冰片段蚀舟，夕阳射之如碎玉。岸柳千树，寒条刺天，游者绝迹”；可是他却自鸣得意，“余以为清虚洞朗，无逾此时者，胜春江夜月多矣”[92]。（图 2.19）

张岱曾感叹除了林逋、李茇这样趣味高雅的名士，真正能够欣赏皓月空明之美的人实在不多了。[93] 可倘若他知道了同时代的一个女子是如何品月的，想必会心有戚戚焉。这位蕙质兰心的佳人名叫董小宛（1624—1651）。在《影梅庵忆语》中，她的爱人冒襄（1611—1693），怀着拳拳深情，用幽香清艳的文字将她品茗、品香、品月的往事细细道来。小宛的审美品位让杜茶村击节叫好，提笔赞道：“绝域名香，重霄皓魄，奇花异茗，倚态争芬。自非真仙琼媛，莫可得而领略。兼之天才丽质，把玩晨昏，玉臂云鬟，馥郁于琉璃世界中矣。”[94] 和张岱一样，小宛也是明月的知己：

图 2.19 （南宋）刘松年，《西湖四景山水图》之冬景，北京故宫博物院藏

> 她最钟爱明月，总是随着月亮的升沉或走或停。夏天她在小苑中纳凉，教小孩儿吟诵唐人咏月和流萤纨扇诗。为了观赏夜空中不同方向的明月，她不断移动着半榻小几。午夜归阁，还要推开窗户让月光洒在枕席间，月亮西沉仍要卷起帘子倚窗远眺。她曾对我说：“我书写谢希逸的《月赋》，古人“厌晨欢，乐宵宴”，大概是因为夜晚在一天中最闲逸吧。月色是最静谧的光色，天空澄碧，月光霜露洁白，冰雪明净，比起赤日红尘，就好似仙境与人间的差别。人生熙熙攘攘，到了夜晚还忙碌不休，有的人则在月亮还没有出来时就已鼾睡，月亮的桂华露影，根本无福消受。我和你共同度过一年四季的月夜，从月亮的娟秀浣洁中领略幽香，顿悟仙路禅关的奥妙，都是在月夜的宁静中得到的。”李贺有诗云：“月漉漉，波烟玉。”小宛每每吟诵“波烟玉”这三个字，总是反复回环，好像日月的精神气韵，都让这三个字道尽了。人走进波烟玉的世界，眼神如水波一般荡漾，精神像云烟一样飘洒，身体如白玉一样明净，人好像月，月又好像人，是人是月，哪里还能分明呢。只觉得贾岛“倚影为三”的话太多余，至于“淫耽”“无厌”“化蟾”的诗句则是得到了赏月的三昧了。[95]

对于张岱和董小宛来说，带给他们真正愉悦的与其说是高悬在空中

图 2.20　巴黎本《湖山胜概》中赏月的文人

的明月，不如说是能够欣赏这种微妙趣味的能力。赏月不仅仅是眼睛的娱乐，更是心灵的触动（图 2.20）。今天的月色定然不逊于古时，可是倘若没有了张岱、小宛那样的心性与韵味，又怎么能够真正与明月亲近呢？在讨论艺术趣味的本质时，巴克森达尔［Baxandall］指出：

> 我们通常所说的趣味［taste］在很大程度上建筑在一件画作所必需的鉴赏力和一位观众所掌握的鉴赏技巧之间的一致性。我们在运用技巧时感到愉悦，尤其是当我们以游戏的心态运用我们日常生活最喜欢运用的技巧时，我们感到格外的愉悦。如果一件画作赋予我们运用被人们珍视的技巧的机会，使我们得以洞见画家的巧思，我们的好奇心由于这一高超的洞见而得到报偿，乐在其中：这就是我们的趣味。[96]

巴克森达尔所言虽为绘画，但对我们理解欣赏自然的趣味也不无启发。在以张岱为代表的晚明士人看来，西湖风景的妙处并非任何人都可以领略，它需要一种由文化磨洗所形成的“洞见”，否则“如贾似道之豪奢，孙东瀛之华赡，虽在西湖数十年，用钱数十万，其于西湖之性情、西湖之风味，实有未曾梦见者在也”[97]。

六、文字指引下的赏景

西湖的美，让张岱流连。即使在明朝覆灭之后，那一派景色在他的梦中犹端然未动。求助于语言或许是另一种表达我们对一个地方喜爱的方式，于是张岱便试图用文字追摹西湖的意象，留传后世，以为西湖留影写照。可是那空灵晶映的山水之美又如何能传达呢？张岱知道无论多么细腻动人的语言也很难将美的感受言说清楚，就仿佛梦中说梦，非魇即呓：

> 余犹山中人，归自海上，盛称海错之美，乡人竞来共舐其眼。嗟嗟！金齑瑶柱，过舌即空，则舐眼亦何救其馋哉！[98]

与艺术的品格一样，大自然的美亦无法言说，但这并不意味着我们无所作为。欣赏美并试图去描述它，这一过程虽然辛苦，却可以磨砺我们的感官，锤炼我们的语言。范景中先生在《中华竹韵》中就语言对艺术欣赏的指引作用进行了精彩论述：

> 美无法言说，艺术的品格更无法言说。古典音乐教人体会声音的微妙，文人画教人体会形象的微妙，诗词教人体会语言的微妙，这都不是言说的领域，却给感官留下施为的余地，我们能感受那微茫至极的细线，靠拢它、逼近它，沉潜日久，竟会猛然发现，我们的感官发展了、进步了，一种神奇的力量给了它第二次赋形，我们称它为好眼力或直觉。然而，我们对艺术的反应，对艺术品的感受，除了这神奇的直觉外，它也深深植根于我们的整个文明，而我们的文明主要是语言造就的文明，

> 就连我们欣赏艺术，也摆脱不开语言的指示。语言就像理解之眼［l' occhio dell' intelletto］，是引领我们熟悉、领会和热爱艺术的向导。前人评画，向有六法（《古画品录》）、五等（《历代名画记》）、逸神妙能四格（《益州名画录》）、神妙能三品（《圣朝名画评》）等名目，它们都是一些重要的词语路标。小孩子最初跟着大人趋赴雅集或走进博物馆看热闹，到后来能多少理解艺术、欣赏艺术，这些名目词语是不可或缺的。尽管它们简单、粗略，远不敷用，意义也闪铄，但艺术之妙，非言不津，津言之妙则全赖笔笔三过。艺术史的至深魅力与至难问题，即艺术史的精髓，也恰恰在于：如何创造性地运用语言描述我们对艺术品本来就难以言喻的精雅感受。[99]

艺术的语言对可见世界的指称方式既是那么明显，又是那么神秘。在黄汝亨对西湖的一段描绘中，我们可以感觉到语言的这一神奇作用。黄汝亨是张岱祖父的好友，他曾在雷峰塔下的小蓬莱读书，也曾打造过名为“浮梅槛”的竹筏，在西湖上载酒而行。西湖在他的笔下充满了诗意：

> 若夫阳春老而桃李飞英，清秋残而芰荷卸锦。烟消雨尽，青露山腰；雾敛风停，蓝开水面。山则郁葱抒秀，水则淡荡浮清。洞壑幽深，神斤鬼斧；泉源萦绕，竹奏丝弹。绝不似塞北山河童然、莽然而已。故秋绘西泠，卷如一角，直令狂士据弦绝倒，而毓为人士，发为文章可知也。况据蓬莱而撷胜，泛梅槛而采芳，更吸清秀之气出之笔端，小小结构，自若枕冷泉而聆其清吟，顾玉岑而来其润色。岩巉窟杳，策杖飞来之巅；树密林幽，呼艇孤山之麓。千山浮紫翠，大痴染图；一水漾金波，夷光妆晚。

清新之致，淡逸之思，不为大雅宗乎？批卷快读，当见西山爽气扑人眉宇，沁人心骨。人文山水真为天下冠也。[100]

语言，与其说是给已有的事物或概念命名，不如说是把我们的经验世界分节。它跟绘画的图式一样，从万物纷然的自然中挑选出几个路标，为我们的欣赏指明方向。在黄汝亨的这段文字中，“青露山腰”“蓝开水面”“大痴染图”“夷光晚妆”之类的词语就是这样的一些描述手段，它们像意志那样强劲地支配着我们的观察。与其说描述是视觉经验的记录，还不如说它本身就创造了一种视觉方式。袁宏道在游览韬光庵时，对语言的这种指引作用大有体悟：

韬光在山之腰，出灵隐后一二里，路径甚可爱。古木婆娑，草香泉渍，淙淙之声，四分五络，达于山厨。庵内望钱塘江，浪纹可数。余始入灵隐，疑宋之问诗不似，意古人取景，或亦如近代词客，捃拾帮凑。及登韬光，始知“沧海”“浙江”“扪萝”“刳木”数语，字字入画，古人真不可及矣。[101]

人们总是倾向于看见已经被描述过的事物。“楼观沧海日，门对浙江潮”“扪萝登塔远，刳木取泉遥”，袁宏道在游览山水时一边吟诵着宋之问诗句，一边将它们与自然景观相互比照，不仅获得了一种古典精神上的加持，更加强了对景物的深刻体察。

与黄汝亨一样，张岱也是一位淬炼语言的高手。再平凡的事物经过了他的描述也变得卓然不群起来：飞来峰的俊秀别致在他的笔下幻化成米颠袖中一块奇石，“棱层剔透，嵌空玲珑”[102]；他形容玉泉寺前的池水“泉白如玉，水望澄明，渊无潜甲”[103]，仅仅 12 个字就描摹出那明净清澈的美。张岱还将感觉挪移［synaesthesia］，把“眼、耳、鼻、舌、身、意”一律打通：他用“冷绿万顷”形容岣嵝山房外的苍松，一个“冷”字将清幽之境诉诸肤觉，使人通体清凉；他描绘十锦塘“枝叶扶苏，漏下月光，碎如残雪”[104]，一个“碎”字不仅赋予了月影斑驳的形态，还仿佛让人听到了那洒落满地清脆的声音；他写孤山的寒梅“破腊一枝，远谢六桥桃柳”[105]，一个“破”字道尽梅花萧索的意态。这样典雅别致的语言成为某种向导，让后世的人们可以顺着它的指引领略西湖微妙的美。王雨谦这样称赞张岱的文字对于西湖的意义：

> 西园雅集得米海岳一叙而人物园亭俨然未散；建章宫阙得张茂先一语而千门万户仿佛犹存。有《梦寻》一书而使旧日之西湖于纸上活现，则张陶庵之有功于西湖断不在米海岳、张茂先之下哉！[106]

米芾为李公麟的《西园雅集图》所作的图记，使后人得以追慕苏轼等16位文人雅士在王诜府邸的风云际会。晋武帝询问张华建章宫的千门万户，他“应对如流，听者忘倦。画地成图，左右属目”[107]，使人大有亲临其境之感。从苏东坡那首玲珑剔透的小诗到张岱的七十二则《西湖梦寻》，正是历代描绘西湖的文学作品所构建出来的文本传统，使西湖的美历百劫而不毁，以鲜明的意象流传在世人的心中。

注释：

1. 张岱：《湖心亭看雪》，《陶庵梦忆·西湖梦寻》，第 56 页。
2. 张岱：《湖心亭》，《陶庵梦忆·西湖梦寻》，第 231 页。
3. 王雨谦："西湖梦寻序"，张岱《西湖梦寻》，收入《武林掌故丛编》第 3 册，广陵书社，2007 年，第 1606 页。
4. 祁豸佳：《西湖梦寻序》，张岱《西湖梦寻》，收入《武林掌故丛编》第 3 册，广陵书社，2007 年，第 1606 页。
5. 同上注。
6. 张岱："明圣二湖"，《陶庵梦忆·西湖梦寻》，第 149 页。
7. 毛文芳：《晚明闲赏美学》，台湾学生书局，2000 年，第 371—372 页。
8. 查继佐："西湖梦寻序"，张岱《西湖梦寻》，收入《武林掌故丛编》第 3 册，广陵书社，2007 年，第 1607 页。
9. 同上注。
10. 袁宏道："西湖一"，《袁宏道集笺校》，第 422 页。
11. 张岱："跋寓山注"，《琅嬛文集》，第 211 页。
12. 夏基："湖心亭记"，《隐居放言》卷二，清康熙三十二年（1693）刊本，第 7 页。
13. 参阅张岱"雷峰塔"："曾见李长蘅题画有云……"（《陶庵梦忆·西湖梦寻》，第 249 页），但张岱对这段题跋的记录与《檀园集》中的记载文字稍有出入。
14. 李流芳："雷峰暝色图"，《檀园集》卷十一，收入《四库全书》集部第 1295 册，第 394 页。
15. 李流芳此诗题为《小筑看荷花偶成》：白公堤畔烟湖空，四月未尽荷花红。两湖荡桨无一朵，小筑已见千花聚。昨日梅雨天多风，风翻雨打花龙钟。今朝日出方照耀，半晴半阴态愈工。君不见雷峰倚天似醉翁，雾树欲睡纷朦胧。此花嫣然向我笑，怯怯新妆出镜中。新妆美人正可喜，笑而不来情何已。且拼一斗酬醉翁，此翁情淡如烟水。（《檀园集》卷二，收入《四库全书》集部第 1295 册，第 316 页。）
16. 李流芳："西湖泛舟走笔戏呈同游诸子"，《檀园集》卷一，收入《四库全书》集部第 1295 册，第 302 页。
17. 朱之俊："雨中初游西湖记"，《中国历代游记精华全编》，河北教育出版社，1991 年，第 289 页。
18. 高濂：《四时幽赏录》，收入《武林掌故丛编》第 7 册，第 4487 页。
19. 同上注。
20. 莎士比亚：《安东尼与克莉奥佩特拉》，《莎士比亚全集》第 6 册（朱生豪译），译林出版社，2001 年，第 284 页。
21. 贡布里希：《艺术与错觉》（林夕等译），湖南科学技术出版社，2004 年，第 134 页。

22. 史鉴:《西村十记》,收入《武林掌故丛编》第 3 册,广陵书社,2007 年,第 1598 页。
23. 笪重光:《画筌》,《中国古代画论类编》(俞剑华编著),第 809 页。
24. 沈括:《梦溪笔谈》卷十七,文物出版社,1957 年,第 5 页。
25. 莱奥纳多·达·芬奇:《达·芬奇论绘画》(戴勉编译),广西师范大学出版社,2003 年,第 31—32 页。
26. 张岱:《火德庙》,《陶庵梦忆·西湖梦寻》,第 294—295 页。
27. 钱锺书:《窗》《写在人生边上》,三联书店,2002 年,第 15—16 页。
28. 李渔:《梁冶湄明府西湖垂钓图赞》,《李渔全集》卷一,浙江古籍出版社,1992 年,第 105 页。
29. 李渔:《取景在借》,《李渔全集》卷三,第 170—171 页。
30. 同上注。
31. 郑板桥:"题竹图轴",《郑板桥》(杨樱林、黄幼钧编),中国人民大学出版社,2006 年,第 11—12 页。
32. 李渔:《取景在借》,《李渔全集》卷三,第 171—172 页。
33. 同上注。
34. 张岱:《火德庙》,《陶庵梦忆·西湖梦寻》,第 295 页。
35. 袁宏道:《御教场》,《袁宏道集笺校》,第 435 页。
36. 袁宏道:《禹穴》,《袁宏道集笺校》,第 362 页。
37. 画史分宗及宋元之争是晚明艺术史的重要议题。对此有兴趣的读者可以参阅:高居翰《山外山:晚明绘画 1570—1644》(王嘉骥译)第一章第四至六节,上海书画出版社,2003 年,第 8—10 页;万木春《味水轩里的闲居者》第五章第二节,中国美术学院出版社,2008 年,第 168—183 页。
38. 何良俊:《四友斋丛说》,中华书局,1997 年,第 263 页。
39. 高濂:《燕闲清赏笺》"论画"条,收入《美术丛书》(黄宾虹、邓实编),江苏古籍出版社,1997 年,第 1948 页。
40. 董其昌:《画旨》,《容台集》别集卷四,第 675 页。
41. 然而董其昌的这种偏爱元画趣味的倾向是在一个很高的层面上才显露出来的。阮璞先生指出:"董其昌对待宋画和元画的优劣问题,决不像当时有些古董家和有些以耳代目的文人那样从风而靡,一个劲地抬高元画,贬低宋画。"见"对董其昌在中国绘画史上的意义之再认识",《中国画史论辩》,陕西人民美术出版社,1993 年,第 206 页。
42. 高居翰:《山外山:晚明绘画 1570—1644》(王嘉骥译),上海书画出版社,2003 年,第 8 页。
43. 董其昌与袁氏三兄弟均有较深的往来。1589—1599 年间,董其昌在北京担任翰林院编修时，成为包括焦竑、汤显祖、袁氏三兄弟、李贽在内的文化圈中的一员，见何惠鉴、何晓嘉：《董其昌对历史和艺术的超越》，收入《董其昌研究文集》，上海书画出版社，1998年，第267—268页。《无声诗史》卷四："（董其昌）日与陶望龄、袁伯修宗道游戏禅悦，视一切功名文字，黄鹄之笑壤虫而已。"华南师范大学美术学院江雯的硕士论文《董其昌与公安派的交游》论述了董其昌与袁氏三兄弟及其他公安派代表人物的交往状况。徐复观在《中国艺术精神》一书的第10章第三节则论述了公安派的文学思想对董其昌画史分宗理论的影响，见《中国艺术精神》，广西师范大学出版社，2007年，311—316页。

44. 万历三十三年（1605）公安派结社集会，袁宏道悬想董玄宰不置，称"典刑既远，西华道上，顿尔落寞"，谓董其昌曰：不佞尝叹世无兼才，而足下殆奄有之。性命骚雅，书苑画林，古之兼斯道者，唯王右丞、苏玉局。而摩诘无临池之誉，坡公染翰仅能为枯竹巉石。不佞将班足下于王、苏之间，世当以为知言也。见袁宏道"答董玄宰太史"，《袁宏道集笺校》，第1266—1267页

45. 袁宏道致董思白尺牍："《金瓶梅》从何得来？伏枕略观，云霞满纸，胜于枚生《七发》多矣。后段在何处抄竟，当于何处倒换？幸一的示。"见《袁宏道集笺校》，第289页。

46. 袁宏道《叙竹林集》："往与伯修过董玄宰。伯修曰："近代画苑诸名家，如文征仲、唐伯虎、沈石田辈，颇有古人笔意不？"玄宰曰："近代高手，无一笔不肖古人者。夫无不肖，即无肖也，谓之无画可也。"余闻之悚然曰："是见道语也。"见《袁宏道集笺校》，第700页。

47. 张岱："青莲山房"，《陶庵梦忆·西湖梦寻》，第198页。

48. 同上注。

49. 张岱："西泠桥"，《陶庵梦忆·西湖梦寻》，第172页。

50. 董其昌：《容台集》别集卷四，第677页。

51. 从分类的角度看，"南北宗论"可能是中国美术史上影响最大的几种分类之一。它影响了后人对绘画、书法、诗歌、学风和宗教的认识（关于这几方面的"南北宗"可参阅钱锺书"中国诗与中国画"，《七缀集》，三联书店，2006年，第7—14页。）

52. 李日华：《味水轩日记校注》（屠友祥校注），上海远东出版社，2011年，第140—141页。

53. 李日华：《味水轩日记校注》，第141页。

54. 张岱对袁宏道的推崇和与陈继儒的忘年之交都可能影响到他的趣味倾向，这两人都是董其昌的好友，陈继儒是南北宗论的重要倡导者。张岱在自为墓志铭中记载了与陈继儒的交往，可见对这段交谊的看重。参见《琅嬛文集》，第201页。

55. 在这封信中张岱还对诗画界限的问题表明了自己的看法，打破了中国诗论、画论传统中"诗画一律"的观点："弟独谓诗中有画，画中有诗，因摩诘一身兼此二妙，

故连合言之。若以有诗句之画作画，画不能佳，以有画意之诗为诗，诗必不妙。如李青莲《静夜思》诗：'举头望明月，低头思故乡。'有何可画？王摩诘《山路》诗：'蓝田白石出，玉川红叶稀。'尚可入画，'山路原无雨，空翠湿人衣'，则如何入画？又《香积寺》诗：'泉声咽危石，日色冷青松。'泉声，危石，日色，青松，皆可描摹，而'咽'字、'冷'字，则决难画出。故诗以空灵才为妙诗，可以入画之诗，尚是眼中金银屑也。……由此观之，有诗之画，未免板实，而胸中丘壑，反不若匠心训手之为不可及也。"见"与包严介"，《琅嬛文集》，第152页。此外张岱还明确指出，"天下坚实者，乃空灵之祖"，提出应"以空灵为坚实"，从没有把"实在"、摹写如真与空灵、朦胧对立起来，而是主张"坚实""实在"是画的基本基础，而"空灵""神韵"则是在充分写实基础上方可达到的高境界。实在与空灵的关系是辩证统一的。见"跋可上人米画"，《琅嬛文集》，第213页。

56. 《明史·倪瓒传》描述了倪瓒书斋的境况："所居有阁曰清閟，幽回绝尘，藏书数千卷，皆手自勘定，古鼎法书，名琴奇画，陈列左右，四时卉木，萦绕其外，高木修篁，蔚然深秀，故自号云林居士。时与客觞咏其中。为人有洁癖，盥濯水不离手，俗客造庐，比去，必洗涤其处。"张岱因慕倪瓒清閟，仿其书斋名曰"云林秘阁"。见张岱"梅花书屋"，《陶庵梦忆·西湖梦寻》，第32页。
57. 张岱：《火德庙》，《陶庵梦忆·西湖梦寻》，第295页。
58. 王原祁在《雨窗漫笔》中言："云林纤尘不染，平易中有矜贵，简略中有精彩，又在章法笔法之外，为四家第一逸品。"（王原祁：《雨窗漫笔》，收入黄宾虹、邓实编《美术丛书》，第65页。）董其昌也称倪瓒的画为"逸品"，在元四家中独树一帜："元之能者虽多，然秉承宋法稍加萧散耳。吴仲圭大有神气，黄子久特妙风格，王叔明奄有前规，而三家皆有纵横习气。独云林古淡天然，米痴后一人而已。"（董其昌：《画禅室随笔》，江苏教育出版社，2005年，第164页第63条。）
59. 张岱：《芙蓉石》，《陶庵梦忆·西湖梦寻》，第296页。
60. 张岱：《跋可一云林笔意》，《琅嬛文集》，第212页。
61. 张岱：《答袁箨庵》，《琅嬛文集》，第143页。
62. 张岱：《玉莲亭》，《陶庵梦忆·西湖梦寻》，第158页。
63. 张岱：《冷泉亭》，《陶庵梦忆·西湖梦寻》，第186页。
64. 张岱：《岣嵝山房》，《陶庵梦忆·西湖梦寻》，第196页。
65. 张岱：《九溪十八涧》，《陶庵梦忆·西湖梦寻》，第268页。
66. Letter to Theo van Gogh. Arles, Thursday, 9 August 1888. http://vangoghletters.org/vg/, No.658.
67. Alain de Botton, The Art of Travel, Vintage International, 2002, pp.186.
68. 钱锺书：《宋诗选注》，三联书店，2005年，第57—58页。

69. 贡布里希：《艺术与错觉》，第 8 页。
70. 奥斯卡·王尔德：《谎言的衰落》（萧易译），江苏教育出版社，2004 年，第 36—37 页。
71. 张岱：《明圣二湖》，《陶庵梦忆 · 西湖梦寻》，第 149 页。
72. 浦祊：《游明圣湖日记》，收入《武林掌故丛编》第 2 册，第 1010 页。
73. （传）王维：《山水论》，《中国古代画论类编》（俞剑华编），人民美术出版社，1998 年，第 597 页。
74. 郭熙：《林泉高致 · 山水训》，《中国古代画论类编》，第 634 页。
75. 李鼎：《西湖小史》，收入《西湖文献集成》第 3 册，杭州出版社，2004 年，第 1194 页。
76. 史鉴：《西村十记》，收入《武林掌故丛编》第 3 册，第 1597—1598 页。
77. 王士性："游武林湖山六记序"，《明文选》（赵伯陶编），人民文学出版社，2006 年，第 320—325 页。
78. 张岱：《冷泉亭》，《陶庵梦忆 · 西湖梦寻》，第 187 页。
79. 张岱：《西湖七月半》，《陶庵梦忆 · 西湖梦寻》，第 111 页。
80. 张岱：《西溪》，《陶庵梦忆 · 西湖梦寻》，第 269 页。
81. 张岱：《湖心亭》，《陶庵梦忆 · 西湖梦寻》，第 231 页。
82. 张岱：《十锦塘》，《陶庵梦忆 · 西湖梦寻》，第 208 页。
83. 张岱：《西湖七月半》，《陶庵梦忆 · 西湖梦寻》，第 111—112 页。
84. 参见雅各布·布克哈特《意大利文艺复兴时期的文化》第五篇第八章《节日庆典》，商务印书馆，2007 年，第 440—466 页。到了晚明时期，随着商品经济和城市商业化的发展，许多原本庄重严肃的祭祀节日和纪念节日，虽然保留着外表的轮廓，但其根本的精神氛围和意义都发生了极大的演变，欢庆娱乐成了所有节日里基本的内容和目的。比如清明节在张岱散文如《越俗扫墓》《扬州清明》中已俨然转化成了人们举行郊游、欢庆、集市等娱乐活动的一个庆典性节日。进香祈禳本为该节日正典，但在张岱的《西湖香市》一文中却已是演变成出师之名，而其意则实在于列货于市，求得贸易之利。以张岱为代表的晚明文人一方面继续保有文人固有的心态，对西湖的高雅推崇备至，并以此与俗众划清界限；另一方面又秉承"好货好色"的时代风气，肯定世俗的价值和欢乐。参见卢杰：《张岱散文中的日常生活美学思想》，扬州大学硕士论文，2006 年。
85. 原文参见张岱《西湖七月半》，《陶庵梦忆 · 西湖梦寻》，第 111—112 页。
86. 同上注。
87. 李日华：《味水轩日记校注》，第 519 页。
88. 邹迪光：《游吴门诸山记》，《郁仪楼集》卷三十六，收入《四库全书存目丛书》集部第 158 册，齐鲁书社，1997 年，第 711 页。
89. 袁宏道：《西湖二》，《袁宏道集笺校》，第 423—424 页。

90. 皮埃尔·布尔迪厄：《区分：判断力的社会批判》，第 108—114 页。
91. 袁宏道：《湖上杂叙》，《袁宏道集笺校》，第 438 页。
92. 李日华：《味水轩日记校注》，第 381 页。
93. 张岱：《冷泉亭》，《陶庵梦忆·西湖梦寻》，第 187 页。
94. 冒襄：《影梅庵忆语》，如皋冒氏丛书本，第 14 页。
95. 原文可参见冒襄《影梅庵忆语》，收入《闲书四种》（宋凝编著），湖北辞书出版社，1995 年，第 47—48 页。
96. Baxandall, Painting and Experience in Fifteen Century Italy, Oxford University, 1988, pp.34.
97. 张岱：《明圣二湖》，《陶庵梦忆·西湖梦寻》，第 150 页。
98. 张岱：《西湖梦寻自序》，《陶庵梦忆·西湖梦寻》，第 147 页。
99. 范景中：《中华竹韵》第四章“艺术”，中国美术学院出版社，2011 年，第 469 页。
100. 陆云龙等选评，蒋金德点校：《明人小品十六家》下册，浙江古籍出版社，1996 年，第 405 页。
101. 袁宏道：《灵隐》，《袁宏道集笺校》，第 430 页。
102. 张岱：《飞来峰》，《陶庵梦忆·西湖梦寻》，第 183 页。
103. 张岱：《玉泉寺》，《陶庵梦忆·西湖梦寻》，第 180 页。
104. 张岱：《十锦塘》，《陶庵梦忆·西湖梦寻》，第 208 页。
105. 张岱：《补孤山种梅叙》，《陶庵梦忆·西湖梦寻》，第 215—216 页。。
106. 王雨谦：《西湖梦寻序》，《西湖梦寻》，收入《武林掌故丛编》第 3 册，第 1606 页。
107. 见《晋书》卷三十六《张华传》，中华书局，2003 年，第 1070 页。

第三章　风雅典型：汪汝谦的西湖雅事

真正懂得享受生活的人既能在孤独中怡然自得，亦能在热闹里潇洒放纵，张岱就是如此。崇祯五年（1632）那个大雪纷飞的冬夜，他独驾一叶轻舟，往湖心亭看雪，在幽寂中演绎了率性。就在两年之后，崇祯七年（1634）的秋天，张岱又在湖上制造了一次风雅事件，不过这一次的浪漫是在喧嚣中进行的。

这一天，张岱携一帮好友入驻西湖的“不系园”。“不系园”并不是一座园林，而是一条赫赫有名的游舫。“不系园”三字是当时江南的文化名人陈继儒（1558—1639）题写的。据船主人说，此名源自《庄子》中的《列御寇》篇：“巧者劳而知者忧，无能者无所求，饱食而遨游，泛若不系之舟，虚而遨游者也。”之所以要造这么一艘船，大约是想漂荡湖上，获得一种无牵无挂体任自由的生命状态。

当张岱登上“不系园”时，这艘船已经在西湖上行驶了十一个年头了。张岱一行计划乘船去看红叶，到定香桥时，又有八位客人不期而至，他们是：南京曾波臣，东阳赵纯卿，金坛彭天锡，诸暨陈章侯，杭州杨与民、陆九、罗三以及女艺人陈素芝。热情好客的张岱留朋友们在船上宴饮，那是一场别开生面的聚会，张岱这样回忆道：

章侯携缣素为纯卿画古佛，波臣为纯卿写照，杨与民弹三弦子，罗三唱曲，陆九吹箫。与民复出寸许紫檀界尺，据小梧，用北调说《金瓶梅》一剧，使人绝倒。是夜，彭天锡与罗三、与民串本腔戏，妙绝；与楚生、素芝串调腔戏，又复妙绝。章侯唱村落小歌，余取琴和之，牙牙如语。纯卿笑曰："恨弟无一长，以侑兄辈酒。"余曰："唐裴将军旻居丧，请吴道子画天宫壁度亡母。道子曰：'将军为我舞剑一回，庶因猛厉以通幽冥。'旻脱缞衣，缠结，上马驰骤，挥剑入云，高十数丈，若电光下射，执鞘承之，剑透室而入，观者惊栗。道子奋袂如风，画壁立就。章侯为纯卿画佛，而纯卿舞剑，正今日事也。"纯卿跳身起，取其竹节鞭，重三十斤，作胡旋舞数缠，大噱而罢。[1]

图3.1 （明）陈洪绶，《水浒叶子》之"鲁智深"

参加"不系园"上这场聚会的都是当时的艺坛名家，这一晚，他们每个人都露了一手。为赵纯卿画古佛的章侯，即陈洪绶（1599—1652），号老莲，是晚明最伟大的人物画家之一。他与年长自己一岁的张岱自年轻时便往来密切，两人曾在灵隐韬光一带的岣嵝山房结伴读书。[2] 此后又多次把臂同游西湖。陈洪绶的版画代表作《水浒叶子》也是在张岱的敦促下完成的。（图3.1）[3] 陈洪绶的绘画技法十分全面且格调高古，张岱对这位老友评价甚高，说他："笔下奇崛遒劲，直追古人。木石丘壑则李成范宽，花卉翎毛则黄荃崔顺，仙佛鬼怪则石恪龙眠。画虽近人，已享重价。”[4]

图 3.2（明）曾鲸画像，项圣谟补景，《董其昌小像》，上海博物馆藏

为赵纯卿画像的曾鲸（1568—1650）是负有盛名的专业肖像画家。他吸收了西洋画的技法，创造了“墨骨法”，注重立体感，使肖像更趋真实。曾鲸每图一像，必烘染数十层，必欲独具匠心而后止。姜绍书《无声诗史》说他：“磅礴写照，如镜取影，妙得神情，傅色淹润，点睛生动，虽在楮素，盼盼嚬笑，咄咄逼真，虽周昉之貌赵郎，不是过也。若轩冕之英，岩壑之俊，闺房之秀、方外之踪，一经传写，妍媸惟肖，然对面时精心体会，人我都忘。”[5] 他的画广受欢迎，连赫赫有名的鉴赏家也请他写真。崇祯三年（1630）初秋，汪砢玉乘坐书画船到杭州游览，偶然邂逅曾鲸，便立刻与他定下日子，请他画像。[6] 至今我们还能看到许多明末清初的名人，如董其昌（图 3.2）、王时敏、张遂辰（图 3.27）的肖像，都全赖他的妙笔。

陈洪绶、曾鲸两位大画家同时挥毫作画，不过从张岱的描述中我们看不出他们是分别为赵纯卿作画还是两人合作。倘若是合作，则是陈画衣冠景致，曾画容貌，把赵氏装扮成古佛的样子，这种肖像画的形式在当时很常见，北京故宫博物院所藏陈洪绶与肖像画家陈虞胤、弟子严湛合作的《问道图卷》即是如此。

画家忙于作画，名伶们则唱曲助兴。彭天锡与罗三、杨与民演本腔戏。

彭天锡是一位常年出入于缙绅家串戏的职业串客，他有一条重要的职业准则：尊重编剧，从不按自己的意思修改本子。为了筹备演出，他会不计代价，把整个戏班请到自个儿家里排练。每排练一次都要花费十两银子，他也不在乎。彭天锡不断积累演唱剧目，几年下来，他可以在张岱家里唱五六十折戏而不重复。与此同时，彭天锡的演技也臻于化境，尤其擅长演奸雄和丑角：

> 千古之奸雄佞幸，经天锡之心肝而愈狠，借天锡之面目而愈刁，出天锡之口角而愈险。设身处地，恐纣之恶不如是之甚也。皱眉视眼，实实腹中有剑，笑里有刀，鬼气杀机，阴森可畏。盖天锡一肚皮书史，一肚皮山川，一肚皮机械，一肚皮磊砢不平之气，无地发泄，特于是发泄之耳。[7]

这位“实力派”串客的精妙表演令张岱看得如痴如醉，感慨说恨不得用锦缎将他的戏包裹，传之后世。依张峦的看法女伶中唯一能和彭天锡并驾齐驱的大概只有朱楚生了。她精通音律，在演唱动作与咬字发音上相当用心。朱楚生献身戏曲，毕生心血尽集于此。要是师傅指出唱腔口白有何可改进之处，朱楚生非得练到毫无瑕疵才罢休。在张岱看来，“楚生色不甚美，虽绝世佳人无其风韵，楚楚谡谡，其孤意在眉，其深情在睫，其解意在烟视媚行。”[8] 这晚，她和另一位女伶陈素芝与彭天锡搭档演调腔戏，亦是精彩绝伦。

就在张岱写了一篇文章称赞彭天锡，说他唱戏、导戏的功力“妙天下”。各人即兴表演吹拉弹唱之时，赵纯卿对于自己的一无所长深表歉意，他纵身而起，取出足足有三十斤重的竹节鞭子，像跳胡旋舞似的挥舞数遍，直逗得人大笑才作罢。

这一夜，“不系园”中热闹非凡，这大概算得上那个时代最高层次的艺术交流了。“不系园”是晚明杭州名流雅集之所在。当时判断一个人身份、地位、品位如何的一个重要标准，就是看他有没有资格受邀登上这艘船。

这艘船的主人，名叫汪汝谦。

一、风雅典型汪汝谦

（一）侠义的徽商

汪汝谦（1577—1655），字然明。他是徽州一个盐商的儿子，因为挥之不去的“西湖情结”，举家迁居杭州。据《丛睦汪氏遗书》卷一“汪汝谦小传”记载：

> （汪汝谦）号松溪道人，太学生，生于明季，慕西湖之胜，自歙县丛睦迁杭州，遂家钱塘，居缸儿巷，延纳名流，文采照映，董尚书其昌以陈大邛推之。制画舫于西湖，曰不系园，曰随喜龛，其小者曰团瓢，曰观叶，曰雨丝风片。又建白苏阁，葺湖心、放鹤二亭及甘园、水仙、王庙，四方名流至此，必选伎征歌，连宵达旦，即席分韵，墨汁淋漓。或缓急相投，立为排解，故有湖山主人之目。[9]

汪氏与程氏、吴氏、黄氏、胡氏、王氏、李氏、方氏是徽州极具代表性的八大家族。徽人出贾的风气大约始于成化（1465—1487）、弘治（1488—1505）年间。[10] 他们主要依靠经营盐业致富，“新安大贾，鱼盐为业，藏强有至百万者，其他三十万，则中贯耳”[11]。明代整个两淮盐业，几乎都被徽商，特别是徽州歙县商人，所垄断。据万历《歙县志》记载："邑之以盐筴祭酒而甲天下者，初则有黄氏，后则汪氏、吴氏相递而起，皆由数十万，以汰百万者。"[12]“不系园”的主人汪汝谦就是在两浙做生意的徽商。因为“慕西湖之胜”，他携家眷寓居在杭州缸儿巷，取杜甫“春星带草堂”之句，名其居所为“春星堂”。

汪汝谦为人慷慨豪爽，颇有侠义之风。大文人钱谦益与江南名妓柳如是的姻缘便是由他促成的。在为媒人汪汝谦撰写的墓志铭里，钱谦益对他的古道热肠尤为推重。据墓志铭说，汪汝谦有兄弟五人，他排行第四，三岁时就失去父亲，因而比别人早熟。他对母亲十分恭顺，“捧手肃容，视气听声，七十年如一日”；对兄弟姐妹很照顾，“同仁均爱，绝少分甘”；对族人都极尽仁爱帮助之事。但凡他人有难处，他都慨然相助，为人分解。“盖其为人，量博而智渊，几沉而才老，其热肠侠骨，囊括一世之志气，如洑流喷泉，触地涌出。”汪汝谦拥有三教九流众多朋友，“所至公卿虚席，胜流歙集，剡江观潮之客，三竺漉囊之僧，西陵油壁之妓，北里雪衣之女，靡不擎箱捧席，倾囊倒箧。人厌其意，流连而不忍去”[13]。

当然，墓志铭里的好话不可全信，因为在那时候撰写寿文志铭是文人与商人往来的一项重要内容，文人们似乎很乐意将“热肠侠骨”这类的溢美之词奉送给阔绰的商贾。袁中道尖锐地指出：

> 自新安多素封之家，而文藻亦附焉。黄金赍而白璧酬，以乞充于世之文人。世之文人，征其懿美不得，顾指染而颖且为屈，相与貌之曰："某某能为义侠处士之行者也。"[14]

因为找不到真正值得歌颂的品质，只好在慷慨大方这一点上大做文章。这是文人鼓吹商人朋友的一种策略。然而汪汝谦的侠义之风却是大家公认的。[15]年轻时，他常常为朋友一掷千金，赢得了“黄衫豪客”的美誉。汪汝谦不但自己以助人为乐，还将侠义精神作为“家风”建设的重要内容。在次子汪继昌赴粤西任职之际，汪汝谦赋诗赠别，有句云：“每愧人生徒碌碌，还思儿俸分贫族……亲情若得周旋力，尤胜荣华慰我心。”[16]希望儿子以俸禄救济贫族。即便在晚年生计颇为艰难之时，汪汝谦仍然以售田的方式来资助嘉兴的饥寒之客，此仗义之举，非一般富豪商贾所能及。就在他即将离开嘉兴之际，当地著名的女诗人黄媛介嘱咐丈夫杨世功以题有“谁识君家唯仗侠，空囊犹解向人倾”的诗扇相赠。[17]

正因为性格豪爽乐于助人，汪汝谦的结交十分广阔：

> 然明多方，其所与游倒屣之少年、左席之老翁、三辅五陵之豪、喉舌笔札之彦，以至邱园长者，当世大人如云间宗伯、泖上征君，莫不把臂入林，反坫受简。[18]

汪汝谦的朋友圈里什么人都有：有老有少，有江湖豪杰，有文坛才子，有美人名妓，有得道高僧。还有两位鼎鼎有名的文艺界“大咖”，也是他的好友，一位是“云间宗伯”董其昌（字玄宰，号思白、香光居士），另一位是“泖上征君”陈继儒（字仲醇，号眉公，又号麋公）。汪汝谦游踪遍布海内，但与董、陈二人“交欢最笃”[19]

董其昌也是一个“西湖迷”，一生曾十八次到过杭州。[20]董其昌在杭州的交游，主要集中在考中进士、出仕为官之后。此时他的身份和地位已大大提升，地方士绅都乐于与之结交攀好。而且出仕本身也为董其昌提供了大量“宦游”（出公差）的机会。在杭州，董其昌除了游山玩水之外，主要活动是与当地的鉴藏家一同品评书画，冯梦祯、高濂等人都与他保

图 3.3 （明）董其昌等，《聚贤听琴图》，美国明尼亚波利斯艺术馆藏。这幅画展现了董其昌与朋友们雅集聚会的场景。从右往左第一人是董其昌，其身旁的人是陈继儒。

持着密切的联系（图 3.3）。汪汝谦比董其昌小 22 岁，他对前辈礼敬谦恭、鞍前马后，照顾得十分妥帖。董其昌对这个经济实力强、文化素养高的晚辈也颇有好感，称赞他是“西湖寓公，主盟风雅”[21]。汪汝谦的另一条船舫“随喜庵”就是由董其昌命名的。今检《汪氏春星堂诗集》，其中《绮咏》《梦草》《听雪轩》三集卷首均有董其昌的题词或小序。可见董其昌对汪汝谦的文化事业是相当提携的。

董其昌的同乡好友陈继儒（图 3.4）与汪汝谦的交往更多，他的思想对汪汝谦也产生了较大的影响。陈继儒一向以山居生活示人，被时人誉为“山中宰相”，堪比南朝梁弘景、唐代李泌。钱谦益夸赞陈继儒：“声华浮动，享高名食清福，古称通隐，庶几近之。”[22] 陈继儒是汪汝谦的座上宾。每次陈继儒来杭州，两人常常会连续几日在“不系园”和“随喜庵”两条舟舫上饮宴交际。[23] 除了酒席间的觥筹交错之外，陈继儒还很关心汪汝谦的文学事业发展。他亲自勘定编辑了《汪氏春星堂诗集》中的《绮咏》与《绮咏序集》。[24] 汪汝谦对陈继儒也很用心：陈继儒生病，他邀上女诗人王微一同去东佘山探望[25]；陈继儒过七十大寿，他专门请女画家杨云友画了一幅画作为寿礼[26]；就在陈继儒临终前一年，汪汝谦再次来到东佘山的顽仙庐，与陈继儒畅谈人世变迁，并出示诗集《游草》请他指正。[27]

图 3.4 （清）徐璋，《邦彦画像》之陈继儒，南京博物院藏

除了董其昌、陈继儒之外，与汪汝谦有交往的文人还有钱谦益、黄汝亨、张遂辰、王思任、冯云将、葛征奇、周栎园、李渔、杨龙友等，个个都是明末清初文化艺术领域的大腕级人物。作为一个做生意的富商，汪汝谦为什么要极力结交文人士大夫呢？其实，“贾而好儒”的徽商与文人雅士结交是当时的一个普遍现象。有一回，苏州文人王世贞和安徽休宁文人詹景凤在南京瓦官寺相遇，两人就聊起了这一现象。王世贞吐槽：你们安徽的商人一见到咱们苏州的文人，就忙不迭地示好攀附，就像苍蝇见着散发膻气的肉，嗡嗡聚拢。詹景凤毫不客气地回答，说你们苏州文人见着我们安徽的商人，不也一个劲儿地巴结热络吗，“亦如蝇聚一膻”。王世贞听了这话，“笑而不语”[28]。王、詹二人的这番对话虽然有些尖刻，却道出了商人与文士之间密切交往乃至相互利用的事实。在这双赢的社会游戏中，文士以商人为经济后盾，获得了维持风雅生活所需的物质资本；商人们也可以通过文士们的肯定，获得精神上的满足和社会地位的提升。况且徽州地区向来有“重儒”的传统，许多商人在经商之余留心经史诗赋，保持着文人的风调。[29]汪汝谦算得上是崇尚文化的徽商典型，他凭借富有的资财，在西湖构建了多个画舫，以此延揽文士，交接名流：

四方客至，辄命弹丝奏肉、拈韵阄题。然明之诗，往往从虎穴龙颔得来，敏妙风流，嫂娟宛娈，醉书白练，度曲红绡。久则团扇锦瑟之旁，邮壁旗亭之外，莫不抄写讴吟，播在人听，然明亦足以豪矣。[30]

汪汝谦掌握了与文人交往的重要语言工具——诗歌。倪匡世认为他的诗“古体奔轶豪放，无百炼千锤之迹；近体疏隽逌逸，有一唱三叹之风。初盛典型，于兹不坠”[31]。这样的评价未免过高，汪汝谦的诗歌大都是记述西湖风雅生活的即兴之作，并无多少深刻意蕴。然而作为一名商人，汪汝谦不仅与文士名姝往来密切，而且自己也能吟咏酬唱，比起胸无点墨却附庸风雅的商贾还是高明了许多。

汪汝谦还是一位富有的艺术赞助人，在杭州，任何需要引荐和金钱的人都会去拜访他，画家曾鲸、谢彬、陈洪绶、蓝瑛、邹之麟，戏曲家潘之恒、苏昆生、黄问琴，制墨家吴去尘都是他的朋友。而晚明最具公众活动性的女性——名妓和职业艺术家——也都以汪汝谦为中心，在西湖上缔结了充满传奇色彩的友情纽带。一方面，他以自己的财富为她们提供栖身之所以及与文士们交往的便利条件；另一方面，他通过广布的关系网促进了这些女性之间的交流与互动。他曾将女画家杨云友的画作带给柳如是，问其索要评论；同样，在他与柳如是之间的书信雕版开刻前，汪汝谦将它们送到了福建籍女画家林天素的手中，请她作序。没有这样一位男性中介，旅居女性的家外式社团是根本不可能维系的。[32]

（二）“风雅典型”

汪汝谦具体经营什么产业、又是如何经商致富的，这些内容在他的小传和墓志铭里只字未提。不断被强调和渲染的除了他侠士风范之外就是他的风雅浪漫。他沉迷于士绅富裕的乐趣中：参与公共园林的建设，设计舟舫，收集精美的艺术品和古玩，捐助戏班——这一切都是最高级的文人雅士所特有的习惯和癖好。清朝定鼎中原的重臣、汪汝谦次子汪继昌的上司洪承畴（1593—1665）曾特意制作了题有“风雅典型”四字的匾额，赠予这位西湖艺术文化沙龙的盟主。[33] 陈继儒这样评价汪汝谦：

> 吾友汪汝谦，陆机所谓豪士，伶元所谓慧男子也。每笑素封都君，筑铜陵，拥金穴，水种千石鱼，泽量千足彘，岁收千亩黍千瓮酒，此白痴小儿豪举耳，曾得邀名姝一笑，名流一盼乎？[34]

在陈继儒看来，汪汝谦与那些“穷得只剩下钱”的庸俗商人不同，他之所以能得到名姝名流的青睐，不在于物质财富的占有，而在于拥有丰富的文化资本。在晚明的社会文化情境下，一个人倘若不懂得经营风雅生活，哪怕富可敌国也休想得到佳人的芳心或名流的垂青。这便印证了《丹午笔记》中的一则趣谈：江南名妓蒋四娘，嫁给状元吕苍臣后，随夫上京。虽然已华丽转型为“官太太”，蒋四娘对“富贵”生活却严重不适应，最终返归江南，重操旧业。这一人生选择在旁人看来几近于“自甘堕落”，但这位名妓却自有道理：

> 人言嫁逐鸡犬，不如得富贵婿。吾谓不然，譬之置铜山宝林于前，与之齐眉举案；悬玉带金鱼于侧，与之比肩偕老。既乏风流之趣，又鲜宴笑之欢，则富贵婿犹鸡犬也，又何恋乎？尝忆从吕君于都下，泉石莫由怡目，丝竹无以娱心。每当深闺昼掩，长日如年。玉宇无尘，凉蟾夜回。徒倚曲阑之间，怅望空庭之内，寂寂跫音，忽焉肠断。此时若有一二才鬼从空而降，亦拥之为无价宝矣。人寿几何？难逢仙耦。非脱此苦海，今日

图 3.5 《玉兔牡丹图》（普林斯顿大学美术馆藏）展现了理想婚姻的状态。一对情侣坐在春日的庭院中，男子捧着一本书，正在诵读。女子一手支颐，倚在装饰着流苏的古琴上，正在倾听情郎的吟诵。她的嘴角带着一抹会心的微笑，似乎与男子心意相通。

安得与君坐对哉？[35]

生活形态的差异导致了这段“才子佳人”婚姻的失败。蒋四娘认为吕家的生活固然富贵，但“既乏风流之趣，又鲜宴笑之欢”，吕状元本人又无意于泉石丝竹之乐，毫无生活情趣。他考试做官的能力或算得上一流，但经营生活的能力却大不合格。按照蒋四娘的文化标准，吕状元的荣华富贵与一般市井小民的庸俗生活无甚差异——“富贵婿犹鸡犬也”。那么，究竟怎样才算是具有“风流之趣”的生活状态呢？汪汝谦与名妓张宛仙的一段交往为我们提供了答案（图 3.5）。

云间女子张宛，字小青，因遭遇恶人迫害，前往杭州投奔汪汝谦。根据汪汝谦在《梦香楼集》中的描绘，宛仙的美如同董其昌的书法、倪瓒的山水画，有一种孤高澹远的意态。她不慕富贵，不贪荣华，婉转谢绝了达官显贵的垂青。[36] 面对如此品格不俗的女子，汪汝谦不仅为她化解了困难，还设清供让其下榻：

予家藏有紫檀床，沙小泉良工所制，汉玉鸳鸯枕，绿伽南香山，嘉文锦席，皆清供几榻之具，未遇可当赏者。六月十九宛仙过予朱萼堂，因铺设以待。其日酷暑熏蒸，香山与兰花芬馥，宛仙神情若倦，因试枕之，不觉熟睡。予启北窗，绿阴笼榻，香风袭人，观其艳态，真海棠睡未足也。[37]

图 3.6　香山，即以天然香料雕成的山峰，被安放在起居室里，可以起到芳香空气的作用。图为法门寺出土的唐代描金檀香山残段。

檀床、玉枕、文席、香山（图 3.6），整个空间布置体现出主人优雅的生活品位。除此之外，朱萼堂中还有“琴尊书画，雅集名流”。当宛仙困倦小寐时，汪汝谦特意请来曾鲸的高足谢彬为其绘制《海棠睡未足》图，并且以诗纪事（图 3.7）。这桩风流之事为文士们知道后，又纷纷咏诗赞赏，和者盈帙。汪汝谦将这些诗结集刊刻，命名为《梦香楼集》，此集刊成之际（1655 年春），汪汝谦已是高龄，当年七月，他就撒手人寰了。尽管已经年迈，他的风情却不减当年。

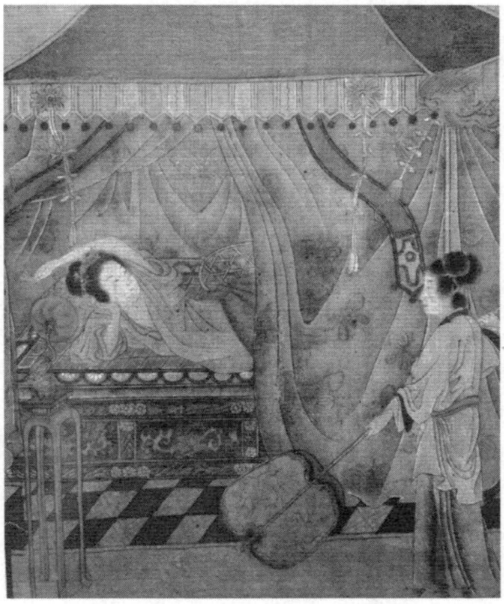
图 3.7　张宛仙的画像未能流传下来。晚明的这幅《美人春睡图》（加州伯克利大学美术博物馆藏）可以帮助我们想象宛仙闺房的布置，以及她缱绻卧榻的动人姿态。

静态的空间布置与动态的文化活动，构筑了一套真正优雅的生活形态。汪汝谦深谙此种趣味，“以文士而具侠肠，畸人而兼韵事”[38]，因此他不仅受到文人士大夫的推重，也得到了诸如张宛仙这样的名姝们的青睐：

又有二三女校书如修微、天素，才类转丸，笔能扛鼎，清言无对，诗画绝伦，常使高才撤翰意销，游冶望崖而返，顾独推毂然明，与时论同出一口。譬如阖闾百八十宠姬，娴习孙武子军令，前后左右悉中规矩，无敢出声，非然明侠骨绮心何以至此？[39]

王微（字修微）、林雪（字天素）都是冰雪聪明、才貌双全的女子。她们心高气傲，普通男子根本不可能走进她们的生活。可是汪汝谦却赢得了她们无限的信任、依赖和敬重，原因就在于他的“侠骨”与“绮心”。一个既愿意为你一掷千金，又懂生活讲品位有情趣的男人，怎么可能不令女人为之倾心呢？

倘若将关注的视野放大，就不难发现：无论是蒋四娘的理想生活形态，还是汪汝谦的风雅韵事，都不只是他们个人的匠心独运，而是晚明士人所特有的生活趣味的反映。文人士绅们力图把生活中的每一个细节都加以艺术化的处理，在日常活动中营造出与众不同的风格。他们不愿无为地坐任文化自动开展，而要孜孜矻矻地努力建构，在建构中呈现出与其自身文化修养对应的情趣和胸怀，以及一种享受人生的文化气质和处世态度。汪汝谦就是这种风雅生活的典型，钱谦益认为他的才干不仅体现在诗书、金石、戏曲等活动中，也显露于欢宴、空间设计以及饮食日用之上：

> 其心计指画、牢笼干办之器用，如白地光明之锦，裁为襦裤，罄无不宜。其精者，钩探风雅，摹拓书法，编次金石，忖度律吕，虽专门内谱不能与之争能。其粗者，用以点缀名胜，摒挡宴集，舫斋静深，肴蔌精旨，杖函履屐，咸得位置。[40]

值得注意的是，钱谦益在此将对金石、书法、音乐的鉴赏与园林、文酒、舫斋甚至居室空间中一几一石的摆置相提并论。这些活动相互关联，构成了整体闲雅文化的一部分。汪汝谦是一个商人，但他的生活却逸脱于世俗的名利经营。藉诸玩好之物的品评赏玩、诗词的吟咏讽诵、空间的布置安排，汪汝谦构筑了一个兼具知性与美感的生活世界。在这个世界里，财富可以这样的文静而充满喜气。

二、“不系园”与“随喜庵”[41]

（一）蜻蛉与楼船

崇祯十二年（1639）的春天，江南名妓柳如是来到了西子湖，借住在汪汝谦西溪的横山别墅。雨下了足足五天之后，天终于放晴了。柳如是写信向汪汝谦借舫：

> 早来佳丽若此，又读先生大章，觉五夜风雨凄然者，正不关风物也。羁红恨碧，使人益不胜情耳。少顷，当成一诗呈教。明日欲借尊舫，一向西泠两峰。馀俱心感[42]。

汪汝谦拥有好几艘游船，分为大小两种。其大者“曰不系园，曰随喜庵”，其小者“曰团瓢，曰观叶，曰雨丝风片”[43]。柳如是所要借的应当是团瓢、观叶、雨丝风片之类的小型游舫（图 3.8）。那时候，西溪与西湖水路相通，可以从那里一直划船到南北二峰。

晚明的西湖是一个舟船的世界：湖中之舟，鳞鳞如鲫，曷啻数百，舟楫之美，甲于江南。泛舟置酒湖上是当时文人雅士的旅游风尚。万历四十七年（1619）的秋天，谭元春（1586—1637）来到西湖，他不寓楼阁，不舍庵刹，而是以琴尊书札，托一叶小舟。他认为住在船上有五大好处：

图 3.8 （明）柳如是，《人物山水册》之一，美国弗利尔美术馆藏。图中人物乘坐的就是小型舟舫。

舟人无酬答，一善也。昏晓不爽其候，二善也。访客登山，恣意所如，三善也。入断桥，出西泠，午眠夕兴，四善也。残客可避，时时移棹，五善也。挟此五善，以长于湖。僧上凫下，觞止茗生，篙楫因风，渔筊聚火。盖以朝山夕水，临涧对松，岸柳池莲，藏身接友，早放孤山，晚依宝石，足了吾生，足济吾事矣。[44]

不必应酬，早晚的风光都不会错过，无论访客或是登山都可以任意而往，午眠夕兴也是遂人所愿，不想见的客人就可以移棹躲避，有了这五种好处，自然可以在西湖久居。拥有一艘这样的舟舫几乎成为所有文人的梦想。有一些文人财力匮乏，无力独自置办船只，便求助于“纠会”这一民间信用互助方式：由发起者纠集十个人，约定每人每年出钱十千，轮流由一人总得。首次由发起者先得，以下依不同方式决定得钱次序。这样十年之后，每人就都可以拥有一条船了。[45]

当时西湖上常见的舟舫大致分为一“小”一“大”两种形制。文人韵士们偏爱小型舟舫，因为其轻巧便利可以自由穿梭于诸桥之下。但是由于受到体量的限制，小舟上无法进行其他休闲活动，也不能做长时间的居留，于是就出现了楼船。张岱的父亲就构筑了这样一艘兼具“楼”与“船”双重功能的交通工具，“造楼，船之；造船，楼之。故里中人谓‘船楼’，谓‘楼船’，颠倒之不置”[46]。汪汝谦的弟弟汪季元也打造了一条楼船，名曰“洗妆台”，玲珑宏敞，“每隔堤移岸，鳞鳞如朱甍出春树间”[47]。这样的楼船台榭皆备，可以宾主欢宴，可以歌舞鼓吹，可以登台远眺，可以栖息逗留（图 3.9）。尽管如此，汪汝谦却敏锐地觉察到大型楼船在提供审美情趣方面有所欠缺：

非不与群峰台榭相掩映，而往往别渚幽汀，多为双桥压水，锁之不得入，若孤山法埠，当梅花撩月，莲唱迎风，令人怅望，盈盈如此衣带。何故高韵之士又驾一蜻蛉出没如飞，骄笑万斛舟，为官为估，徒豪举耳。[48]

图3.9　富商们打造的豪奢楼船(《洛神赋图》局部，北京故宫博物院藏)

由于体量大，楼船的活动空间受限于外湖，到不了别渚幽汀、孤山法埠，领略不到清幽的趣味。这些差异又因为“高韵之士又驾一蜻蛉出没如飞”的举动和“骄笑万斛舟”的嘲弄而分明了起来：出没如飞的小艇反衬出楼船移动的局限，高韵之士对照出官宦商贾审美品位的低俗。

在晚明士人的眼中，舟舫绝不是单纯的水上交通工具，它昭示着主人的身份与阶级：精丽楼船是官商豪奢的标志，云水一舸则成为萧瑟雅士的象征。豪奢的楼船令文士们鄙夷不屑，文震亨干脆直以“俗”字称之。[49] 作为“反楼船派”的文人代表，闻启祥发表了他的“三不”宣言：

第一，船不必大。杜甫诗云:“野航恰受两三人。”略加开拓，容纳五六个人，也就足够了；

第二，船不必华丽。可以根据白居易的诗句：“细篷青篾织鱼鳞”来打造，再参考一下陈继儒小船中的陈设“朱栏碧幄，明棂短帆，舟中杂置图书鼎彝，酒浆荈脯”，也就足够华丽了；

第三，船尤其不必高。西湖之妙，妙于里湖。正如美人之有寝帏，神仙之有别馆。窈窕深靓，难以形容。谭元春写有一篇《湖中复有湖》的文章，真是深得里湖的趣味。现在人们在船上筑楼，这种楼船体量过大，断桥以北，六桥以西，根本无法前往，使得里湖杳如桃源，此何理哉？陆游有诗云："船设低蓬学钓徒。"却嫌太低。只要使俯仰笑谈时冠缨无碍也就足够大了。[50]

舟不必大，不必华，尤其不必高。这样一来，蜻蛉与楼船几乎要站到对立面了。"小舠恰受，未纾容与之怀；巨舰高张，有碍幽遐之讨"[51]，形制的差异和各自用途的局限倒还在其次，关键是雅与俗的品位分别。要大船还是要小艇，这成为每个打算在西湖造船的人不得不面对的选择。

汪汝谦对这个问题的看法倒颇为通达，他说：陆路游览应当因地制宜选用交通工具，游览南北两峰就乘坐篮舆，六桥赏景则骑上紫骝马，各有各的情趣。水路游览也应如此，"如柳塘花屿，锦缆徐牵；凉雨微波，一苇径渡。轻桡短楫，潭月涵秋；朱栏绮疏，寒沙映雪；别有兴寄，正自不同"。舟舫大小不重要，适合的才是最好的。[52] 汪汝谦有心将小舟的轻便与楼船的宏敞相结合，超越各自的局限。"不系园"和"随喜庵"就是这一改良试验的折中产物。

（二）改造楼船

天启三年（1623）仲夏，汪汝谦为湖畔名妓杨慧林修筑净室，其间偶然得到一棵木兰树，于是斫而为舟，用了四个月的时间打造了一艘特殊的楼船。在《不系园记》中他详细说明了对楼船规制加以改革的具体设计创意：

（舟）计长六丈二尺，广五之一。入门数武，堪贮百壶；次进方丈，足布两席；曲藏斗室，可供卧吟；侧掩壁橱，俾收醉墨。出转为廊，廊升为台，台上张幔，花辰月夕，如乘彩霞而登碧落；

> 若遇惊飙蹴浪，欹树平桥，则卸栏卷幔，犹然一蜻蜓艇耳。中置家童二三，擅红牙者俾佐黄头，以司茶酒，客来斯舟，可以御风，可以永夕，追远先辈之风流，近寓太平之清赏。陈眉公先生题曰“不系园”。[53]

汪汝谦主要从三方面对楼船进行了改建：

一是削减了楼船的体量。船身长度为六丈二尺，而宽度缩短为长度的五分之一。同时他还将楼改造为台，降低了船的高度。通过合理的布局安排，单层空间得到了充分利用，有方丈之地可以布置两席，有斗室可供吟卧，有壁橱可以放文具，有空地可以贮酒百壶，有回廊可以登台，台上通过置栏张幔，又创造出一个可运用的空间。

二是将原先固定的实楼改为活动的装设。楼船可以登高远眺，但也因为高度的原因，不能进入里湖，与断桥以北、六桥以西的风光无缘。汪汝谦巧妙地以露台取代了实楼，也可以灵活装卸的栏杆与帷幔取代了固定的墙壁与轩槛，这样一来，安装就可以登台眺望，拆除就可以自由地穿梭于桥拱之下。

三是借助不同材质的搭配创造出别致的审美感受。栏杆与帷幔的配合，便于收卷与张设，布料的材质与花色的选用，丰富了视觉、触觉的感受，营造出一种轻盈、梦幻的氛围。正如张遂辰在《登不系园作》中所云：“两堤多少画楼船，谁似新裁最可怜。十幅碧纱烟雾里，一痕轻叶水风前。”[54]

改制后的楼船瘦狭如梭。通过减轻体量，克服了大楼船的限制，可以较为灵活地行动，从而开拓了游湖的空间。然而与小艇相比较，它又保留了室内空间，可以会友居停，享受在湖上的娱乐活动。不系园落成之时，汪汝谦作诗二首抒发得意之情：

湖光二月漾清晖，轻舫新成傍钓矶。有水有山情不系，非园非圃惰忘归。娟娟夜月横琴榻，采采朝云出舞衣。长笛一声如裂石，满滩鸥鹭莫惊飞。

碧沙流影敞玲珑，疑是珠光弄镜中。棹拨春波还带藻。幔垂朝日转怜风。但看一叶低青雀，不碍双桥落彩虹。到处吾园无住著，歌声只在水西东。[55]

“到处吾园无住著”点明了不系园不拘于主水区，可以随意移动的特点。“一叶低青雀”的描绘十分形象，但未免有些夸张。与扁舟小艇相比，不系园仍然显得笨拙，无论如何瘦身，它也无法穿过苏堤六桥，领略里湖的幽趣。所谓的“不碍双桥落彩虹”主要是强调它突破了白堤的封锁，得以亲近孤山、北里湖，享受“歌声只在水西东”的自由和欢乐。

改建后的汪氏舟舫超越了楼船的限定，获得了更自由的观赏视点与路径，从而能体会到更加丰富的景致变化。汪汝谦以台代楼，循廊上下欣赏，视野有所不同：楼下坐卧则由舫窗观景，体验遮蔽中的敞开；台上登临则有帷幔掩映，感受敞开中的遮蔽。两者参差交错，创造了一种变化、综合的观景方式。此外，舫窗的设计与园林窗牖的功能相似，可以对窗外景物进行裁剪和艺术组合。随着船的移动，窗景就如同一幅缓缓展开的长卷，不断改变着画面的内容。程嶔的《题不系园》即从此意着眼：

湖山到处一图悬，卜筑犹嫌选胜偏。看遍好花疑缩地，坐深瀫月似移天。风波欲定捐苛礼，景物都忘结净缘。独有鹭鸥通此意，莲开桂落自悠然。[56]

选胜构园只能偏取一地，而坐在舟舫中却可以借助窗景的变化，看遍好花，坐深瀫月，将湖山胜景揽入胸怀。

就在不系园落成五年之后，汪汝谦又在它的基础上进行了改良，建造了另一艘楼船——“随喜庵”。他并未透露改造的具体细节，只说：“嗣后复作楼船，董玄宰宗伯颜曰‘随喜庵’。规制叠更，台阁窈窕，来吾庵者，定作随喜想。”[57] 由“规制叠更，台阁窈窕”可以推断随喜庵的改良之处主要在于楼层的变化：不系园只有露台，是靠环起的布幔制造出私密空间；随喜庵则有台有阁，而且形制更为精巧。这种改良的样式，迅速在西湖上流行起来，引起他人的纷纷仿效。[58] 汪汝谦的空间设计才华也得到了时人的称赞。[59]

汪汝谦对设计船只的兴趣，与当时士大夫造园、制器的兴趣，可以在同一视野中观看。在此类活动中，他们都显示出了设计所需要的空间想象力。在世俗生活中开辟一个非世俗的空间是当时文人生活的理想，他们致力于营造一种优雅的生活情境，可以在其中优游岁月，挥洒闲情。舟舫，不仅是旅行生活中的一种交通工具，更是一个从纷扰红尘中隐退的据点，是文人士大夫们将闲情逸致转化为美感世界的起点。汪汝谦在《作不系园》诗中就指明了营造舟舫这一空间的意义：

> 年来寄迹在湖山，野衲名流日往还。弦管有时频共载，春风何处不开颜。情痴半向花前醉，懒癖应知悟后闲。种种尘缘都谢却，老耽一舸云水间。[60]

汪汝谦的好友陈继儒所描绘的山居舟游的意境恰好可作为这首小诗的注解：

住山须一小舟，朱栏碧幄，明棂短帆，舟中杂置图史鼎彝，酒浆荈脯。近则峰泖而止，远则北至京口，南至钱塘而止。风利道便，移访故人，有见留者，不妨一夜话、十日饮。遇佳山水处，或高僧野人之庐，竹树蒙葺，草花映带，幅巾杖履，相对夷然。至于风光淡爽，水月空清，铁笛一声，素鸥欲舞，斯亦避喧谢客之一策！[61]

在汪、陈两人看来，建造舟舫的目的不仅在于交通运输的便利，更是为了营造一个可以与高僧名士交往的场所，一个可以领略管弦之美、欣赏灿烂风景的空间，一个可以放任懒癖、谢绝尘缘的退隐之地，一个可以寄托、安置个人情感的所在。

值得注意的是，汪汝谦在诗中称“懒癖应知悟后闲”。明明是个事业成功的商人，是个乐此不疲改造楼船的设计师，他为什么要标榜自己的“懒癖”呢？在西方基督教文化中，懒惰是“七宗罪”之一，我们难以想象一个新教徒资本家会说自己有“懒癖”。然而，在中国的传统文化中，懒惰却是“名士风范”的一种体现，代表了一种睥睨世俗的生命真性情。魏晋名士嵇康（224—263）就是个懒惰之人。在给山涛的绝交信中，嵇康称自己“性复疏懒，筋驽肉缓”，常常一个月或半个月不洗头洗脸，如果不感到发闷发痒到难以忍受的地步，绝对不洗澡。甚至懒到憋小便，往往憋到膀

图 3.10 《竹林七贤荣启期画像砖》中的“嵇康”，南京博物院藏

胱快胀裂了，才起身如厕。他还“自黑”说身上虱子多，爱睡懒觉，连坐也懒得坐端正，喜欢四仰八叉、随地而卧。“又纵逸来久，情意傲散，简与礼相背，懒与慢相成，而为侪类见宽，不攻其过。”[62]稽康如此宣扬自己的懒惰散漫，意在与礼法抗衡，表达对窃权却高举礼教大旗的司马氏的不满。“懒”是个幌子，是嵇康保持天真、拒不出仕的凭借（图 3.10）。

图 3.11　李流芳印章“懒癖”

到了晚明，以“懒”自命，更是成为文人的一种普遍时尚：李日华以“竹懒”为号，徐渭称自己“贱而懒且直”[63]，袁宏道在给友人的书信中说“弟此一条懒筋真难拔”[64]，李流芳则为自己刻了一枚“懒癖”的闲章（图 3.11）。程羽文在《清闲供》中列举了晚明文人的六大病态习性，而懒便是其中之一：

> 三曰懒：蓬头对客，跣足为宾。坐四座而无言，睡三竿而未起。行或曳杖，居必闭门。病可原也。[65]

除了懒之外，癖、狂、痴、拙、傲也是当时文人常见的习性。在晚明文人看来，这些习性非但不是可耻的缺点，而且还成为个性魅力的象征。他们甚至通过自曝其短的方式来显示自己对生命的真诚与热情。懒，是病，亦是癖。也许生命之美就在病处，性情之真就在癖处。张大复提出：“木之有瘿，石之有鸲鹆眼，皆病也。然是二物者，卒以此见贵于世。非世人之贵病也，病则奇，奇则至，至则传。”[66]这种以病为贵，以奇为贵的审美态度在晚明士人中十分普遍，他们认为那些有嗜好怪癖的人，才是真正销尽名利声色之心的高士。由此可见，汪汝谦所标榜的“懒癖”，并不仅是个人偏好的倾向［propensity］，而是一种由文化所培育出的标示社会阶级的习癖［habitus］。当嗜癖成为一种受到普遍认可乃至歆慕的品质，人们自然乐意与具有这种品性的人结交，张大复便说："天下之病者少而不病者多，多者吾不能与为友，将从其少者观之。"[67] 因此，称自己狂傲的人往往从者如流，说自己懒惰的人常常忙于雅集酬客。汪汝谦的"懒癖"并没有令他过上与世隔绝的寂寞生活，相反，他的身边总是宾客云集，但凡到西湖旅游的文人雅士莫不以登上汪氏舟舫为荣。

（三）不系园的约款

就在不系园落成的那个春天，汪汝谦请来友人黄汝亨为这艘舟舫立下规约。黄汝亨，字贞父，号寓庸，仁和（今浙江杭州）人，他是一位兼具出色的处理实际事务的才干和风雅的情怀的文人官员。在从仕途引退之后，黄汝亨结庐南屏，和当时许多崇尚清闲隐逸生活的文士一样，他为自己营造了一个独特的空间。他居住的地方名叫奔云石："石如滇茶一朵，风雨落之，半人泥土，花瓣棱棱，三四层折。人走其中，如蝶人花心，无须不缀也。"[68]

能请这样一位深负雅望的高士为不系园定约，无疑可以为这艘画舫增添风雅的趣味。这份约定包括十二宜九忌，具体内容如下：

> 友人汪汝谦，家不素封，习非矜艳，惟是耽山水之真契，属云天之高情。两峰六桥，四时为政，或携蜡屐，或放扁舟。而以舟制递更，罕兼胜具：小舠恰受，未纾容与之怀；巨舰高张，有碍幽遐之讨。乃缘心匠，指受良工，长仅十寻，横几九尺。可坐可卧，任锦缆以徐牵；以遨以游，依林屿而放泊。风流共

赏，主客齐欢。然而，雅不谋俗，俗亦败人。倘不似林宗之扫除，将无同公荣之饮酒。敢陈约法，庶惬同心，代为函谷之封，无致虚舟之触。

约款：

十二宜：名流、高僧、知己、美人、妙香、洞箫、琴、清歌、名茶、名酒、肴核不逾五簋、却驺从。

九忌：杀生、杂宾、作势轩冕、苛礼、童仆林立、俳优作剧、鼓吹喧阗、强借、久借。

右十二宜，素心人共之，即非生平，自合投分；九忌则主人不敢言，大雅君子谅有同然，不佞饶舌矣。[69]

十二宜是正面的表述。名流、高僧、知己、美人四者，是可以参与宴集或出借此舟的对象。

名流：

名流中既包括陈继儒、钱谦益、黄汝亨、蓝瑛、邹之麟、张岱、陈洪绶、曾鲸等文人雅士，也包括朱之俊、曹安祖、吴迪庵、韩敬、王文企等官员。他们有的是汪汝谦的至契好友，有的却与他素不相识，大概是托人引荐来向汪汝谦借船的。王文企太史便是有趣的一例。他来到西湖，借住在“不系园”中，但自始至终未与汪汝谦见面。临去时，王太史并没有挥挥衣袖，一走了之，而是写了首诗送给汪汝谦：

不系名倾西子湖，相逢尽把主人呼。停舟问水经旬日，可有东君会也无。[70]

图 3.12 巴黎本《湖山胜概》插图局部，文人与和尚结伴看日出

诗末没有署名，但书“慵庵史氏”。王大人恐怕并非要刻意掩盖自己的身份，而是想传达一种从世俗事务中抽离出来的闲散心境，“慵庵”二字的内涵与“不系园”也十分吻合。汪汝谦收到王太史的诗作后，和诗云：

年来萧索寄西湖，只有鸥群狎可呼。客至任教频下榻，多君题壁姓名无。云集园亭客满湖，星占太史喜相呼。漫从桂楫多踪迹，莫向烟波说有无。[71]

汪汝谦对于借船者的姓名和官职了解得一清二楚，却还给王大人点赞，说他题诗却不留姓名，此举堪称西湖佳话。宾主之间虽不谋面，却自有一种默契。“不系园”欢迎名流的登临，他们增进了舟舫以及舟舫主人的社会知名度。而到西湖旅游的精英人士也乐意于出现在汪汝谦的画舫中，因为这个空间本身就代表了一种社会地位和文化品位。出现在“不系园”里，在“不系园”里被人看见，都是很有面子的事。

高僧：

“不系园”和“随喜庵”的客人中还有不少僧侣，包括释如觉、释如晓、僧镜、自度和尚等。与僧侣交游在当时乃是一桩风雅之事，李鼎便说：“友之有僧，如花中之竹，羽中之鹤，气韵别是一种。箨冠棕履，最宜净侣同行。”[72] 晚明旅游书籍《湖山胜概》的插图中就出现了多处文人与僧人一同游山玩水的情景（图 3.12）。晚明士大夫对佛教事务充满兴趣，好作寺观之游。而当时的佛门中人也积极学习诗文、书法和绘画等技能，利用这些技能作为与士大夫们交往的津梁。《湖山胜概》的诗词作者之一明纲（字宗朗）就是一个能诗善书的僧人（图 1.23）。清人张大镛在《自怡悦斋书画录》中记录了明纲创作的两幅书法作品，并这样描述明纲的书风："笔法遒健，颇有台阁气象，不类僧家书。"[73] 明纲不仅擅长书法，还是一名热衷书画古玩的收藏家。李日华曾到西湖畔的菩提寺拜访明纲，索观其收藏的艺术品。明纲藏品的质量之高令人惊叹：宋拓本碑帖，王羲之、米芾的书法，马远、倪瓒的绘画以及其他珍贵的文玩古董都囊括其中。[74]

像明纲这样的僧人努力掌握文人士绅的艺术修养，不再踏踏实实专注于宗教修行的训练，这引起了莲池大师袾宏（1535—1615）的不满。他指出当时的僧人有"僧务外学"的倾向，他们不再以学习佛家内典为荣，而是热衷于与文人士大夫交往，学习儒家经典，并赋习诗文。他在《竹窗随笔》中多次对这一现象提出批评，如"僧习"条云：

> 末法僧有习书、习诗、习尺牍语，而是三者，皆士大夫所有事，士大夫舍之不习而习禅，僧顾攻其所舍，而于己分上一大事因缘置之度外，何颠倒乃尔！[75]

文人士大夫热衷修禅，而僧人却舍弃了修行的根本，去钻研儒士应当钻研的技术：学书法、学诗歌、学写信交际，这简直是专业颠倒。然而，莲池大师苦口婆心的劝说抵不过时尚潮流的冲击。文人与僧侣之间交流频繁，彼此间的影响也越来越大。说到底，这是一种互相利用的关系："士大夫不与诗僧游，则其为士大夫不雅。士大夫利与僧游，以成其为雅，而僧之为诗者，得操其权，以要取士大夫。"[76] 不与僧人同游的士大夫就算不得高雅的士大夫；不会写诗的僧人就无法取得士大夫的青睐，也就无法从士大夫那里获取对己有利的资源。

图3.13 （南唐）顾闳中，《韩熙载夜宴图》（局部），北京故宫博物院藏

还有一些僧人，出家前就是文人；出家后，仍旧摆出名士的派头。汪汝谦的一位堂弟就是如此。他在剃度出家后仍与世俗保持着密切的联系，不但与姬妾儿女在富春江畔会面，还常常邀友人去自己的馆舍中下棋听琴。[77] 另一个著名的例子是禅师雪浪洪恩。雪浪出生金陵名家，敏慧能诗，博通梵夹，长得颀伟英俊，口才一流。他性情佻达，不拘小节，常与文人朋友一同去狎妓、观戏。当时有个颇有艳名的妓女寇四儿，常具伊蒲之馔，邀雪浪前往，雪浪也不拒绝。他出门时常带着数位美女侍从，这些女子"皆韶年丽质，被服纨绮，即衵衣亦必红紫，几同烟粉之饰"。文人沈德符看到后，甚为疑惑，便向他的同乡长辈、生活在西湖畔的崇佛名士冯梦祯请教，说一个和尚天天和女人泡在一起，难道不违反佛门戒律吗？冯梦祯笑着为雪浪开脱："正如吾辈蓄十数婢妾，他日何害生西方登正觉耶！"我们不也都姬妾成群？只要内心向佛，百年之后一样可登上西方净土。[78]

冯梦祯的宽容与庇护颇能反映当时文人对待的僧侣，特别是有才华僧侣的普遍态度。至于和尚与妓女的组合，在今人看来十分怪异，但在古代文化人的圈子里并不罕见。南唐名画《韩熙载夜宴图》中就有这样一个场景：在韩熙载家的派对上，男女杂糅，声色香艳。在歌舞伎的表演中，一个和尚侧身其间（图3.13）。作为西湖畔的"风雅典型"，汪汝谦的生活中自然缺不了高僧朋友的点缀。他也曾邀请一位僧人和一个妓女一同乘船赏月，并写诗纪事云：

相期每清夜，人静觉波微。远岫眉含黛，长堤树掩扉。哀弦弹画舫，凉月上罗衣。约束禅心静，宁随柳絮飞。[79]

美妙的佳人，哀怨的弦声，宁静的禅心，这些原本矛盾的意象却在这个月夜的舟舫里达成了某种和谐。虽然诗人强调要用“禅”来约束自己的心灵，不让它随柳絮般飞散，但很显然此时此地的禅心只是风雅的心境，与虔诚的信仰毫无干系。并没有任何文献显示汪汝谦是一位宗教爱好者，对于他而言，携僧出游与携妓出游一样，都不过是一种时尚的行为。

美人、知己：

美人亦是不系园中重要的嘉宾，她们不仅拥有美丽的姿色，还有着不俗的才华。她们从容优雅地周旋于男性文士的身边，积极参与着诗文、绘画、音乐等艺术活动。钱谦益曾为不系园题诗，诗中就暗藏了这些美人的名字：

> 园以舟为世所稀，舟名不系了无依。诸天宫殿随身是，大地烟波瞥眼非。净扫波心邀月驾，平铺水面展云衣。主人欲悟虚舟理，只在红妆与翠微。
>
> 堤上湖边舣棹时，菱花镜里去迟迟。分将小艇迎桃叶，遍采新歌谱竹枝。杨柳风流烟草在，杜鹃春恨夕阳知。凭阑莫漫多回首，水色山光是古悲。[80]

陈寅恪先生指出：“明末人作诗词，往往喜用本人、对方或有关之他人姓氏，明著或暗藏于字句之中，斯殆当时之风气如此，后来不甚多见者也。”[81] 在钱谦益的这首诗中，几位美人的名字呼之欲出：杨云友、柳如是、王玉烟、王微（号草衣道人）。她们都是汪氏湖舫的常客，而且各具才艺。据厉鹗《湖船录》载：

图3.14　舟舫上的高士与美人，（明）仇英，《船人形图》（局部），日本东京国立博物馆藏

是时，湖上诸姬，如王修微、杨云友能诗，林天素能画山水兼能琵琶，王玉烟能走马，吴楚芬能歌。然明招诸名士集湖舫，诸姬必与坐。红袖乌丝，传为胜事。[82]

为了迎合文人士大夫的审美与爱好，这些聪慧的青楼女子努力精进才学与艺术修养，培养种种精致细腻的生活趣味。她们潇洒自如地活跃在男性的公众世界中，成为西子湖一道引人注目的文化景观（图3.14）。她们的故事，我将在本书的第五章详述。

名流、高僧、美人都是不系园欢迎的客人，而知己则这些宾客中与汪汝谦交情甚笃的那些人，譬如忘年之交陈继儒，红颜知己林天素。西湖是一个有形的公共空间，汪氏湖舫则营造了一个无形的公共空间，诸多名流、高僧、知己、美人未必同时出现在船舫之上，但他们的名声与才艺却因为进入了这一公共空间，而有了相互的流通与传播。[83]

长物：

十二宜中的妙香、洞箫、琴、清歌、名茶、名酒、肴核不逾五簋，是以物质概括舟中的活动。值得注意的是，在晚明人的眼中，这些事物都被赋予了特定的文化意涵，如陈继儒在《太平清话》中所言：

香令人幽，酒令人远，石令人隽，琴令人寂，茶令人爽，竹令人冷，月令人孤，棋令人闲，杖令人轻，水令人空，雪令人旷，剑令人悲，蒲团令人枯，美人令人怜，僧令人淡，花令人韵，金石鼎彝令人古。[84]

妙香、洞箫、琴、清歌、名茶、名酒，这些东西都不是日常生活的必需之物，它们通常被称作“长物”——也就是多余的奢侈品。长物没有多少实际功能，然而正因其“无用”，文人才要以之为基础建立自己的精神世界。在这个世界中，人们以感官来接触、渗透物体，也藉由物质的感官接触来承载个人的情感。经由情感的投注，融合物我，形成一种文雅脱俗的生活情境。[85] 想要领略这些物品的妙处，必须拥有敏锐的感官，这种感官与物互动的能力正是晚明的文人们刻意强调的。只有拥有了这种能力，他们才能够借物造境，经营出一个风雅的境界。而这种感受力也成为区别雅俗的试金石，将徒有巨资、竞相购物的暴发户排除在外。简单说来，有财力占有这些“长物”并不值得艳羡，重要的是如何支配、使用它们。

我们且以品茶为例，看晚明文人如何将味觉能力发挥到极致。崇祯十一年（1638）秋天，自称“茶淫橘虐”的生活美学大师张岱抵达南京，他此行的目的是拜会品茶专家闵汶水。闵汶水因为其发达而敏锐的舌蕾细胞成为那个时代的传奇人物，据说他可以分辨五十种名茶的产地、成色以及十多种泉水的味道。在一间“幽窗净几，荆溪壶和成宣窑瓷瓯十余具，皆精绝”的屋子里，两人展开了一场不动声色的感官灵敏度的较量：

张：这茶是什么地方出产的？

闵：是阆苑茶。

张：（又尝了一口）您老不要骗我！这是阆苑茶制法，但味道不像。

闵：（暗笑）客人可知道是什么地方出产的茶？

张：（再尝了一口）怎么那么像罗芥茶？

闵：（吐舌）奇妙，太奇妙了！

图 3.15 （明）陈洪绶，《品茶图》，北京故宫博物院藏

张：用的什么水？

闵：惠泉水。

张：您老别骗我了！惠泉离这里有千里之遥，水经过震荡难道还能圭角丝毫不动，如此新鲜醇厚？

闵：不敢再隐瞒了。我必要等到夜深人静的时候才去取水。在晚上掏干水井，这样洗刷数次，到了黎明，涓涓细流刚积满水井时，再用大瓮装满，垫上石头，等到有了顺风再开船。那样水不会晃动，水性也不会变熟，即使寻常惠泉水犹稍逊一筹，何况其他水啊！

闵：（持壶斟茶）客人请尝尝这茶。

张：香气浓烈扑鼻，茶味很浑厚，是春茶吧？刚才泡的想必是秋茶了。

闵：（大笑）我已经七十多岁了，从未见过比阁下更精通茶道的客人。[86]

最终，这两个人因为相互佩服对方的舌头而成为至交好友，成天在一起品茶论道（图 3.15）。透过晚明第一流茶人的对话，我们可以看出当时的文人雅士如何运用感官能力构筑起一个幽深精微的世界。

在那个茗饮风气大盛的时代，人们不仅精于茶道，而且对水品都十分讲究。万历三十七年（1609）的夏天，李日华客居在西子湖畔，在日记中他不厌其烦地记录下了一次次为煮茶而挹水的经历：

七月二十二日，海上僧量虚来，以普陀茶一裹贻余。余遣僮棹舟往湖心亭挹取水之清澈者，得三缶，瀹之良佳。

七月二十八日，稍凉。龙井人送至小春茶二斤，遣僮负罂罍至玛瑙寺后，披草汲葛洪洗丹池水点试，良芬烈。

八月二日，热甚。拏舟往净慈访马茂才天城及元津衲子，因汲龙王堂水三缶归。西湖水本两山诸泉会纳，味极甘美。又有水闸，去故留新，各处水泉应无让者。特为酒舫长篙搅激，与取草船所溷，不能无尘沙浮泛耳。龙王堂当三桥，乃六桥之中，水稍深而不当歌舞之冲，故得全其美焉。凡泉在山下出源者，寒冽而薄。其会流凝蓄者，醇和而粹美。南泠泉在江心中，蓄纳千里之精，所以最妙也。[87]

为了烹茶，李日华差遣小僮到湖心亭、玛瑙寺后的葛洪洗丹池、龙王堂等不同地方取水。水取回来后还要进行沉淀处理，使之吸收天地的灵气：

武林西湖水，取贮五石大缸，澄淀六七日，有风雨则覆，晴则露之，使受日月星之气。用以烹茶，甘醇有味，不逊惠麓。以其溪谷奔注，涵浸凝渟，非复一水，取精多而味自足耳。[88]

饮茶而讲究水品，这大概是中国文人独有的趣味品格。当然如果你的感官鲁钝，味蕾麻木，不具备此种鉴别能力，那么你至少也要学会虚张声势，附庸风雅。袁宏道就记录过一次闹剧式的品泉雅会：

余友麻城丘长孺东游吴会，载惠山泉三十坛之团风，长孺先归，命仆辈担回。仆辈恶其重也，随倾于江，至倒灌河，始取山泉水盈之，长孺不知，矜重甚，次日即游城中诸好事尝水，诸好事如期皆来，团坐斋中，甚有喜色，出尊取磁瓯，盛少许，递相议，然后饮之，齅玩经时，始细嚼咽下，喉中汩汩有声，乃相视而叹曰："美哉水也，非长孺高兴，吾辈此生何缘得饮此水？"皆叹羡不置而去。半月后，诸仆相争，互发其私事，长孺大恚，逐其仆，诸好事之饮水者，闻之愧叹而已。[89]

去惠山挑水的仆人们因为嫌水重，半路将水倒进了江里，快走到家时才灌上附近的泉水顶替。但受邀来品惠山泉的名士们不知内情，边饮假惠泉边细咽长叹，热烈地发表溢美之词。直到半个月后仆人们内讧争吵，才把真相抖搂了出来。在这个事例中，品泉已经成了一种仪式性的活动，一个文人互相标榜、认同的社会性动作。在风雅相尚的氛围下，即便感官迟钝的人，也不得不迫于压力，自觉不自觉地参与这种感官鉴赏力的表演，从而显示自己的高雅趣味，证明自己是属于上流文人社会中的一员。在上述的情境中，"美哉水也"的说法似乎实际上意味着：我相信它属于同伴们认为好的那类东西。既然我爱我友，我也就爱它（图 3.16）。

不系园约款的十二宜中所列举的事物都已经超越了物质本身，成为某种特殊身份的象征。汪氏舟舫的主宾们借助这些物质张扬自己的品拉能力。约款中特别强调肴核不逾五簋，绝不是因为宾客们的胃口小，于肥甘一无嗜好，而是由于清淡的饮食可以反映出脱俗的风致。陈继儒在《岩栖幽事》中罗列出清雅饮食的标准：

吾乡荇菜烂煮之，其味如蜜，名曰荇酥。郡志不载，遂为渔人野夫所食，此见于《农田余话》。俟秋明水清时，载菊泛泖，

图 3.16 （明）文徵明，《惠山茶会图》，北京故宫博物院藏

脍鲈捣橙，并试前法，同与莼丝荐酒。

三月茶笋初肥，梅风未困；九月莼鲈正美，秫酒新香。胜客晴窗，出古人法书名画，焚香评赏，无过此时。

吾山无薇蕨，然梅花可以点汤，薝蔔玉兰可以醮面，牡丹可以煎酥，玫瑰蔷薇茱萸可以酿酱，枸杞鹿葱紫荆藤花可以佐馔，其余豆荚瓜蕈菜苗松粉又可以补笋脯之阙，此山癯食谱也。[90]

荇菜酥、梅花汤、玉兰面、牡丹酥、玫瑰酱，仅仅是菜名就足以展示出飘逸脱俗的风味，至于口感究竟如何倒在其次了。茶笋、莼鲈、秫酒这些食物与法书、名画、妙香一样成为文人世界里不可缺少的物品（图 3.17）。汪氏舟舫上的肴核想必也是这一类的清供，套用今天的话来说，船上的客人们吃的并非食物，而是一种品味，一种文化。

“宜忌论”：

不系园约款中除了十二宜的正面表述之外，还列有九忌作为反面约束，杀生、杂宾、作势轩冕、苛礼、童仆林立、俳优作剧、鼓吹喧阗、强借、久借，皆不在欢迎之列。这样就从正反两面刻意划出一道区分雅俗的界线，从而避免这个风雅之地因为世俗力量的侵犯，造成混淆，失去它的独特性。

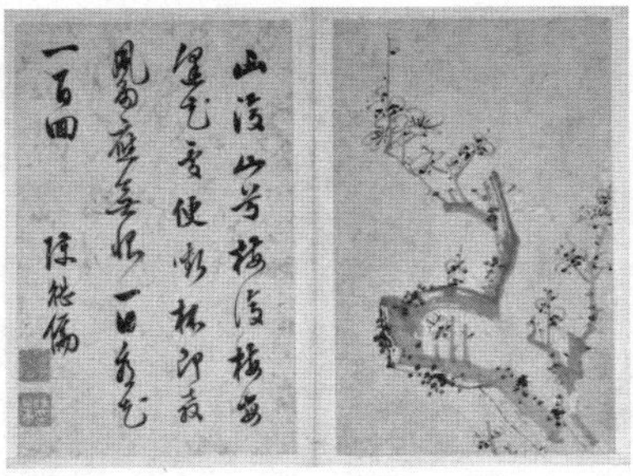
图 3.17 （明）陈继儒,《梅花图册页》之一，武汉博物馆藏

黄汝亨为不系园所拟定的约款，事实上是晚明诸多“宜忌论”中的一种，当时的文人热衷于为诸种赏玩活动设立正面或反面的规范。如陈继儒就有书画归属之善趣或落劫的论述。[91] 袁宏道在《瓶史》中也为赏花列出了快意与折辱之诸种条目。[92] 这些的“宜忌论”的目的在于为文人文化设立规范与界线，它在正面上建立雅的标准，筛选各种人事物，罗列出各种雅的内容，组合成“雅”的情境，由此确立雅的内容与疆域。同时，又将各种不雅的事项罗列出来，指明可能混迹在雅境中的俗事、俗物、俗务，将之排除在雅境之外，藉此保证这个雅境的纯粹性。

十二宜九忌的约款并不是强行实施的，而是有赖宾主之间的默契。名流、高僧、知己、美人本着对这些约款的共识，在汪氏舟舫上展开了丰富多元的文化活动。今检汪氏《不系园集》《随喜庵集》中相关诗作，便可遥想当日雅集的情景：

作墅棋堪赌，如园屧可从……品水茶能醉，贪山饭亦慵。（韩敬）[93]

拟向三潭容半棹，雨馀花夕细论文。（方一藻）[94]

疑是当年书画舫，湖山隐隐逗几席。（方一蕙）[95]

红牙细谱阳春调，白社狂吟楚岫风……波光如练棹如云，斗茗弹棋静夜分。元赏夙耽坡老癖，清音合许伯牙闻。（方一荀）[96]

诗朋结社幽情畅，歌妓留欢片月空。（吴揭）[97]

弄琴吹笛俱围翠，钓月搴莼总破烟。（吴之器）[98]

潋滟湖光十里横，携将书画订鸥盟。（吴孔嘉）[99]

急鼓诗催金错字，商罂酒泻玉津流。（吴怀古）[100]

翻歌欲断黄鹂涩，觅句应教翠袖传。（汪汝谦）[101]

高引鹤翔赓妙句，细规莺语度新声。（陈钜昌）[102]

图 3.18 （明）仇英，《人物故事图册》之“浔阳琵琶”，北京故宫博物院藏

在诗题或诗句自注中也有相关记录，如冬日同杨慧林登随喜庵，时慧林于庵中写断桥小景[103]；孙云居于随喜庵为倩生写真[104]；夏日同豹林侄邀徐亮生陶柟林于随喜庵手谈[105]；秋日风雨，同吴巽之、汪尔张泊舟断桥，观章韵先画扇[106]。由此可见，汪氏舟舫中的活动包括下棋、烹茶、品酒、吟诗、论文、作歌、弄琴、吹笛、清谈、书画创作与赏鉴等。“时骚人韵士，高僧名姝，啸咏骈集，胜情幽蔓，常在鸟声鸥背间”[107]。

“不系园”突破了传统陆地园林的局限，将舟舫的流动性与居园的私密性很好地结合在了一起。在这座流动着的园林中可以赏景，可以清歌，可以醉吟，可以观舞、可以听曲、可以校书，总之是“占尽朝昏趣”[108]，在西湖这样一个公共空间中享受私人幽居的美感（图 3.18）。

三、意在之园

“不系园”与“随喜庵”这两艘行驶在湖上的船舫，却以“园”“庵”的身份被认识和赞颂。游船与园林、庵舍，这两者之间有什么关系？命

图 3.19a、b：（明）沈周，《东庄图》册页之“稻畦”“耕息轩”，南京博物院藏

名背后又有怎样的深意？这还要从晚明时的造园竞赛说起。

（一）造园竞赛

明代中叶以前，住宅居室的建筑大多素朴，即便是富人家的园林也并不奢华。以苏州的两座园林为例，一是礼部尚书吴宽之父吴融所建之“东庄”，园中有稻畦、桑园、果园、菜圃、麦丘、竹田，吴氏居住园中，“课其耕艺，而时作息焉”（图 3.19a、b）。[109] 另一座园林是御史王献臣所盖的拙政园。从文徵明所作的《王氏拙政园记》中可知园中种植着柳树、槐树、松树、竹子、柑橘、苹果、李树、桃树、梅树等多种具有经济价值的农艺作物，王献臣修建此园的目的是要仿效古人“筑室种树，灌园鬻蔬”。[110] 由此可见，在明代中叶之前，园林在人们的观念中是具有生产性质的，而并非奢华消费的物件。用柯律格的话说，这一时期的园林不仅是具有经济资源，更是具有贮存性经济资源［stored economic resources］的场所——园中经济农作物的价值会在未来实现。[111]

明代中叶以后，江南的住宅变得奢华，营造园林的风气开始在士大夫中普及起来。园林逐渐由“实用性”的生产场所转变为“炫耀性”的消费场所。据沈德符在《万历野获编》中描述：

> 嘉靖末年，海内宴安，士大夫富厚者，以治园亭，教歌舞之隙，间及古玩。[112]

“宴安”“富厚”等语点出了私家园林兴盛的社会背景。由于元明之际战争的破坏，明朝前期经历了一段休养生息的过程。到明代中期之后，社会安定，生产力恢复，商品经济的发展带来大量的财富累积，使得消费能力大大提升，催生了“消费社会”的形成。[113] 不管是收藏古玩还是营建园林都是当时时尚的消费行为。张岱回忆西湖南路一带的繁华，各家园亭构成了他记忆中异常鲜明的图像：

> 堤之东尽为三义庙。过小桥折而北，则吾大父之寄园、铨部戴斐君之别墅。折而南，则钱麟武阁学、商等轩冢宰、祁世培柱史、余武贞殿撰、陈襄范掌科各家园亭，鳞集于此。过此，则孝廉黄元辰之池上轩、富春周中翰之芙蓉园，比间皆是。[114]

士大夫何以对园林情有独钟呢？嘉靖年间的文坛领袖王世贞是引领造园之风的前驱，他精心营建的弇山园有“晚明第一名园”的美誉（图 3.20）。在王世贞看来园林比居所还要重要：

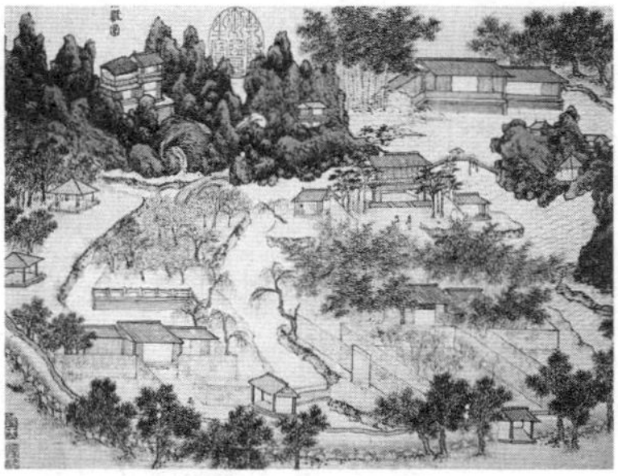

图 3.20 （明）钱穀《小祇园（弇山园）图》册页之一，台北“故宫博物院”藏

> 独余癖迂，计必先问园而后居第，以为居第足以适吾体，而不能

适吾耳目，其便私之一身及子孙，而不及人。[115]

王世贞指出居所只能满足身体的需要，却不能满足视觉、听觉的需要；只能为自己和子孙享用，却不能给其他人带来欢愉。他的这番表白有两处颇耐人寻味：其一是“适”字，即强调园林给人带来的享受。吴融在东庄里“课其耕艺”，王献臣在拙政园中“筑室种树，灌园鬻蔬”，然而对王世贞来说，园林不再是勤勉劳作的生产空间，而是愉悦身心的休闲场所。其二是“及人”二字，即园林虽为私人所有，却是对公众开放的。性情相投的朋友自然可以在园中雅集，即便素不相识的百姓也可以进入弇山园游玩。王世贞自己常在园中与游客擦肩而过，有时遇见红粉佳人还要“谨趋避之”。游客们都不知道这个老头就是园林的主人，而他也常忘记园中穿梭的人群只是过客而已。[116]

王世贞将自家园林向公众开放，并不仅仅是为了表现“与民同乐”的慷慨大度，更是要彰显财富与品位——这两种优势必须在社会情境下展示，倘若没有观众，它们便没有意义。诚如卜正民所言：“隐藏的物品或者闲人禁止入内的花园，对晚明士绅社会重视的地位竞争没有任何价值可言。他们的消费必须是引人瞩目的，这种显著性总是透露出每一种社会的互动都具有公共意义。”[117]晚明的许多私家园林都是允许社会公众，甚至外国人进入的。万历二十六年（1598）的一天，在南京传教的耶稣会的教士利玛窦就应魏国公徐弘基的邀请到他府上的花园（就是瞻园）参观。这座“全城最华贵的花园”令利玛窦眼花缭乱：

他参观花园中许多赏心悦目的事物，看到了一座色彩斑斓未经雕琢的大理石假山。假山里面开凿了一个神奇的山洞，内有接待室、大厅、台阶、鱼池、树木和许多别的胜景。很难说究竟是艺术还是奢侈占了上风。修筑这个洞天是为了在读书或娱乐时避暑之用。洞穴设计得像一座迷宫，更加增添了它的魅力；它并不太大，尽管全部参观一遍需要好几个小时，然后从一个隐蔽的出口走出。[118]

利玛窦游览了魏国公的花园，对神奇的山洞叹为观止。在被奢华美景迷倒的同时，他一定也深深了解了魏国公的地位、财力和品位。花园本身不是目的，它只是主人炫耀物质资本与文化资本的一种手段而已。

为了夸耀财富、彰显品位，晚明的士大夫纷纷加入造园的行列。一座精美的园林几乎成了士大夫阶层体面生活的“标配”。在苏州“凡家累千金，垣屋稍治，必欲营治一园。若士大夫之家，其力稍赢，尤以此相胜。大略三吴城中，园苑棋置，侵市肆民居大半”[119]。杭州亦是如此，“势家巨室之傍西湖而园者，岁数增置，星罗齿错于其远近，不可胜数”[120]。此时，园林已成为“社会竞争”的空间。人们纷纷仿效，甚至努力超越那些知名的园林。吴亮在武进城北的青山门外构筑止园（图3.21）时，就瞄准了“晚明第一名园”——弇山园。弇山园“土石得十之四”，重叠山；止园则采取另一种策略，“水得十之四”，重理水。吴亮的友人评论止园说：“园胜以水万顷，沦涟荡胸濯目，林水深翳，宛其在濠濮间。楼榭亭台位置都雅，屋宇无文绣之饰，山石无层垒之痕，标弇州（王世贞）所称缕石铺池，穿钱作埒者敻然殊轨。”[121]你以山胜，我就以水胜；你重人工，我就重自然；你走华奢路线，我就玩清新

图3.21　（明）张宏《止园图》册页之一，柏林东方美术馆藏

风格。显然，吴亮在建止园时将王世贞的弇山园当作了挑战对象。“夐然殊轨”四字清楚揭露了竞争的本质，从中我们可以真切感受到晚明士大夫在造园时“各竭其才智，竞造胜境”的勃勃生机。[122]

雄厚的经济资本是修筑园林的必要条件。建一座花园要多少钱？明清笔记中有一些概略性的叙述，如“数千金”“数万金”，这些数字听起来有些夸张了。不过据巫仁恕考证，城郊的园林营建费用从数百、数千到十余万两白银不等，城内建园的花费势必更高。此外，园林的维修费用也是惊人的。[123]晚明造园竞赛的参与者除了文人士大夫之外，还有财力雄厚的富商。明代中叶以前，商人在中国经济中的地位和他们在社会中的形象一直卑微，排在“四民”之末。随着明代商品经济的蓬勃发展，商人的成功与财富扩展到了前所未有的水平，他们开始寻求进入更高的社会阶梯了。商人渴望得到士绅的身份，乐此不疲地尝试各种方法以实现从商人到士绅阶层的转变。方法之一就是模仿士绅的行为举止和生活方式。[124]营建园林无疑是挥霍财富的最佳途径之一。据费元禄描述，他家最初迁居江西铅山县河口镇时当地仅有两三户人家，七十余年后，河口镇人口激增，成为该县巨镇。镇上做买卖致富的商人争相修筑园林亭榭，“每花时春事，元夕灯棚，歌声伎馆，钟鼓丝竹，千家嘹亮，士女云集，斗鸡蹴鞠，白打樗蒲，赏心乐事，技艺杂遝”。至于商人们热衷造园的原因，费元禄说得很清楚：“与缙绅先生竞胜”。[125]为了赶上甚至超越士绅阶层，商人们不遗余力地打造园林，就如谢肇淛观察到的：“富贵之家，修饰园沼，必竭其物力，招致四方之奇石怪树，穷其志愿而后已。”[126]

当文人雅士和富绅巨贾都为了建造出与众不同的园林挖空心思时，就出现了艺术史家贡布里在讨论艺术和时尚的“名利场逻辑”中所描述的“竞争膨胀”现象。士绅们既要面对彼此的挑战，还得应对富商的竞争，在这场“炫耀性的竞赛”中，他们有两种选择。其一是“把这种特别的行动作为一种无效的怪癖而予以忽视，听凭它去”。[127] 有些士绅不遗余力地批评、嘲讽造园者。刘宗周就将“流连花石”与好闲、赌博、狎妓、宅第豪奢等行为并列为士大夫的过错。[128] 谢肇淛站在道德制高点上向王世贞开火，说他为了运送花园中的奇石，“至毁城门而入”，简直是“近于淫”的举动。[129] 对于拒绝参赛的士大夫们来说，搬出儒家崇简黜奢的传统对夸示炫耀的风气展开批判，是一种明智的策略。可是，如果忍不住要加入比赛中去，那么就只剩下一种选择了，即采用“胜人一筹的本事”超越对手。[130]

（二）“毋私园亭”

汪汝谦虽然出身盐商家庭，但对自己的定位更接近于文人士大夫，而非商贾。在晚明的造园竞赛中，他亮出的观点和采取的行动都不负“风雅典型”的称号。

针对王世贞修建园林与他人同乐的观点，汪汝谦提出了不同意见。他说王世贞的心胸固然旷达，却仍落第二义：

> 予谓以买山构园之赀，莫如点缀名山胜迹，以供同好，毋私园亭，遗累子孙。弇州园今安在哉？[131]

“弇山园今天在哪呢？”汪汝谦的这个反问相当尖锐。当年，王世贞与造园高手张南阳合作完成的这座私家园林已经随着时岁的迁移走向了颓败。与弇山园的命运相似，西湖畔名士冯梦祯（1548—1605）辛苦多年构建的孤山别墅也随着主人的离世、家道的衰落而化为陈迹。汪汝谦曾与友人在早春探梅时路过昔日繁华的快雪堂，发出了“当年罗绮娇歌舞，今日空留石上华”的感慨。[132] 私家园林兴废有时的命运引起了汪汝谦反思，他由此提出了“毋私园亭”的观点，并指出与其花费银两买山构园，不如点缀名山胜迹，积极参与公共园林的建设。

继司礼监太监孙隆花费大量银钱妆点湖山名胜，汪汝谦与其他杭州地方乡绅孜孜不倦地以点缀两山为务，南屏的竹阁、雷峰的云岫堂、岣嵝的山庄、灵鹫的虹带阁、西泠的未来室就是这些公共工程的代表。在魏忠贤为首的阉党受到惩治后，汪汝谦鼓动崔征仲重修了湖心亭、放鹤亭，又与王尹愚共同修葺了水仙王庙、三贤祠和苏白阁。“余岂敢自娱悦哉！将使湖光山色肆应不穷、继往开来，未必无小补云耳。”[133] 这句话是汪汝谦的心声。他所提出的“毋私园亭”，不只是消极地不构筑园亭，而是投入自己的财力，运用规划才智，积极参与西湖这座公共园林的建设。

值得注意的是与“毋私园亭”的“私”相对的“公”并不等同于国家利益的领域，而是指代表民众普遍利益的县邑地方社会。像汪汝谦等地方士绅通过参与建设西湖这样的“公益事业”，为自己积累了如布尔迪厄所称的“象征性资本”，即通过投资于花费很大的地方性事业，来积累好的名声。这种投资积累不断迭进的后果就是把地位上升中的“私人”活动领域重新定义为“公共”领域。卜正民对晚明社会中士绅参与公益事业的动因做了精彩分析：

> 一个人所穿的衣着可以向他人展示自己；通过收藏古董和名画，可和同行分享优雅的鉴赏经验；赠送礼物，互相确立或巩固地位。同样也可利用公共的机构创造互动条件。藉修建学校或山边的凉亭，他选择建筑的式样，向那些受过训练能欣赏它的人表示着良好的品位；通过在花园茶社或寺院，为宴会或诗人雅集布置环境，他设计一个向他的同等社会地位的人表示某种关系的空间。当然，所有这些社会的互动都需要钱，但是

单有钱而无活动力还是远远不够的。若没有物品与场所使互动成为可能，那么对它们的投资就不可能转化成公共意义上的地位……人们看到地方士绅用私人财富提供公共物品和服务，这使得他们表述自己是代表地方公共利益的名义而行动的。因为这些行动都是公开进行的，所以它们有助于识别谁属于社会精英。[134]

通过积极投身公益事业工程所积累的公共名声不仅有助于重新定义精英的界限，还可以提升家族的名望，为子孙后代的事业发展奠定基础。汪汝谦生有二子，长子汪玉立，字与可，他没有去求取功名 而继承了汪汝谦的经商业务；次子汪继昌在科举功名的道路上却有着不俗的表现，其小传略云：

征五先生讳继昌，号悔岸。然明先生次子。顺治（五年）戊子经魁。（六年）己丑成进士。历仕广西左江道，湖广江防兵备按察司副使。[135]

汪继昌是改变汪氏家族社会地位的重要人物，从他的上司洪承畴赠予汪汝谦的"风雅典型"匾额来看，父亲藉由公共事业所积累的"象征性资本"对他的仕途发展恐怕不无推动作用。

汪汝谦以两种方式来实践"毋私园亭"的观点：一是积极建设西湖这座公共园林；二是通过楼船来构建自己的"意在之园"。汪汝谦的好友张遂辰在诗作里指出了"以船为园"的妙处：

昔云西湖水，日费十万钱。彼亦徒为尔，山水何与焉。吾友汪汝谦，风流逾少年。三年烟波上，一再构楼船。琴樽对风日，因作小留连。为园不处陆，名庵讵栖禅。[136]

“为园不处陆”指“不系园“，“名庵讵栖禅”指“随喜庵”。“不系”二字取自《庄子》中的“列御寇”篇：“巧者劳而知者忧，无能者无所求，饱食而遨游，泛若不系之舟，虚而遨游者也。”强调一种无牵无挂体任自由的生命状态。“随喜”则是佛家用语，指见他人行善，随之心生欢喜。[137]汪汝谦以舟为园、为庵，亦是认取道家虚己游世、佛家随喜功德的一种应世态度：

首先，汪氏湖舫突破了楼船的限定，可以较为自由地在西湖上穿行，从四面八方迂回远近地欣赏西湖之美。汪濬的诗句：“栏幔巧卷舒，烟波恣出入。穿花不碍红，排柳动移碧。”[138]以及陈继儒的诗句：“坐君随喜庵，出入自游衍。树走红桥移，草青白鸥显。有风恣渺茫，无风泊清浅。鱼鸟若倒悬，烟云赐亦腆。湖山不转君，君被湖山转。”[139]就体现了“不系”的自由行踪和“随喜”的游赏态度。

其次，“不系园”和“随喜庵”巧妙地将园林的要素融入了楼船的设计中，结合了舟舫的流动性与居园的安稳舒适，从而为文人韵士才女高僧提供了一个可以雅集交流的公共空间。正如胡潜所云：“湖山扩为园，扁舟撮其胜。几榻恣卧游，触目总佳境。”[140]女诗人王微也赞叹道：“湖上选名园，何如湖上船。”[141]在这座没有羁绊的水上园林中，主宾双方可以享受一种随顺欢喜的高品质艺术生活。

最后，“不系”意味着摆脱顽固的执着，此园不必系于自我，这就超越了时人狂热造园的风气，豁然洒脱。正如汪汝谦在《不系园记》篇末所指出的：

陈眉公题曰："不系园"。佳名胜事，传异日西湖一段佳话，岂必垒石凿沼，围丘壑而私之曰我园我园也哉！[142]

私人园林兴废有时，造园者的辛勤劳苦和深情执着往往随着园林的颓败而幻灭。而汪汝谦不买地构园，以舟舫为园为庵的做法则旷达了许多。汪氏舟舫客人们的题诗也表达了对晚明造园之风兴盛的反思。如释如觉："江上孰定名，假此强安寓。梁园与金谷，夸胜等朝露。"[143]陈继儒："金谷玉津成往迹，虚舟一叶总输君。"[144]徐天麟："一笑浮生嫌住著，辟疆金谷邈山河。"[145]西晋石崇的金谷园、东晋顾氏的辟疆园、西汉梁孝王刘武的兔园、南宋时皇家的玉津园，这些耗费了巨大人力物力建成的宫苑名园，曾经富丽繁华，却终究在岁月的变迁朝代的更迭中化为尘土。无怪乎陈继儒要发出"渠以千金穿，石以百夫辇。辛苦构名园，无乃蚕作茧"的感慨了。[146]相比之下，汪氏舟舫"宁知此庵没片瓦，沿流幻住如乘马。窗底时排四面山，醉来戏作儿童耍"[147]。下无立锥之地，上无片瓦之覆，既可以享受园居的审美体验，又避免了构园的辛苦和颓败的命运。

名为"不系园""随喜庵"，但又"非园非圃"，抛却了占有园林的私心，却拥有了"到处吾园无住著"的潇洒适意。汪汝谦在入清后仍然念念不忘这段风雅往事："时游舫仿宋之螭头舫，榜人行于舟顶。包涵所观察初造楼船，余弟季元匠心，制'洗妆台'，楼榭悉备。余更折衷为'不系园'、'随喜庵'，絜以诸式，米家书画舫，具体而微。"[148]言语之间仍不由自主地流露出得意之情。

（三）以画为园

修建公共园林也好，以舟舫代替园林也罢。虽然花费不像营造私家园林那样巨大，但也需要一定经济资本的投入。这些花费对于汪汝谦这

图3.22　传（唐）卢鸿，《草堂十志图》之一（摹本），台北“故宫博物院”藏

样富有的商人来说不算什么，但家境普通的文人恐怕仍会感到吃力。那么倘若财力不足，是不是就注定要在这场造园竞赛中落败呢？未必。董其昌就为解决造园竞赛的冲突提供了另一种全新思路。

董其昌曾受友人张延登之请，为其营建的园林别墅写一篇纪念文章。在这篇文章中，董其昌先是以白居易、司马光、谢安等人为例，指出了园林在文人士大夫生活中的重要性。接着褒奖了张延登营造兔柴别业之举，为他身在官场却心怀林泉之志而点赞。最后，董其昌笔锋一转，说起了自家的“纸上园林”：

> 余林居二纪，不能买山乞湖，幸有《草堂》《辋川》诸粉本着置几案。日夕游于枕烟廷、涤烦矶、竹里馆、茱萸沜中。盖公之园可画，而余家之画可园，大忘人世之家具，略相埒矣。独世方急公，而余能使世忘我，是为异耳。[149]

董其昌对张延登的“兔柴别业”给出了“公之园可画”的好评，却声称自己没有足够的财力，“不能买山乞湖”。不过他毫不沮丧，因为发明了一种创新方式来体验园林的妙处——足不出户，借助观看山水画而饱览美景。值得注意的是，被董其昌放在案头，日夕把玩的两幅画作堪称经典，一是唐代画家卢鸿的《草堂十志图》（图3.22），另一幅是王维的《辋川图》（图1.6）。这两幅画的真迹当时已经无存，董其昌观看的应该是摹本。这两幅画有些共同点：第一，画作的原作者都是唐代著名的隐士，他们淡泊红尘的精神受到后世文人的推崇；第二，两幅画作描绘的都是隐士自己构筑的私家园林，枕烟廷、涤烦矶是位于嵩山的卢鸿草堂中的地名，竹里馆、茱萸沜则是终南山王维辋川别墅中的景点。当时两处园林已荡然无存，但董其昌却可以通过绘画，穿越时光隧道，在隐士的别业里自在徜徉。这种“卧游”本身就体现了一种飘然世外的风度。如果说宗炳的卧游是借山水画突破了空间对身体的局限，董其昌的卧游则同时征服了空间与时间。

董其昌未必真的无钱修筑园林，他在自己收藏的古画中卧游，完全是一种自觉的文化选择，是对当时江南造园之风的一种反叛。当他声称“公之园可画，余家之画可园”的时候，内心必是骄傲的：精神上的富足，甚于物质上的占有；艺术的创造可以弥补现实的不足。我没有财力像你们一样营建私家园林，却可以凭借古画在唐代隐士的园林中遨游。这难道不是“精神之园”对“物质之园”的胜利吗？拥有并有能力欣赏诸如《草堂十志图》《辋川图》这样的艺术品是作为精英的士绅阶层特有的审美配置，因为这些画作不能带给人直接的感官愉快，只能取悦于有教养的趣味。富商俗吏或是社会平民都可以游览园林，但却无法从古老的园林绘画中获得精神的乐趣。正如布尔迪厄所言：

> 使用象征财产尤其是那些被视为卓越标志的象征财产的方式，构成了“等级”的特定标志之一，同时也构成了区分策略也就是照普鲁斯特的话说的“表示距离的千变万化的手段”的特有工具。[150]

以象征性的方式占有园林，这一策略并非董其昌的首创。清代蒋光煦的《别下斋书画录》中收录了董其昌的一则画跋，从中我们可以推知“余家之画可园”这一观念的来源：

图 3.23 （明）文徵明，《神楼图》，美国大都会博物馆藏

> 刘南坦大司寇侨居吴兴，欲购一楼，无长物足办，文徵明作《神楼图》赠之，杨慎有长歌纪事。予此图仿之，乃绳斋守余郡时作也。今日过东昌，其长公携以见示，盖三十余年矣，不胜感慨，重题于官舫中，甲戌四月十九日也。董其昌，时年八十岁。[151]

董其昌曾临摹文徵明的《神楼图》，并将之作为礼物送给友人许维新（号绳斋），并在三十多年后应其长子之请为此画题跋。董其昌临摹的这幅画是吴门领袖文徵明为老友刘麟（号南坦）八十寿辰而精心制作的贺礼。刘麟做官多年，但廉洁奉公，经济并不宽裕。晚年虽然想盖座小楼，但因为财力所限，终不能办。为了帮助老友完成心愿，文徵明把刘麟梦想的小楼制成了图画，并描绘了老友在小楼中读书待客的情景（图 3.23）。[152]

在《神楼图》中，文徵明采用了间隔形的构图：低矮的篱墙将刘麟的居所与外界间隔开，小楼及楼主人被安置在隔离［closed-in］的部分，开放的［opening-out］部分有一座小桥，似乎正等待着远客的来访。远山、近水、林木构成的合围凸显出处于中心位置的楼阁。此种布局让人自然地联想到唐代王维的《辋川图》、卢鸿的《草堂十志图》，尽管那两幅画作的真迹渺不可寻，但它们已经成为艺术史上的一个经典图式，包含着对隐逸生活、对纯净的精神世界的向往（图3.24）。当刘麟观赏这幅画时，心里定是欢喜的，因为画作暗示着他和王维、卢鸿一样是个有着高尚趣味的隐士。他的楼阁虽未建成，但已具有和辋川别墅、卢鸿草堂一般的精神魅力。

图3.24　（元）王蒙，《仿王维辋川别业图卷》（局部），美国弗利尔美术馆藏

在赠画的同时，文徵明还做歌一首，有句云“仙人谩说爱楼居，咫尺丹青足卷舒”[153]。爱楼未必要造楼，把楼绘成图画，足以寄托情怀。换句话说，绘画可以成为现实生活的补充甚至替代。它耗费甚小，意义却很大。陈宏绪在《寒夜录》中进一步阐发了这一理念：

> 文衡山先生停云馆，闻者以为清闭。及见，不甚宽敞。衡山笑谓人曰：“吾斋馆楼阁，无力营构，皆从图书上起造耳。[154]

停云馆是文徵明的书斋居所，因为文氏而声名大噪，可真正去过的人才知道那并不是什么宽敞宏丽的馆舍。对此，文徵明自有一番通脱的见解。他说“我没有财力营建斋馆楼阁，但我可以在印章上刻上斋馆楼阁的名称，不就等于拥有了它们么？斋馆楼阁是精神的栖息之所，而非炫耀财富的手段，既然如此，从“图书上起造”或是将之绘成“咫尺丹青”都未尝不可。”

董其昌临摹过文徵明的《神楼图》，对于文徵明“从图书上起造”，即“以象征性的方式拥有并使用园林”的主张深以为然。因此他才会在造园竞赛中潇洒地提出“余家之画可园”的观点。与现实中的构建活动相比，艺术里的构建活动毫不逊色，甚至更加高尚不俗。因为无论是制作还是欣赏一件艺术品，都需要投入巨大的文化资本，而这恰恰是士绅阶层的优势所在。

相比于现实中的楼阁，艺术中的楼阁还有一大优势——不会随着岁月的流逝、人世的变迁而消亡。苑囿之兴废是自古而然的规律，造园者的辛勤劳苦和深情执着往往随着园林的颓败而幻灭。陈弘绪说："尝观吴越巨室，别馆巍楼，栉比精好者何限，卒皆归于销灭。而（文、刘）两公以图书歌咏之幻，常存其迹于天壤，士亦务为其可传者而已。"[155]"士亦务为其可传者而已"道出了士大夫钟情艺术的原因：因为惧怕湮没和销蚀，人们总想挽留住记忆。在时间强大的力量面前，文字与图画比木石更加不朽。

（四）品位竞争

汪汝谦的"以舟为园"与董其昌的"以画为园"，是士绅阶层在激烈的造园竞赛中采取的两种应对模式：前者以艺术化的方式营造审美性的空间，后者更进一步，将对园林物质性的占有转化为象征性的占有。这两种模式的核心都在于"发明趣味"。

无论古今，从提升个人形象的角度来说，奢侈品消费其实是最廉价且快捷的手段。因为真正要从内而外的提升实在耗时耗力，绝非普通人咬牙跺脚就能负担得起的。以精英自居的士绅们很清楚，包括园林在内的奢侈品是最靠不住的东西，因为再昂贵的东西也会是脑满肠肥、一脸油光的暴发户们可以轻轻松松买下来的。一个人的确可以凭借能力和运气很快爬到社会金字塔的高端，但无论他有再高的能力、再多的运气，也没法以暴富的速度获得文化修养和审美眼光。谢肇淛就对那些"竭其物力"想"与缙绅先生竞胜"的富商俗吏屑一顾：

> 纨绔大贾，非无台沼之乐，而不传于世者，不足传也。拘儒俗吏，极意修饰，以自娱奉，而中多可憎者，胸无丘壑也。[156]

富商和俗吏都致力于营建园林，但他们之所以不足为道，是因为“胸无丘壑”，没有对山水风景构思布局的能力。“丘壑”字面之意是山陵和溪谷，其实暗示着一种艺术趣味和审美眼光。这种趣味和眼光无法像财富一样在短时间内获得，必须经历漫长的熟习道路。

当园林成了社会竞争的场域，品位的塑造就成为士绅阶层用作身份区隔的“给力”工具。不过“品位”只能在社会情境中展现，简单地说：“品位”需要观众。正因如此，汪汝谦才会在“不系园”和“随喜庵”中开展丰富的文艺活动，请董其昌、陈继儒等众多文化名流为之题诗作文。正如钱大昕所言：“亭台树石之胜，必待名流言宴赏，诗文唱酬以传。”[157]文徵明为刘麟定制的“纸上园林”同样需要在公共场合被展示。在刘麟的寿宴上，这幅画产生了轰动效果：在场的宾客纷纷就此事吟诗作曲，一时间成为地方焦点新闻，“三吴缙绅家忻慕风雅之盛，步韵而咏者，无虑数百馀章”[158]。甚至，连远在云南的文人杨慎也题诗唱和。“神楼”之名广为传布，“乡民具瞻，莫不叹曰：有官鼎鼐，无地楼台，南坦公之谓乎？”[159]刘麟的名望和声誉随着图画里的楼阁大大提升。

通过借助名人的声望和积极的社会互动，不管是对“流动园林”（舟舫），还是对“纸上园林”（绘画）的投资都转化成为公共意义上的地位。因此，即便有无数新富起来的人参与造园时尚的追逐，明眼人还是能不费力地分辨出谁才是社会真正的精英。

四、西湖雅事

1584年9月13日，传教士利玛窦写信给西班牙税务司司长罗曼，说他感到费解的是中国的士人似乎从来不愿将聪明才智用于工作，而是乐于把时间消磨在彼此的交游上，“也有些人可能整天企图在浪费金钱，彼此拜访，相互宴请，饮酒作乐，这对士子都是平常的事。人们都很爱好吃喝声色之乐，且有专门书籍记载弹琴的姿势（图3.25），整年有舞蹈和音乐，还有作乐的处所、钓鱼的池塘和其他消遣的处所等等。”[160]

汪汝谦和他的朋友们在西子湖畔用心打造的精致生活恰好印证了利玛窦描述的风潮。他们建造园林，设计舟舫，结社雅集，沉迷于戏曲、花卉和古玩书画的赏鉴中，并通过研究、实践和切磋这些雅事彰显自己独特的品位。逸乐成为晚明士大夫生活中一个不容忽视的因素。李孝悌就提出：逸乐可以作为一种价值。此中包含两层意义：一是用来呈现作为研究对象的明清文化的一种重要面相；一是要提醒研究者自身正视“逸乐”作为一种价值观、一种分析工具、一种视野以及一个研究课题的重要性。[161] 他对逸乐作为学术研究的课题做了下述论辩：

> 在习惯了从思想史、学术史或政治史的角度，来探讨有重要影响的历史人物后，我们似乎忽略了这些人生活中的细枝末节，在形塑士大夫文化中所扮演的重要角色。其结果是我们看到的常常是一个严肃

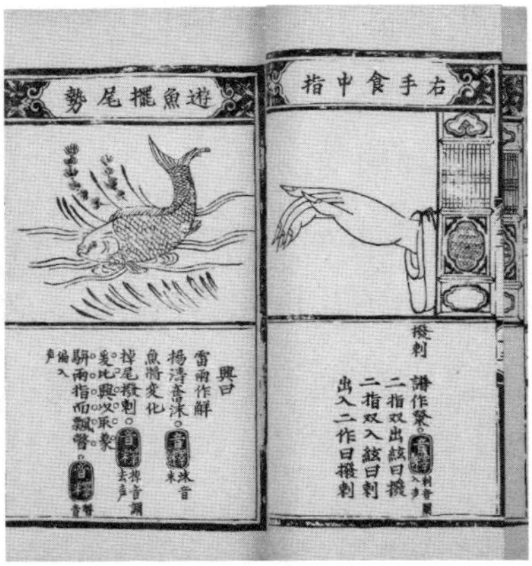

图3.25　演奏古琴的指法（《太音大全集》）

森然或冰冷乏味的上层文化。缺少了城市、园林、山水，缺少了狂乱的宗教想象和诗酒流连，我们对明清士大夫文化的建构，势必丧失了原有的血脉精髓和声音色彩。[162]

借助汪汝谦和其他生活在西子湖畔的文人雅士的记录，我们有机会窥探明末清初文人士大夫生活中的细枝末节，领略他们艺术化的生命状态。

（一）结社

明代文人喜好结社，大江南北各种名目的集社不胜枚举，如诗社、文社、书社、画社、鉴赏社、珍古社、读书社、明经社、时文社、茶社、酒社、花社、弈社等等（图3.26）。张岱的祖父张汝霖就曾在杭州与友人包涵所、黄汝亨等人成立了一个“饮食社”，专门讨论饮食之事，他们以讲求正味为宗，著有《饔史》四卷。[163] 在名目繁多的集社中最为常见的是诗社。文人韵士或十日一会，或月一寻盟，假湖山胜地，作诗酒唱酬，既有朋友相契的喜悦，又可以相互切磋诗文。

西湖山水秀丽，更能够启发文士们的诗兴。诗社雅集则为文人们的山水生活提供了一个相互交流诗文技艺的空间。作为一名儒商，汪汝谦同样热衷于诗文雅事，毛际可称其诗：“大率五七言古，奔轶豪放，超然尘表；而近体则疏隽遒逸，有一唱三叹之风。”[164] 王志道称其文“未尝不搜元于执戟，骋博于中垒，但以闲情微辞多出入笔端，论者遂以花间香奁目之。”[165] 晚年时，汪汝谦与李明睿、冯云将、顾林调、张

图3.26　（明）尤求，《园林雅集图》（局部），美国纳尔逊－艾金斯艺术博物馆藏

遂辰成立了孤山五老会，常常相约徜徉山水之间，砥砺诗文。

《春星堂诗集》中载“同李太虚先生、冯云将、顾林调、张卿子订五老会”诗云：

太虚本是人中瑞，逍遥脱屣青云器。直节森然孰可攀，拂衣不挂尘寰事。翩翩佳士冯云将，滑稽惊座少年场。林调顾君才最富，五经腹笥名山藏。张郎卿子亦罕遘，手编说郛播宇宙。一朝聚首西湖滨，衮衮奎垣占辐辏。紫绶黄金非所求，杖藜群逐商山游。惭余白首无建立。厕身五老难匹俦。人生行乐当如此，何用浮名混青史。楚国三生少见机，竹林七子徒然尔。洛社风流迹已稀，文章道德留馀辉。即今四海正清晏，急须携酒烹肥鲜。[166]

李明睿、冯云将、张遂辰、顾林调皆为当时名士。李明睿，字太虚，江西南昌人，曾担任翰林学士，是谭元春、吴伟业的座师。李明睿颇有政治见识，崇祯十七年（1644），李自成的军队即将攻破北京城之际，他力主崇祯皇帝先南迁，再图征剿。可惜崇祯帝犹豫不决，最终以上吊结束了自己和一个王朝的寿命。[167] 成为遗民的李明睿并没有接受满清政权高官厚禄的诱惑，而是过上了“拂衣不挂尘寰事”的隐退生活，经常活动于江浙一带，他与汪汝谦等人成立孤山五老会应该也就是在流寓江南的时候。

冯云将名叫冯鹓雏，字云将，是快雪堂主人冯梦祯的次子。他在科举考试中殊不得志，父亲去世后家道中落，生活颇为困顿。“有薄田三十余亩，在余杭山中，仅给饘粥。”但冯云将依旧怡然自乐，“杜门屏居，能读父书。种兰洗竹，不愧古之逸民”[168]。冯云将是汪汝谦相知相契甚深的知己，在汪汝谦生命的最后时刻，冯云将就陪伴在他的身旁。[169]

五老会中的张遂辰（字相期，号卿子）是杭州一位赫赫有名的医生，诗文亦名扬于世。张遂辰风流高旷，对世俗之事毫不留心。平时一好谈《易经》，二好钻研医书。张遂辰的医术十分高明，每年经他医治活命的病人有数百人之多。为了表达对他的敬意，人们将他居住的巷子命名为“张卿子巷”。[170] 浙江博物馆藏有曾鲸为张遂辰绘制的一幅肖像。画中张卿子身着青袍朱履，一手拈须，一手宽袖下甩，神情安详，仪态端庄，栩栩如生。画像面部先用淡墨多层烘染，再行敷色，赭石中略掺铅粉，耳朵等部位用较浓的赭色勾提，笔墨浑然一体，形神兼备。衣纹线条垂长而方折多变，坚劲挺拔，又用淡青色贴着墨色线条稍加渲染，使墨线更显劲健生动，笔墨趣味浓厚（图 3.27）。这幅画创作于天启二年（1622），当时曾鲸常常在杭州活动，与汪汝谦亦有交往。他曾为汪汝谦的红颜知己女画家杨云友绘制肖像[171]，也曾与张遂辰共同出现在汪氏舟舫上。[172]

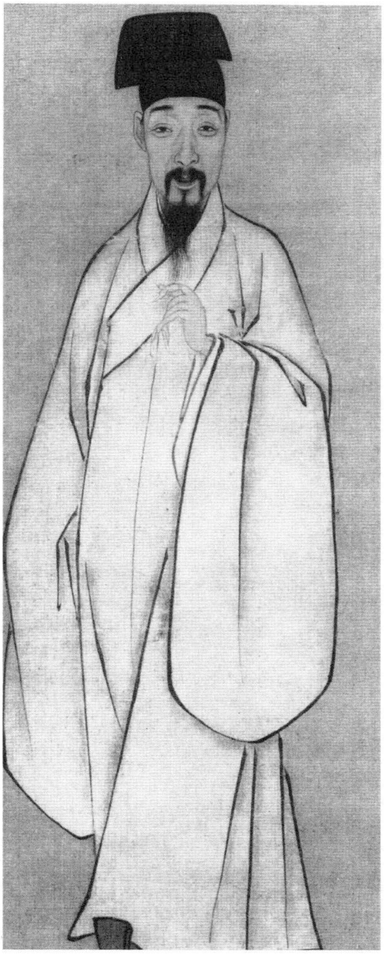
图 3.27 （明）曾鲸，《张遂辰像》，浙江省博物馆藏

史籍中有关孤山五老会中顾林调的记载并不多，汪诗称他“林调顾君才最富，五经腹笥名山藏”，句后自注云：著有五经解注。可见顾林调是一位学识丰富的儒者。

经历了朝代的更迭，五位老人仿效秦末汉初退居商山的四位隐士，告别世事纷争，抛开功名利禄，相聚西湖之滨，流连于诗酒唱酬吟咏山水的风雅生活。

（二）声伎

汪汝谦是一位热情的昆曲爱好者，在《春星堂诗集》中载有多首他与朋友们选伎征歌的诗作。他曾聘请著名曲师黄问琴与苏昆生为其家乐教习。“次儿去粤西三年不通音信，入夏焦劳成疾，伏枕浃旬，得诗八章，自嘲并示儿辈”组诗八首）之七后原注曰：

> 昔冯开之司成延黄问琴教习青衣，予因邀传歌童。自问琴去世，无复此趣。有女史以善歌者寄予，久离教师，十忘其七。忽于新安遇吴友苏昆生，典型宛然，殆天作之合也。[173]

黄问琴是江南赫赫有名的清曲家。清曲演唱是明清文士缙绅阶层一种高雅的娱乐活动，最能体现个人的曲学造诣。清曲家往往享有一般职业曲师无法比拟的声誉和地位。家乐主人为了提高家乐的艺术品位，会聘请清曲家充当教习。黄问琴曾经备受快雪堂主人冯梦祯的青睐，应邀到冯家教习青衣。在冯梦祯家中待了数年之后，黄问琴又转至汪汝谦家中教曲，直到生命的终结。汪汝谦对他的逝世深感痛惜，曾赋诗云：“广陵调绝随流水，无复新声响震林。”[174] 后来汪汝谦虽然又请了善歌的女子担任家乐教师，但教学效果似乎并不理想，直到他遇到苏昆生。

苏昆生是一位流落江南的著名清曲家，早年曾与评书艺人柳敬亭投于名将左良玉幕下。南明小朝廷覆灭，左良玉病死九江，苏昆生愤而削发入九华山为僧。后随汪汝谦前往杭州，担任汪家戏曲老师，直至汪汝谦去世。[175] 初遇苏昆生时，汪汝谦大有相见恨晚之感，两人一拍即合，在欣喜之余，汪汝谦提笔赋诗云：

图3.28　(清)禹之鼎,《月波吹笛图》(局部),北京故宫博物院藏

常怀时事恐凄凉，愁绪应消翰墨场，每听歌声耽绝调，犹怀笔砚在精良。清供适兴能增韵，良友陶情熟肯忘。今日欣逢天作合，因缘前定莫思量。[176]

苏昆生不仅善于清唱，还长于弄箫。汪汝谦曾在月夜聆听他那出神入化的箫声："凉风初动水西头，桂序将中萤火流。有客夜阑还露坐，洞箫吹彻广寒秋"（图 3.28）[177]。

晚明时，蓄养家乐已在文人士大夫间相袭成风。许多富有的商人为提高自身社会地位，发展交际应酬的手段，也加入了蓄养家乐的行列。士绅、富豪们不但在家中观戏，甚至出门旅游也要带上家伎。西子湖风景秀冶，自然成为家乐主人们流连之地。文人缙绅、富豪官宦们搭乘画舫或楼船，在湖上选妓征歌，演剧作乐，以添游兴。

由于湖舫演出的气势较之家宅庭院来得磅礴，缙绅豪门便竞相在湖上构筑楼船，成为一种风尚。最早开始在楼船中观剧的人大概是包涵所。他常带着声伎与歌童，乘兴而出，一去便是十多日，沿途观看者竞逐，引领风流。[178] 金陵名妓马湘兰也曾往包家楼船做客，并命自己训练的歌伎与包家的家伶同台演出。[179]

普通游客对船舫演剧感到新奇，因而常常围观。邹迪光在《西湖游记》中记录了其家童子在湖上演剧的经历：他和友人们欣赏了西湖风景后，便在楼船上休息。邹迪光命随行歌童清唱数曲。邹家调教家伶有独特的方法，“求工于雅，一切金银假面，诨语俚言，都所不用，人知其妙而未必真知所以妙也”。因此，歌童刚一开口，声音婉转如莺，划破天际，引得周围居民和游客纷纷驾着小艇前来围观，“每奏一技，赞叹四起，欢声如沸”。在这些人当中还有一个嗜乐如痴的人，名叫柴仲美。自从听了邹家歌童的清唱，他便日夕相从，利用一切机会来听曲，令邹氏大受其扰：

> 已卯……独予驾而至湖心亭，……而柴君又至矣，复请余剧。余复强为作数出，而柴君喜欲狂，谓非人间所有，听歌命酒，抵断桥别去。……日迫瞑，乃回篮舆，复过灵隐至冷泉亭憩焉。……及舟所，而街鼓已动，柴君又且至矣，未暇作剧，第为捻管按歌，而柴君益复厌心快意，跳地大叫，不自知其魂之销也。……回至清波门，而湖船已先期至。柴君复来，请予诘朝毋入山，将以酒肴至木兰而觞之中流。余许之，癸未，如其言不他往。……柴君舣舟待酒三行，随挈榼过余舟，要予诸童作剧，若柴为之宾，而余为之主也。歌虽小道，阳春白雪，知音者寡，寥寥武林，实惟伊人。故余严谢客儿独不忍绝柴君。是夕，遂与相别，期以明春桃花时再会。[180]

在邹迪光的一生中，没有见过像柴仲美这般嗜乐成痴、成性、成迷、成狂的人。但这类有痴癖的文人，虽其行止一时令人难以忍受，却也显出个体生命的真性情。人生在世，知音难觅，邹迪光就和柴仲美约定：在来年春天桃花绽放的时候，再来好好聚首，共话戏曲之妙。

在汪汝谦的记忆中，正是因为有了歌舞丝竹，西湖的夜晚才显得格外迷人。在明朝灭亡后很久，他仍然会在给朋友的信里深情地追忆笙歌湖上的情景：

> 已而，夕阳在山，酒阑人散，沿十锦塘而归，泊断桥下，一丝一竹，响遏行云，不减虎噣佳话。或为长夜之游，选妓征歌，集于堤畔，一树桃花一角灯，风来生动，如烛龙欲飞；照耀波光，又如明珠蚌剖。旦暮之间，其景不一。历其境者，身心为之转移矣。[181]

在春天，百花盛放的夜晚，翩翩富家公子带着漂亮迷人的歌妓徜徉在西子湖畔，湖上咿呀的戏曲声萦绕不绝。岸边每一棵桃花树上都悬着一盏灯，微风吹来，灯儿轻轻晃动，在夜色中如一条火龙，上下翻腾。笙歌醉梦，光景流连，恍如神仙。

（三）赏花

西湖是一座汇聚百花千树的美丽园林，赏玩花卉也是湖畔文人雅士生活中不可缺少的项目。一年四季，花事不断，汪汝谦常与友人相约访花。

探梅：

高濂在《四时幽赏录》中将不同季节的赏花内容一一举出，“孤山月下看梅花”列为第一条目，也算是一年中的头一桩雅事：

> 孤山旧趾，逋老种梅三百六十已废，继种者，今又寥寥尽矣。孙中贵公补植原数，春初玉树参差，冰花错落，琼台倚望，恍坐玄圃、罗浮。若非黄昏月下，携尊吟赏，则暗香浮动、疏影横斜之趣，何能真见实际？[182]

“逋老”，指的是北宋诗人林逋，明人对于孤山梅花的情结起于对林逋的推崇。林逋，字君复，杭州钱塘人。他性恬淡好古，不趋荣利。初

图 3.29　梅花初绽的寒春时节，林逋伏于石案凝神为梅花赋诗，童子在火盆旁烤脚，白鹤卧于其身后。（元）钱选，《西湖吟趣图》，北京故宫博物院藏

放游江、淮间，后来回到杭州，结庐西湖孤山，二十年足不及城市。他以梅花为妻仙鹤为子，过着清贫而静寞的生活（图 3.29）。从他笔下浮出的那两句诗“疏影横斜水清浅，暗香浮动月黄昏”穷尽了梅花的神韵，也掀起了绵延后世的爱梅风潮。

汪汝谦就曾在雪后的夜晚与画家邹之麟等人前往孤山访梅，时清风摇曳香林，笛声吹破寒云，如入仙境（图 3.30）：

> 春日孤山兴不孤，松间鹤影雪模糊。亭临烟水浮清浅，径入花阴若有无。风度香林摇玉佩，光分座客濯冰壶。一声远笛乘归棹，吹破寒云月满湖。[183]

赏梅之余，汪汝谦还积倡首补梅。孤山补梅是件极为风雅的公益事业，万历年间，太监孙隆补种了三百六十株梅花。后来文人张鼐、周宗建和张岱又相继补种，并各有文章记其事。崇祯年间，汪汝谦鼓动崔征仲重修放鹤亭，并号召同流各补梅一树。晚明杭州士人相继补梅怀有一个共同的目的，就是追念与梅花有密切关系的诗人林和靖，正如张岱在《补孤山种梅叙》开篇所云：“盖闻地有高人，品格与山川并重；亭遗古迹，梅花与姓氏俱香。”[184] 孤山、梅花与林逋共同构成了一种高逸品格的象征，让后世文人一再重现、回味、倾慕，他们试图通过恢复梅花满山的旧日景观，来维系孤山数百年淡雅静定的气韵。

图 3.30 （明）陈洪绶，《摘梅高士图》，天津博物馆藏

除了孤山之外，西溪也是汪汝谦常去赏梅之处。西溪的山水淳朴自然，村落相间，鸡犬之声相闻，古刹梵音，使人生世外之想。此间风味与西子湖大异，正如张岱在《西溪记》中所云："（西溪）地甚幽僻，多古梅……其地有秋雪庵，一片芦花，明月映之，白如积雪，大是奇景。余谓西湖真江南锦绣之地，入其中者，目厌绮丽，耳厌笙歌，欲寻深溪盘谷，可以避世如桃源、菊水者，当以西溪为最。”[185] 自万历以来，西溪的独特风味吸引了很多文人来此植梅、玩赏和隐居，冯梦祯就是其中之一，据说西溪永兴寺的两株著名的绿萼梅就是他亲手所植：

> 万历初，冯太史梦祯延僧真麟饬新之。手植绿萼梅二本，题其堂“二雪”。上有楼，可以凭眺，花时绿雪交柯，满庭芬馥，堪为韵士清赏。[186]

距离永兴寺不远处就是汪汝谦的横山别业，崇祯十二年（1639）的春天柳如是曾寄寓于此。后来，钱谦益约柳如是到西溪赏梅，并于西溪横山盘桓了一个月，但柳如是并未赴约。按照陈寅恪先生的说法：“观梅之举，本约河东君同行，河东君既不偕游，于是牧斋独对梅花，远怀美人，即景生情，故此四首咏梅之作，悉是河东君之写真矣。”[187]冯梦祯手植的两株绿萼梅在几十年后竟成了柳如是的象征，成为钱谦益回忆他乡佳人的凭借。

赏桃花：

三月赏桃花，亦是西湖盛事。杭人多喜艳丽的桃花，“苏堤度六桥，堤两旁尽种桃柳”，每年二三月间，“柳叶桃花，游人阗塞”[188]。老百姓趋之若鹜去赏花：“由断桥至苏堤一带，绿烟红雾，弥漫二十余里。歌吹为风，粉汗为雨，罗纨之盛，多于堤畔之草，艳冶极矣。”[189]可见六桥是观赏桃花最佳的地点。汪汝谦曾与友人胡仲修、贺宾仲、徐震岳、徐泰岳、女诗人王微一同去六桥看花。[190]而在高濂看来，看桃花这一桩事情在不同的时间和不同的天气里有不同的趣味：

> 其一，晓烟初破，霞彩影红，微露轻匀，风姿潇洒，若美人初起，娇怯新妆。
>
> 其二，明月浮花，影笼香雾，色态嫣然，夜容芳润，若美人步月，丰致幽闲。
>
> 其三，夕阳在山，红影花艳，酣春力倦，妩媚不胜，若美人微醉，风度羞涩。
>
> 其四，细雨湿花，粉溶红腻，鲜洁华滋，色更烟润，若美人浴罢，暖艳融酥。
>
> 其五，高烧庭燎，把酒看花，瓣影红绡，争妍弄色，若美人晚妆，容冶波俏。

其六，花事将阑，残红零落，辞条未脱，半落半留；兼之封家姨无情，高下陡作，使万点残红，纷纷飘泊。或扑面撩人，或浮尊沾席，意恍萧骚，若美人病怯，铅华消减。[191]

图 3.31　（明）沈周，《落花诗意图》（局部），台北“故宫博物院”藏

高濂觉得普通人争赏六桥桃花，却不能完全领悟其中的幽趣。他便另辟蹊径，选择在晨曦、月夜、日暮、雨中、晚宴上以及花事将阑这六个独特的时间前去赏花，桃花便呈现出“初起”“步月”“微醉”“浴罢”“晚妆”“病怯”六种不同的意态。高濂赏花不是一般的观看，更非占有或夸示，而是将花看作美人，用心地体味她的美丽。桃花的万千姿态就如美人的一举一动，一颦一笑，让人流连。高濂最钟情的当属落英缤纷之时，他便要“醉眠席地，放歌咏怀，使花片历乱满衣，残香隐隐扑鼻，梦与花神携手巫阳，思逐彩云飞动”了。袁宏道对落花亦是深情缱绻，六桥雨后飞落的桃花在他的笔下绮艳如画（图 3.31）：

寒食后雨，予曰：“此雨为西湖洗红，当急与桃花作别，勿滞也。”午霁，偕诸友至第三桥，落花积地寸馀，游人少，翻以为快。忽骑者白衣而过，光晃衣，鲜丽倍常。诸友白其内者皆去表。少倦，以面受花，多者浮，少者歌，以为乐。[192]

花与美人：

袁宏道是个爱花成癖之人，他著有《瓶史》一书，专言赏花的要诀。他说瓶花有喜、怒、寤、寐、晓、夕等不同情绪。

"花之喜"是"唇檀烘日、媚体藏风";
"花之愁"是"晕酣神敛、烟色迷离";
"花之醒"是"嫣然流盼，光华溢目";
"花之梦"是"欹枝困槛，如不胜风";
"花之晓"是"澹云薄日、夕阳佳月";
"花之夕"是"狂号连雨、烈焰浓寒"。[193]

将花木比拟为具有性情的人——尤其是美人，进而对之投注感情，是中国传统文学的表现方式之一。这一传统由来已久，高濂看桃花姿态万方，袁中郎视瓶花有性情喜怒，皆是对这一传统的承继。汪汝谦的诗集《绮咏》，就将吟咏名花与名姝的诗作收录在一起。诗集的小序说："陆士衡有云：诗缘情而绮靡。绮自情生者也。万物之色艳冶，心目无之，非绮。惟名花、名姝二者，来香国，呈媚姿，令人飘飘摇摇而不自禁，则情为之萦。"[194] 这段话颇能反映当时文士对待花木的态度。他们对花卉的欣赏不再是一般性的观看，而是将人的性情与品格移置于花身上，并用深情来对待，这种对"物"的想象正是文人开展其感官文化的重要基础。视名花如名姝，这并非晚明文人独创的观念，然而将这种观念带入实际生活的层面，以此建构新的生活情境，尝试与物相交感，别创出一个独特的文雅情境来，以为个人生命之寄托，这却是晚明文人文化的重要特色（图3.32）。[195]

花木一旦被"性情化"，就可以作为人的交往对象，赏花也自然成为一种互动的过程，人对花须得有份尊重护惜的心情。在众多的赏花方式中，袁宏道最赞成品茗赏花；其次是交谈赏花；喝酒赏花则是最糟糕的。赏花时语言须得清雅，要是庸秽凡俗，宁可闭口枯坐，免得唐突了佳人。

他还特别指明赏花的时机和地点要与季节相适应：

> 寒（冬）花宜初雪、宜雪霁、宜新月、宜暖房。温（春）花宜晴日、宜轻寒、宜华堂。暑（夏）花宜雨后、宜快风、宜佳木荫、宜竹下、宜水阁。凉（秋）花宜爽月、宜夕阳、宜空阶、宜苔径、宜古藤巉石边。[196]

图 3.32 （明）唐寅，《牡丹仕女图》，上海博物馆藏

一旦花卉被纳入了赏玩的范围，文人们便热衷于以其他相宜的事物与之配合、呼应，以此营造出更全面的雅境。秋天时，高濂曾骑着驴子入南山满家弄看桂花。进入山中小径，只见珠英琼树，香满空山，恍然进入了灵鹫金粟世界。在赏花的同时，他“就龙井汲水煮茶，更得僧厨山蔬野蔌作供，对仙友大嚼，令人五内芬馥”[197]。汪汝谦也曾两次应友人之邀，在桂树林中把酒言欢：“空浮素魄望如银，转觉天香夜袭人。花间绮席错八珍，一曲新声两部陈。陶然尊酒结芳邻，况复清秋是良辰。”[198]高濂和汪汝谦的经历告诉我们赏花是需要和其他外在情境相配合的：啜香茗、嚼山蔬、听新曲、品美馔、饮芳酒，这些活动与赏花一起，共同营造出清新脱俗的审美经验。

（四）书画古玩赏鉴

书画古玩的收藏与赏鉴是汪汝谦的另一项爱好。作为一位热心的艺术赞助人，他与当时著名的书画家董其昌、陈继儒、陈洪绶、曾鲸、谢彬、邹之麟等皆有交往，艺术品位也必然得以提升。王志道称“然明家多藏古画”[199]，而汪汝谦的同乡、晚明著名的书画交易人吴其贞曾经在汪家观看过南宋画家赵伯驹的《明皇幸蜀图》。[200]汪汝谦不仅藏有古画，对于同时代的艺术作品也广泛收纳，他曾得到董其昌楷书的孝经，欣喜之余，特意题诗纪念[201]。汪汝谦还将董其昌、黄汝亨等名家的翰墨加以整理摹拓，编订为《朱萼楼帖》，钱谦益称赞他：“钩探风雅，摹拓书法，编次金石，忖度律吕，虽专门内谱不能与之争能。”[202]令人遗憾的是“世间好物不坚牢，彩云易散琉璃脆”，天启七年（1627）杭州城起了一场大火，汪汝谦生平收藏的书画在这场火灾中几乎全部付之劫灰，未能流传下来。[203]

自明代中叶起，书画古玩收藏之风蔚然兴起。拥赀钜万的徽州商人为了追求自身的文化价值大量收购金石、古玩和字画。吴其贞在《书画记》中说：“忆昔我徽之盛，莫如休、歙二县，而雅俗之分，在于古玩之有无，故不惜重值争而收入。时四方货玩者闻风奔至，行商于外者搜寻而归，因此所得甚多。”是否拥有古玩、会不会鉴赏，成为衡量商人雅俗的标准。最初，那只是对士大夫生活方式的一种盲目模仿，很有些附庸风雅的意思，他们不惜重金购买的古玩字画也常常是赝品，因而遭到文人雅士的嘲弄：“比来则徽人为政，以临邛程、卓之赀，高谈宣和博古，图书画谱，钟家兄弟之伪书，米海岳之假帖，渑水燕谈之唐琴，往往珍为异宝。”[204]然而随着接触的赝品和真品越来越多，徽州商人的鉴赏水平也日益精进，他们的收藏偏好甚至对整个社会的审美旨趣产生了影响。王世贞就提到，明初绘画崇尚宋人，但自嘉靖后期以来忽重元人手笔，从倪瓒到明沈周的画，陡然间增价十倍；瓷器原先以五代宋朝的哥、汝诸窑为珍，隆庆末年以还，“忽重宣德以至成化，价亦骤增十倍”，而究其原因，“大抵吴人滥觞，而徽人导之”[205]。所谓“吴人滥觞”，指的是苏州士大夫是书画古玩鉴藏领域最初的标准制定者，“苏人以为雅者，则四方随而雅之；俗者，则随而俗之”[206]。而徽商作为后起之秀，居然取前者而代之，成为新的潮流引领者。

汪汝谦的同乡汪宗孝也是一名富有的徽商，他“收藏金石古文法书名画彝器古玉甚富。死后散落人间，独手书目录犹在”。从钱谦益所作的《新安汪氏收藏目录歌》中，我们便可一窥其丰富的收藏：

> 金钱积气久盘郁，化为群玉纷璆琅。羽陵宛委吐灵异，瑶函云笈差缥缃。晋书唐画出秘阁，永和淳化罗墨庄。昭陵玉匣夸购取，宣和金书矜弃藏。邺侯万签曾未触，桓玄一厨今不亡。东观词人著跋尾，奎章学士书右方。轩辕丹鼎借光气，天都草木增辉光。人间墨绘汗牛马，敢与列宿分焜煌。清閟之阁萧闲堂，充栋插架闻古香。错列几案峙彝鼎，镇压卷帙填圭璋。疏窗眼明见仓籀，棐几日暖流丹黄。主人好古复好事，千金豪取如针芒。弹琴煮茗自欣赏，高僧词客同平章。青娥摩挲辨款识，红袖拂拭焚都梁。凄凉不解《云烟录》，寒俭笑彼书画航。[207]

徽商热衷于书画古玩的收藏，而杭州繁荣的艺术品市场也为收藏家与书画交易人提供了一个很好的交流平台，比如昭庆寺就是一个重要的书画古玩交易场所（图3.33）。张岱在《西湖梦寻》中描述了当时昭庆寺的场景：“万历十七年，司礼监太监孙隆以织造助建，悬幢列鼎，绝盛一时。而两庑栉比，皆市廛精肆，奇货可居。”[208]《陶庵梦忆》中又记西湖香市的盛况：“昭庆寺两廊故无日不市者，三代八朝之古董，蛮夷闽貊之

图 3.33　昭庆寺两廊摊铺店肆云集，《新镌海内奇观》插图

珍异，皆集焉。”[209] 嘉兴文人李日华常去杭州收购书画，就寄宿在昭庆寺中。他在万历四十年（1612）七月二十九日的日记中写道：

> 前是督理织造内臣孙隆于昭庆寺两廊置店肆百余，容僧作市，鬻僧帽、屣履、蒲团、琉璃数珠之属。而四方异贾亦集。以珍奇玩物悬列待贾。谓之摆摊。余每饭罢，东西游行，厌而后舍去。[210]

李日华经常光顾这些摊肆，并在这里买到一件郭熙的画作《扶桑晓日》。[211] 他的收藏里还有一幅沈周的作品也在此购入。[212] 董其昌也在昭庆寺购得过先秦宝鼎，非常喜欢，干脆将自己的书斋命名为“宝鼎斋”，而且刊刻《宝鼎斋帖》行世。[213]

除了像昭庆寺这样大规模的艺术品交易市场外，西湖畔还有不少小型的艺术品店铺。李日华在日记中就记载了一位在岳庙前开古董铺的布衣之士项宠叔：

> 步至六桥。至项老儿店。与之雪藕而食。项老欣然出画卷评赏，……项老。歙人。初占籍仁和为诸生，以事谢去，隐西湖岳祠侧近。老屋半间，前为列肆，陈瓶盎细碎物，与短松瘦柏、蒲草棘枝堪为盆玩者。率意取钱籴米煮食。有以法书名画

来者。不吝倾所蓄易之。支床堆案。咸是物也。其中不能无良楛，而意自津津。初年尚有一妾，蓬鬓麻裙，不啻司空图之鸾台也。无何化去。老遂独居，朝起或懒炊，即汲西湖水盥醎，出数钱买炉饼食之，率此度日。晨暮非剪拂松竹，即翻阅书画，或支颐看山。意绪忽忽。春日游舫至，绮纨裘马，照耀夹路。项老独以椎髻垢面，傲睨自若。交易之外，绝无一言。或论价不相值，即交膝胡床，呼之不复应矣。住湖上十余年，人渐渐识之，亦不改其操也。项老名宠叔。号玉怀道人。[214]

晚明的杭州具有了繁荣的艺术品交易场所和活跃的书画交易人，艺术市场相当成熟。除此之外，杭州还生活着一批高层次的书画鉴藏家。他们趣味相投，常常在一起切磋藏品，也促进了整个西湖文人士绅阶层的收藏水平。董其昌多次前往杭州，其中一个重要目的就是与当地的收藏家高濂、冯梦祯、吴廷、杨彦冲、陈梁等进行交流（图 3.34）。通过这些收藏家，他得以欣赏到晋人王羲之《官奴帖》、王献之《中秋帖》、唐人王维《江山雪霁图》、宋人郭熙《仿王维辋川图》、米友仁《楚山秋霁图》、萧照《高宗瑞应图》、苏轼《赤壁赋》、米芾草书《九帖》、行书诗《拟古》《吴江垂虹亭作》《入境寄集贤林舍人》、宋高宗书《杜少陵诗》、元人赵子昂《春郊挟弹图》《支遁洗马图》《仿赵伯驹“谢幼舆丘壑图”》《宋高宗书杜少陵诗意图》《临王大令四帖》等书画珍品。[215]

图 3.34 （明）仇英，《竹园品古图》，北京故宫博物院藏

生活在杭州这样一个艺术市场繁盛、艺术氛围浓郁的城市中，汪汝谦的书画收藏与其说是出自强烈的个人兴趣，不如说是出自构建风雅生活以及交接名人高士的需要。正如柯律格在《长物》一书中试图说明的：晚明时代的士绅投资于私人物品时常受到严密的审查，从而把真正有教养的、受人尊敬的人与那些野心勃勃但低位低微的人区分开。对十分昂贵的文化商品的收集或鉴赏是上层精英的一件神秘之事，他们由此能把纯粹的财富转换成象征性的资本，从而证实或加强他们的身份和地位等级。在那种相对封闭的小圈子里的鉴赏家看来，文化商品的占有只是卖弄风雅。然而拥有恰当的物品与拥有适当的地位一样，把真正的精英与他们圈子外的那些人区分开。[216] 汪汝谦收藏的古玩书画与他巧妙设计的画舫，悉心蓄养的家乐一样构成了他“风雅典型”的象征性资本。

汪汝谦自垂髫之年从歙县迁至杭州以来，就在西子湖畔优雅地度过了一生。吟诗、品画、瀹茗、焚香、观戏、赏花、构园、造船，这些充满感性与知性的文艺活动成为他和他的朋友们生活的重心。他们似乎是一群“闲”人，时间对于他们来说不具有任何生产性的意义，他们把个人的生命重心从世俗世界中撤离开来，藉由各种玩物的品评、摆设、赏玩，经营起一个兼具知性与美感的生活世界，从这里建构出一套“闲雅”的生活文化。与他们精致的生活方式相比，今天的我们活出的似乎只是一个生活的梗概。

清顺治十二年（1655），七十九岁高龄的汪汝谦病逝于西湖畔。他的人生谢幕也表现得风流洒脱，钱谦益在墓志铭中说他“弥留待尽，神明湛然，犹要云将诸公品画谈诗，吹箫摘阮，视荫既移，抗手告别而卒”[217]。汪汝谦仿佛不是要死去，而仅仅是做一次没有忧伤的远行。

注释

1. 张岱：《不系园》，《陶庵梦忆 · 西湖梦寻》，第 58 页。
2. “天启甲子，余与赵介臣、陈章侯、颜叙伯、卓珂月、余弟平子读书其中。”见张岱“岣嵝山房”，《陶庵梦忆 · 西湖梦寻》，第 196 页。
3. “周孔嘉丐余促章侯（作水浒牌），孔嘉丐之，余促之，凡四阅月而成。”见张岱《水浒牌》，《陶庵梦忆 · 西湖梦寻》，第 100 页。
4. 张岱：《石匮书后集》“妙艺列传”陈洪绶条，收入《续修四库全书》史部第 320 册，上海古籍出版社，1995 年，第 750 页。
5. 姜绍书：《无声诗史》卷四，收入《画史丛书》（安澜辑），人民美术出版社，1962 年，第 71—72 页。
6. “十九日早，会秣陵曾波臣，乞其写照，订于下浣吉日。”见汪砢玉《西子湖拾翠余谈》，收入《武林掌故丛编》第 8 册，广陵书社，2007 年，第 5345 页。
7. 张岱：《彭天锡串戏》，《陶庵梦忆 · 西湖梦寻》，第 93 页。
8. 张岱：“朱楚生”，《陶庵梦忆 · 西湖梦寻》，第 90 页。
9. 《丛睦汪氏遗书》卷一所刊传记，光绪丙戌（1886）刊本。
10. 张海鹏、王廷元主编：《徽商研究》，安徽出版社，1995 年，第 76—77 页。
11. 谢肇淛：《五杂俎》，收入《续修四库全书》子部第 1130 册，上海古籍出版社，2005 年，第 412 页。
12. 万历《歙县志》卷十“货殖五”，明万历三十七年刊本。
13. 钱谦益：《汪然明墓志铭》，《春星堂诗集》卷五《遗稿》，第 16—17 页。
14. 袁中道：“新安吴长公墓表”，《珂雪斋集》，第 772—773 页。
15. 汪氏《春星堂诗集》卷四《闽游诗纪》首载崇祯辛巳中秋闽漳王志道所撰序云：“其少也，尝散千金以济游客，客遂侠之。”柳如是在《湖上草》的《赠汪然明》诗中有“论到信陵还太息”之句，把汪汝谦比作战国时魏国的信陵君。林天素在《柳如是尺牍小引》中也称汪汝谦为“黄衫豪客”。而汪汝谦自己也以“黄衫客”自居。
16. 汪汝谦：“已丑季冬此儿继昌秉宪粤西，赋此送之”，《春星堂诗集》卷五《遗稿》，第 9 页。
17. 《春星堂诗集》卷五《遗稿》中有“壬辰初冬游嘉禾，饥寒之客云集，遂售田二十一亩分应之。腊月得次儿信，差足自慰。因述禾中感遇，补诗八章。”其二云：“萧条岁暮动行旌，犹集南宫感送迎。（自注：南宫祠在嘉兴南门内。）时俗不堪谈雅道，新诗偏喜见多情。但看此日趋炎热，有愧当年负宿名。莫问胸中怀块垒，炼师提酒向予倾。[自注：余别南宫（祠），杨世功袖黄皆令诗扇云，谁识君家唯仗侠，空囊犹解向人倾。时炼师曹朗元携酒饯别，感赋，次皆令韵。]”即指此事。

18. 王志道：《闽游诗纪序》，《春星堂诗集》卷四《闽游诗纪》，第1页。
19. 陈正学：《闽游诗纪序》，《春星堂诗集》卷四《闽游诗纪》，第2页。
20. 任道斌：《董其昌与杭州》，《新美术》2006年第1期，第68页。
21. 董其昌：《绮咏小引》，《春星堂诗集》卷二《绮咏》，第2页。
22. 钱谦益:《陈征士继儒》，《列朝诗集小传》，上海古籍出版社，2008年，第638页。
23. 汪汝谦:“陈眉公暮春过湖上，连宴会于不系园随喜庵”，《春星堂诗集》卷二《绮咏续集》，第26页。
24. “嗣后唱和复缀数卷，邮致眉公先生勘定。……因集近编乞眉公先生删校。”见《绮咏续集自序》。
25. 汪汝谦：“山中问眉公先生疾，时修微期同往不果‘及’王修微以冬日讯眉公先生诗见寄，有云:‘何时重问字，相对最高峰’。余初冬曾过先生山居，赋此答之”，《春星堂诗集》卷二《绮咏》，第15—16页。
26. 汪汝谦：“属云友画‘闭户著书多岁月，种松皆作老龙鳞’，祝眉公七十”，《春星堂诗集》卷二《绮咏续集》，第24页。
27. 汪汝谦：“秋游杂咏自序”：“一访陈征君顽仙庐，苍颜一笑，相对欢然，使人淡然意消。于是知一切感怆亡赖不足当有道人前耳。因出途次七言杂咏，先生为点正。”见《春星堂诗集》卷三《游草》，第16页。
28. 周晖：《蝇聚一膻》，《二续金陵琐事》，南京出版社，2007年，第312页。
29. 比如明代休宁商人汪贵，“自幼奇伟不群，读小学、四书，辄能领其要。于是通习经传，旁及子史百家，至于音律之妙，靡不究竟”。另一位歙县商人郑作“尝读书方山中，已，弃去为商。挟束书，弄扁舟，孤琴短剑，往来宋梁间。……识者谓郑生虽商也，而实非商也”。参见《明清徽商研究资料选编》，黄山书社，1985年，第441、450页。
30. 陈继儒：《绮咏序》，《春星堂诗集》卷二《绮咏》，第1页。
31. 倪匡世：《诗最》卷一，康熙二十七年（1688）刊本。
32. 高彦颐：《闺塾师：明末清初江南的才女文化》，江苏人民出版社，2005年，第299—300页。
33. 汪汝谦：“次儿请假归省，督师赠余‘风雅典型’匾额。儿归因叙亲友随任，十无一存，僮仆亦忘十七。余慨八十老人一切当谢，使余年得闲。即儿辈养志，感怀述事，复拈八章。自此当焚笔砚”，《春星堂诗集》卷五《遗稿》，第13页。

34. 陈继儒："绮咏序"，《春星堂诗集》卷二《绮咏》，第1页。
35. 顾公燮："名妓蒋四娘"，《丹午笔记》，江苏古籍出版社，1985年，第121页。
36. "昔黄贞父学宪论书法谓董宗伯即败笔亦有西子捧心之态，沈千秋主政论美人如倪云林画，疏秀澹远为佳，即落落难和，弥见幽香冷韵。两先生元赏多在神情笔墨之外，若宛仙其人是已。忆壬辰于鸳水遇之，终宴无一语，依依不可得。而亲疏远近枕两先生书画评也。……有文武显贵临湖上，闻而慕之，会予萧斋，有不惜明珠白璧属予蹇修者，宛仙笑而谢曰：'公辈真钟情，如薄命人非宜富贵家，且何忍遽别西湖也。'闻者多病宛仙少周旋，然亦以此亦高宛仙矣。"参见汪汝谦：《梦香楼集序》，《春星堂诗集》卷五《梦香楼集》，第19页。
37. 同上注。
38. 徐渤：《闽游诗纪序》，《春星堂诗集》卷四《闽游诗纪》，第2—3页。
39. 陈继儒：《绮咏序》，《春星堂诗集》卷二《绮咏》，第1页。
40. 钱谦益：《汪然明墓志铭》，《春星堂诗集》卷五《遗稿》，第16—17页。
41. 台湾学者曹淑娟在《园舟与舟园：汪汝谦湖舫身份的转换与局限》一文中对汪氏湖舫的建制与规约做了详细论述并以整个晚明的园林风气为背景分析了汪汝谦"以舟为园"的意义。见《清华学报》新三十六卷第1期，2006年，第197—235页。该文对本节的写作给予了许多启发，特此注明并致谢。
42. 柳如是:《柳如是尺牍》之二,《柳如是集》,中国美术学院出版社,2002年,第83页。
43. 《丛睦汪氏遗书》卷一所刊传记，光绪丙戌（1886）刊本。
44. 谭元春：《湖霜草序》，《陶庵梦忆 · 西湖梦寻》，第209—210页。。
45. 闻启祥：《西湖船会》，《明人小品集》，台北淡江书局，1956年，第25页。
46. 张岱：《楼船》，《陶庵梦忆 · 西湖梦寻》，第129页。
47. 汪汝谦：《不系园记》，《春星堂诗集》卷一《不系园集》，第1页。
48. 同上注。
49. "他如楼船、方舟诸式，皆俗。"参见文震亨《长物志图说》，第408页。
50. 原文参见闻启祥《西湖船会"，《明人小品集》，第25页。
51. 黄汝亨：《不系园约》，《春星堂诗集》卷一《不系园集》，第3页。
52. 汪汝谦：《不系园记》，《春星堂诗集》卷一《不系园集》，第1—2页。
53. 同上注。
54. 张遂辰：《登不系园作》，《春星堂诗集》卷一《不系园集》，第4页。
55. 汪汝谦：《不系园成》，《春星堂诗集》卷一《不系园集》，第1页。
56. 程葜：《题不系园》，《春星堂诗集》卷一《不系园集》，第8页。

57. 汪汝谦：《题词》，《春星堂诗集》卷一《随喜庵集》，第 11 页。
58. 正如方士翊所云："自君点缀湖山后，依样葫芦何处堪。"参见方士翊"雨宿随喜庵，次主人庵成诗韵"，《春星堂诗集》卷一《随喜庵集》，第 18 页。
59. 朱治憪有诗句云："湖上名园纷可数，悬知丘壑属奇才。"参见朱治憪"无题"，《春星堂诗集》卷一《不系园集》，第 8 页。
60. 汪汝谦：《作不系园》，《春星堂诗集》卷一《不系园集》，第 1 页。
61. 陈继儒：《岩栖幽事》，收入《四库全书存目丛书》子部 118 册，第 17—18 页。
62. 嵇康：《与山巨源绝交书》，《文选》卷四十三，上海古籍出版社，2007 年，第 1925 页。
63. 徐渭：《自为墓志铭》，《徐渭集》卷二十六，中华书局，1999 年，第 638 页。
64. 袁宏道：《苏潜夫》，《袁宏道集笺校》卷四十三，第 1273 页。
65. 程羽文：《清闲供》，收入《香艳丛书》三集卷二，人民文学出版社，1994 年，第 693 页。
66. 张大复：《梅花草堂集笔谈》卷三"病"条，收入《四库全书存目丛书》子部第 104 册，第 322 页。
67. 同上注。
68. 张岱：《奔云石》，《陶庵梦忆·西湖梦寻》，第 16 页。
69. 黄汝亨：《不系园约》，《春星堂诗集》卷一《不系园集》，第 3 页。
70. 王文企："原作"，《春星堂诗集》卷一《不系园集》，第 9 页。
71. 汪汝谦："王乳山太史来西湖，居不系园，余未与相识。太史临去题绝句，不留姓名。余以西湖佳话，遂步其韵。"《春星堂诗集》卷一《不系园集》，第 9 页。
72. 李鼎：《西湖小史》，收入《西湖文献集成》第 3 册，杭州出版社，2004 年，第 1197 页。
73. 张大镛：《自怡悦斋书画录》，收入《中国书画全书》第 11 册，上海书画出版社，2000 年，第 476 页下。
74. 李日华：《味水轩日记校注》，第 281—283 页。
75. 袾宏：《竹窗随笔》，北京图书馆出版社，2005 年，第 26 页。
76. 钟惺："善权和尚诗序"，《钟惺集》卷十九，海南国际新闻出版中心，1996 年，第 60 页。
77. 汪汝谦："觉迟上人，余家惠连也。剃发雁山。春日舟过富春，子女远寻，群姬延伫，余得同故旧会于江。"《觉迟上人过访碧台》："萧然无事堪逃暑，日对支公作手谈。"及《觉迟上人招同郝子荆、许尊生、子开、子良集家山馆》："一局雌雄忘日落，五弦上下讶泉飞。"见《春星堂诗集》卷二《绮咏续集》第 27—28 页。
78. 沈德符：《万历野获编》卷二十七，中华书局，2007 年，第 692—693 页。沈德符并没有对雪浪的行为加以过多评论，但在其后的“西僧”一条中却借一个来自异域的高僧在中国的经历，道出了当时社会风气对佛法及僧侣的腐化作用。沈德符年轻时曾在杭州应试，在冯梦祯家遇到了一位四十岁左右的西域高僧。此人“日夜趺坐不卧，食能斗许，亦可不食，连旬不饥，便液亦较常人仅十之一，每十日去若羊矢者三五而已。能持彼国经咒，以炭炽铁釜洞赤，擎掌上，拈指其中，取百沸汤沃人肌肤如冷雪。亦能以咒禁疟痢等疾，盖其地去中国数万里，涂中奇鬼毒蛇怪兽相挠，非藉咒力禁持，必不能达”。十多年后，沈德符在北京西山宏化寺游览，再次邂逅了这位昔日法术高强的僧人。可是他却面目尽改，不再是西域气貌。沈德符询问其行业精进何如，僧人大悲而哭：“自别公入京，已茹荤酒，出入声利场中，即经咒已无寸验。何论白业。”沈德符又问他生活起居，则答道：“日苦大小便频数，夜卧齁声达旦，留尘世亦不久矣。”同上注，第694页。

79. 汪汝谦：“四月十三夜携邓倩生偕自度和尚随喜庵泛月”，《春星堂诗集》卷一《随喜庵集》，第15页。
80. 钱谦益：“寄题”，《春星堂诗集》卷一《不系园集》，第10页。
81. 陈寅恪：《柳如是别传》，三联书店，2001年，第16页。
82. 厉鹗：《湖船录》，收入《武林掌故丛编》第3册，广陵书社，2007年，第1809页。
83. 曹淑娟：《园舟与舟园：汪汝谦湖舫身份的转换与局限》，《清华学报》新三十六卷第1期，第212页。
84. 陈继儒：《太平清话》卷三，收入《丛书集成新编》第88册，新文丰出版公司，1995年，第337页。
85. 王鸿泰：《明清士人的生活经营与雅俗的辩证》，美国哥伦比亚大学东亚系、“中央研究院”历史语言研究所及蒋经国中心合办之“Discourses and Practices of Everyday Life in Imperial China”国际学术研讨会，2002年10月。
86. 改写自张岱《闵老子茶》，《陶庵梦忆·西湖梦寻》，第47—48页。
87. 李日华：《味水轩日记校注》，第33—36页
88. 李日华：《六研斋笔记》卷一，凤凰出版社，2010年，第19页。
89. 袁宏道：“识张幼于惠泉诗后”，《袁宏道集笺校》卷四，第194—195页。
90. 陈继儒：《岩栖幽事》，《四库全书存目丛书》子部118册，第702—705页。
91. “一善趣：赏鉴家、精舍、净几、风日清美、瓶花茶笋橙橘时、山水间、二人不矜庄、名香修竹拂晒、天下无事、考证、高僧、与奇石鼎彝相傍、睡起、病余、雪、漫展缓收。一恶魔：黄梅天、灯下、酒后、研池汁、硬索巧赚轻借、收藏印多、胡乱题、代枕、傍客催逼、屋漏水、阴雨燥风、夺视、无拣料铨次、市谈搅、油汗

手、晒秽地上、恶装缮、临摹污损、蠹鱼、强作解、喷嚏、童仆林立、问价、指甲痕、剪裁折蹙。一庄严：玳瑁、玛瑙、琉璃、紫磨金、白玉、文犀、旧剔官窑轴、绣带、内库秘阁、宝籤、 五色玉牌记、古锦面、帝王玺、奇彩褢囊、名贤题跋、女校书收贮、织成褾头、金缕珠母石、青栴檀匣。一落劫：入村汉手、质钱、献豪门、剪作练裙袜材、不肖子、换酒食、盗、水火厄、殉葬。”见陈继儒《书画金汤》，载黄宾虹、邓实编《美术丛书》，江苏古籍出版社，1997 年，第 599 页。

92. “花快意凡十四条：明窗、净几、古鼎、宋砚、松涛、溪声、主人好事能诗、门僧解烹茶。苏州人送酒。座客工画花卉。盛开快心友临门。手抄艺花书。夜深炉鸣、妻妾校花故实。花折辱凡二十三条：主人频拜客、俗子阑入、蟠枝、庸僧谈禅、窗下狗斗莲子、胡同歌童弋阳腔、丑女折戴、论升迁、强作怜爱、应酬诗债未了、盛开、家人催算账、检《韵府》押字、破书狼籍、福建牙人、吴中赝画、鼠矢、蜗涎、童仆偃蹇、令初行酒尽、与酒馆为邻、案上有黄金白雪、中原紫气等诗。”见袁宏道《瓶史》，收入《美术丛书》，第 368 页。
93. 韩敬：“留题二十韵”，《春星堂诗集》卷一《不系园集》，第 2 页。
94. 方一藻：“夏日放舟三潭”，《春星堂诗集》卷一《不系园集》，第 4 页。
95. 方一蕙：“季春燕集园中”，《春星堂诗集》卷一《不系园集》，第 4 页。
96. 方一荀：“饮不系园”，《春星堂诗集》卷一《不系园集》，第 4 页。
97. 吴揭：“无题”，《春星堂诗集》卷一《不系园集》，第 7—8 页。
98. 吴之器：“题不系园”，《春星堂诗集》卷一《不系园集》，第 10 页。
99. 吴孔嘉：“同李钱两先辈泛不系园”，《春星堂诗集》卷一《不系园集》，第 11 页。
100. 吴怀古：“花朝集随喜庵得人字”，《春星堂诗集》卷一《随喜庵集》，第 12 页。
101. 汪汝谦：“戊辰立夏前一日集随喜庵”，《春星堂诗集》卷一《随喜庵集》，第 11—12 页。
102. 陈钜昌：“宴随喜庵”，《春星堂诗集》卷一《随喜庵集》，第 13 页。
103. 汪汝谦：“冬日同杨慧林登随喜庵”，《春星堂诗集》卷一《随喜庵集》，第 13 页。
104. 汪汝谦：“孙云居于随喜庵为倩生写真戏作”，《春星堂诗集》卷一《随喜庵集》，第 15—16 页。
105. 汪汝谦：“夏日同豹林侄邀徐亮生陶柟林于随喜庵手谈，雨后移棹三潭”，《春星堂诗集》卷一《随喜庵集》，第 16 页。
106. 汪汝谦：“秋日风雨，同吴巽之、汪尔张泊舟断桥，观章韵先画扇”，《春星堂诗集》卷一《随喜庵集》，第 18 页。
107. 汪汝谦：“随喜庵集题词”，《春星堂诗集》卷一《随喜庵集》，第 11 页。

108. 吴孔嘉："寄题二十韵"，《春星堂诗集》卷一《不系园集》，第 6—7 页。
109. 李东阳："东庄记"，《李东阳集》第 2 册，岳麓书社，2008 年，第 506—507 页。
110. 文徵明："王氏拙政园记"，《中国古代建筑文献集要》（明代上），同济大学出版社，2013 年，第 167—170 页。
111. Craig Clunas, Fruitful Sites: Garden Culture in Ming Dynasty China, Durham: Duke University Press, 1996, pp. 50—51.
112. 沈德符：《万历野获编》，中华书局，2007 年，第 654 页。
113. 巫仁恕：《品味奢华：晚明的消费社会与士大夫》，第 40—41 页。
114. 张岱："柳州亭"，《陶庵梦忆·西湖梦寻》，第 238 页。李鼎则在《西湖小史》中对西湖畔诸多私家园林的特色一一加以点评："涌金惟寄园颇敞，而取境不迂；南山惟寓林最秀，而结屋不称；孤山称快雪堂，而更置少韵；里湖推鸣鸥墅，而廓落无致。包园在灵峰者，人巧天工俱错，而斧痕太露；冯园在西溪者，老梅修竹俱古，而山骨不灵。予友江邦玉，筑室横山，林岫深迥，足称最胜。远则土桥金园，白荡懒园，水木幽茂，亦堪游憩。柴园特称丽甚，惜秘不为人见。他圃尚伙，不能悉载。无论宋时诸园不能仿佛。即如太仓弇园、惠山邹园、永嘉王园、云间顾园，皆脍炙一时，数墅一丘一壑，恐不能敌。差足豪者，西湖一大园耳。"参见李鼎：《西湖小史》，收入《西湖文献集成》第 3 册，杭州出版社，2004 年，第 1195 页。
115. 王世贞："太仓诸园小记"，《苏州园林历代文钞》，上海三联书店，2008 年，第 280 页。
116. 王世贞："题弇园八记后"，《苏州园林历代文钞》，第 248 页。
117. 卜正民：《为权利祈祷：佛教与晚明中国士绅社会的形成》，江苏人民出版社，2005 年，第 25—26 页。
118. 利玛窦：《利玛窦中国札记》，第 357 页
119. 何良俊：《何翰林集》卷十二，《四库全书存目丛书》集部第 142 册，齐鲁书社，1997 年，第 109 页。
120. 茅坤："翠微园记"，《茅坤集》，浙江古籍出版社，1993 年，第 624 页。
121. 马之骐："止园记序"，转引自高居翰等《不朽的林泉：中国古代园林绘画》，生活·读书·新知三联书店，2012 年，第 45 页。
122.《不朽的林泉：中国古代园林绘画》，第 45—46 页。
123. 巫仁恕："江南园林与城市社会——明清苏州园林的社会史分析"，载《中央研究院近代史研究所集刊》第 61 期，2008，第 9—11 页。
124. 卜正民：《纵乐的困惑：明代的商业与文化》，第 242 页。

125. 费元禄：《鼂采馆清课》，中华书局，1985 年，第 1 页。
126. 谢肇淛：《五杂俎》，辽宁教育出版社，2001 年，第 53 页。
127. 贡布里希："名利场逻辑"，《理想与偶像——价值在历史和艺术中的地位》（范景中等译），上海人民美术出版社，1989 年，第 98—99 页。
128. 刘宗周：《人谱》，商务印书馆，1927 年，第 54—57 页。
129. 谢肇淛：《五杂俎》，第 58 页。
130. 贡布里希：《理想与偶像——价值在历史和艺术中的地位》，第 99 页。
131. 汪汝谦："重修水仙王庙记"，《春星堂诗集》卷三《西湖韵事》，第 1 页
132. 汪汝谦："早春同吴太宁、胡仲修探梅过快雪堂"，《春星堂诗集》卷二《绮咏》，第 7 页。
133. 汪汝谦："西湖纪游"，《春星堂诗集》卷五《遗稿》，第 15 页。
134. 卜正民：《为权利祈祷：佛教与晚明中国士绅社会的形成》，江苏人民出版社，2005 年，第 25—26 页。
135. 转引自陈寅恪《柳如是别传》中册第 378 页。
136. 张遂辰：《题随喜庵》，《春星堂诗集》卷一《随喜庵集》，第 14 页。
137.《法华玄赞十》曰："随者顺从之名，喜者欣悦之称，身心顺从，深生欣悦。"《修忏要旨》曰："随他修善，喜他得成。"《胜鬘经》曰："尔时世尊，于胜鬘所说摄受正法大精进力，起随喜心。"《大方广佛华严经》把随喜功德列为十种广大行愿之一。
138. 汪濬："题不系园"，《春星堂诗集》卷一《不系园集》，第 5 页。
139. 陈继儒："题随喜庵"，《春星堂诗集》卷一《随喜庵集》，第 11 页。
140. 胡潜："不系园四绝" 之一，《春星堂诗集》卷一《不系园集》，第 5 页。
141. 王微："寄题不系园"，《春星堂诗集》卷一《不系园集》，第 5 页。
142. 汪汝谦："不系园记"，《春星堂诗集》卷一《不系园集》，第 2 页。
143. 释如觉："题不系园"，《春星堂诗集》卷一《不系园集》，第 7 页。
144. 陈继儒："戊辰暮春过不系园"，《春星堂诗集》卷一《不系园集》，第 7 页。
145. 徐天麟："假不系园赋赠"，《春星堂诗集》卷一《不系园集》，第 9 页。
146. 陈继儒："题随喜庵"，《春星堂诗集》卷一《随喜庵集》，第 11 页。
147. 释如晓："题随喜庵"，《春星堂诗集》卷一《随喜庵集》，第 13 页。
148. 汪汝谦："西湖纪游"，《春星堂诗集》卷五《遗稿》，第 15—16 页。
149. 董其昌："兔柴记"，《董其昌全集》第 1 册，上海书画出版社，2013 年，第 123 页。
150. 布尔迪厄：《区分：判断力的社会批判》，第 109 页。

151. 董其昌：《董其昌全集》第 8 册，第 456 页。
152. 关于这幅画的详细考证，可参见我的《文徵明《楼居图》考——兼论明代文人的生活志趣》一文，《江苏社会科学》2015 年第 6 期，第 209—215 页。
153. 刘麟：《清惠集》（《四库全书》本）卷十二，第 32 页。
154. 陈宏绪：《寒夜录》卷上，收入《丛书集成初编》第 2953 册，商务印书馆，1935 年，第 7 页。
155. 同上注。
156. 谢肇淛：《五杂俎》，第 59 页。
157. 钱大昕："网师园记"，《苏州园林重修记 · 苏州历代名园记》（邵忠、李瑾选编），中国林业出版社，2004 年，第 195 页。
158. 刘麟：《清惠集》卷十二，第 33 页。
159. 同上注。
160. 利玛窦：《利玛窦书信》，《利玛窦全集》第 3 册，台湾光启出版社、辅仁大学出版社，1986 年，第 50 页。
161. 李孝悌：《中国的城市生活》，新星出版社，2006 年，第 8 页。
162. 李孝悌：《中国的城市生活》，新星出版社，2006 年，第 5 页。
163. 张岱："老饕集序"，《琅嬛文集》，第 23 页。
164. 毛际可：《遗稿序》，《春星堂诗集》卷五《遗稿》，第 1 页。
165. 王志道：《闽游诗纪序》，《春星堂诗集》卷四《闽游诗纪》，第 1 页。
166. 汪汝谦：《同李太虚先生、冯云将、顾林调、张卿子订五老会》，《春星堂诗集》卷五《遗稿》，第 5 页。吴庆坻在《蕉廊脞录》中记载了明末清初文士结社西湖的情况，也特别提到了孤山五老会。"吾杭自明季张右民与龙门诸子创登楼社，而西湖八社、西泠十子继之。其后有孤山五老会，则汪汝谦、李太虚、冯云将、张卿子、顾林调也。"参见吴庆坻：《杭州诸诗社》，《蕉廊脞录》，中华书局，2008 年，第 96 页。
167. 关于李明睿议南迁，可参阅计六奇：《明季北略》，中华书局，1986 年，第 393—395 页；邹漪：《明季遗闻》，第 18—24 页。魏斐德［Frederic Wakeman Jr.］：《洪业：清朝开国史》（陈苏镇、薄小莹等译），江苏人民出版社，2008 年，第 150—161 页。
168. 钱谦益：《与宋玉叔》，《钱牧斋全集》，上海古籍出版社，2003 年，第 7 册第 244 页。
169. "崇祯辛巳，余游武林之西溪，然明偕冯二云将访我绿萼梅树下，酌酒谭燕，欢若平生。……及乎弥留待尽，神明湛然，要云将诸人摩挲名迹，吹箫摘阮，移日视荫，乃抗手而告别。"参见钱谦益《汪然明墓志铭》，《春星堂诗集》卷五《遗稿》，第 16—17 页。

170. 吴庆坻：《张遂辰》，《蕉廊脞录》，中华书局，2008 年，第 113—114 页。
171. 汪汝谦：《春日湖上观曾波臣为云友写真》，《春星堂诗集》卷三《听雪轩集》，第 14 页。
172. 汪汝谦："春日冯云将、胡仲修、许才甫、张卿子、曾波臣集不系园，过西泠奠云友，感去春社集净居，因用前韵"，《春星堂诗集》卷三《听雪轩集》，第 14 页。
173. 汪汝谦："次儿去粤西三年不通音信，入夏焦劳成疾，伏枕浃旬，得诗八章，自嘲并示儿辈"，《春星堂诗集》卷五《遗稿》，第 10 页。
174. 汪汝谦："初夏过吴门哭黄问琴，时黄圣甫出董然明诗扇，因步其韵"，《春星堂诗集》卷二《绮咏》，第 7 页。
175. 吴梅村在《楚两生行序》中记述了苏昆生的生平：蔡州苏昆生，维扬柳敬亭，其地皆楚分也，而又客于楚。左宁南驻武昌，柳以谈、苏以歌为幸舍重客。宁南没于九江舟中，百万众皆奔溃。柳已先期东下。苏生痛哭，削发入九华山，久之，出从武林汪汝谦；然明亡，之吴中。吴中以善歌名海内，然不过啴缓柔曼为新声。苏生则于阴阳抗坠，分刌比度，如昆刀之切玉，叩之栗然，非时世所为工也。尝遇虎丘广场大集，生睨其旁，笑曰："某郎以某字不合律。"有识之者曰："彼伧楚乃窃言是非。"思有以挫之，间请一发声，不觉屈服。见《吴梅村全集》，上海古籍出版社，1990 年，第 246—247 页。
176. 汪汝谦："次儿去粤西三年不通音信，入夏焦劳成疾，伏枕浃旬，得诗八章，自嘲并示儿辈"，《春星堂诗集》卷五《遗稿》，第 10 页。
177. 汪汝谦：《月夜听昆生吹箫》，《春星堂诗集》卷五《遗稿》，第 2 页。
178. 张岱：《包涵所》，《陶庵梦忆 · 西湖梦寻》，第 53 页。
179. 参见冯梦祯《快雪堂日记》万历三十二年五月初六条："杨苏门与余共十三辈请马湘君，治酒于包涵所宅。马氏三姐妹从包涵所家优作戏。晚，马氏姊妹演《北西厢》二出，颇可观。"
180. 邹迪光：《西湖游记》，《调象庵稿》卷三十，第 5—6 页。
181. 汪汝谦：《西湖纪游》，《春星堂诗集》卷五《遗稿》，第 15—16 页。
182. 高濂：《四时幽赏录》，收入《武林掌故丛编》第 7 册，第 4481 页。
183. 汪汝谦："雪后吴巽之集同社邀邹臣虎先生孤山探梅闻笛"，《春星堂诗集》卷三《西湖韵事》，第 4 页。
184. 张岱：《补孤山种梅叙》，《陶庵梦忆 · 西湖梦寻》，第 215 页。
185. 张岱：《西溪》，《陶庵梦忆 · 西湖梦寻》，第 269 页。
186. 吴本泰：《永兴寺记》，转引自政协杭州市西湖区委员会编《西湖寻梅》，浙江人民出版社，2009 年，第 68 页。

187. 陈寅恪：《柳如是别传》，三联书店，2001 年，第 632 页。

188. 张京元：《苏堤小记》，《陶庵梦忆 · 西湖梦寻》，第 229 页。

189. 袁宏道：《西湖二》，《袁宏道集笺校》，第 423 页。

190. 汪汝谦："春日同胡仲修、贺宾仲、徐震岳、泰岳、王修微六桥看花，夜听冯云将、顾亭亭箫曲"，《春星堂诗集》卷二《绮咏》，第 2 页。

191. 高濂：《四时幽赏录》，收入《武林掌故丛编》第 7 册，第 4482 页。

192. 袁宏道：《雨后游六桥记》，《袁宏道集笺校》，第 426 页。

193. 袁宏道：《瓶史》第八条"洗沐"，《袁宏道集笺校》，第 824 页。

194. 黄汝亨：《绮咏小序》，《春星堂诗集》卷二《绮咏》，第 1 页。

195. 王鸿泰：《明清士人的生活经营与雅俗的辨证》，美国哥伦比亚大学东亚系、中央研究院历史语言研究所及蒋经国中心合办之"Discourses and Practices of Everyday Life in Imperial China"国际学术研讨会，2002 年 10 月。

196. 袁宏道：《瓶史》第十一条"清赏"，《袁宏道集笺校》，第 827 页。

197. 高濂：《四时幽赏录》，收入《武林掌故丛编》第 7 册，第 4486 页。

198. 汪汝谦：《程文谷先生招集桂林中》，《春星堂诗集》卷二《绮咏》，第 20 页。

199. 王志道：《闽游诗纪序》，《春星堂诗集》卷四《闽游诗纪》，第 1—2 页。

200. 吴其贞：《书画记》卷三，辽宁教育出版社，2000 年，第 89 页。

201. 汪汝谦：《得董宗泊楷书孝经喜赋》，《春星堂诗集》卷五《遗稿》，第 4 页。

202. "又少时展祖墓歙州，于族伯家见先生所拓《朱萼楼帖》，装潢八本，凡同时董容台、黄寓庸诸公之笔咸在焉。时求借钩副本不得，又二十余年再过里门，而族伯已故，遗籍散亡，此帖不知落何人手。"见《春星堂诗集》卷五《遗稿》，第 18 页。

203. 汪汝谦："余自丁卯武林郁攸为虐，生平书画付之劫灰，今归故园，所喜花竹宜人，悠然自适，因拈杂咏凡十六章"，《春星堂诗集》卷二《绮咏续集》，第 29 页。

204. 沈德符：《万历野获编》，中华书局，1997 年，第 654 页。

205. 王世贞：《觚不觚录》，《四库全书》子部第 1041 册，第 440 页。

206. 王士性：《广志绎》，中华书局，1981 年，第 33 页

207. 钱谦益：《新安汪氏收藏目录歌》，《钱牧斋全集》第四册，上海古籍出版社，2003 年，第 58—59 页。，

208. 张岱：《昭庆寺》，《陶庵梦忆 · 西湖梦寻》，第 159 页。

209. 张岱：《西湖香市》，《陶庵梦忆 · 西湖梦寻》，第 109 页。

210. 李日华：《味水轩日记校注》，第 271 页。

211. 李日华：《味水轩日记校注》，第 413 页。
212.“沈石田仿董北苑山水阔幅……此幅余十年前得于昭庆寺廊摆摊铺……”见李日华《六研斋笔记》卷一。
213. 李日华《味水轩日记》卷二万历三十八年十月二十四日条载董其昌《宝鼎斋帖》题云：“……甲辰秋，余得此于西湖，因以名藏书之室。儿子刻余真行各种书稍称合作者为《宝鼎斋帖》，有征余书者，以此塞请，足以简应酬之烦，一似永师作铁门限也。因书宝鼎名斋之意以系之。”参见李日华：《味水轩日记校注》，第 150—151 页。
214. 李日华：《味水轩日记校注》，第 273—275 页。
215. 任道斌：“董其昌与杭州”，《新美术》2006 年第 1 期，第 69 页。
216. 柯律格：《长物：早期现代中国的物质文化与社会状况》（高昕丹、陈恒译），三联书店，2015 年。
217. 钱谦益：《汪然明墓志铭》，《春星堂诗集》卷五《遗稿》，第 16—17 页。

第四章　写其恍惚：李流芳的西湖山水画

万历三十九年（1611），时年37岁的嘉定画家李流芳与友人一同来到了位于吴山的紫阳庵（图2.7），这里秀石玲珑、岩窦窈窕，画家被这些变态横出的石头深深吸引，他决定要用笔墨将这幅美景记录下来。在晚明的画家中，李流芳无疑是对描绘西湖风景抱有最大热情的一位。在世间无数的佳山水中，他最钟情的始终是西湖。他曾在一则画跋中深情地细数西湖的种种好处：

> 钱塘襟江带湖，山水映发，昏旦百变。出郭数武，耳目豁然。扁舟草履，随地得胜。天下佳山水，可居、可游、可以饮食寝兴其中而朝夕不厌者，无过西湖矣。余二十年来，无岁不至湖上，或一岁再至。朝花夕月，烟林雨嶂，徘徊吟赏，餍足而后归。[1]

他说西湖就是自己心心念念的人儿，见着了就是欢喜，何况这里还有至契好友陪着自己在山水间逍遥。他年年都要在西子湖上居住、游览、饮食寝兴，两高三竺诸名胜，无幽不探，无奇不咏，在与这泓湖水的耳鬓厮磨中忘却了仕途的失意和人生的烦恼。

西湖成为启发李流芳画思的精神源泉，他说："余画无本，大都得之西湖山水为多。"[2]每每遭遇佳景，绘画的冲动便油然而生。眼前的紫阳庵真是美啊，他提笔赞道："南山自南高峰逦迤而至城中之吴山，石皆奇秀一色，如龙井、烟霞、南屏、万松、慈云、胜果、紫阳，一岩一壁，皆可作累日盘桓，而紫阳精巧，俯仰位置，一一如人意中、尤奇也。"[3]然而就在画笔落于纸上的那一刻，他却恍然若失：

> 山水胜绝处，每恍惚不自持。强欲捉之，纵之旋去，此味不可与不知痛痒者道也。余画紫阳时，又失紫阳矣。岂独紫阳哉？凡山水皆不可画，然皆不可不画也，存其恍惚者而已矣。[4]

凡山水皆不可不画，因为在与美邂逅的那一刹那，会产生一种握住它不放的强烈冲动：希望将它占为己有，让它成为自己生命中举足轻重的一部分。领略过西湖之美的人会有一种迫切表达的欲望。照相机为生活在今天的我们提供了一种选择，随着快门的闪动，我们拥有珍贵图景的渴望可以稍稍得到满足。然而对于古人来说，绘画才是拥有美景最好的方式，西湖这一山水画母题从北宋一直延续至今，不同时代的伟大画家都试图用笔墨再现西湖的风韵。然而李流芳明白，描绘的欲望与描绘的实际效果之间永远存在着鸿沟：凡山水皆不可画。任何试图忠实再现自然景象的努力都是枉然，因为没有一幅山水画作可以完整地捕捉住美的精髓，就好像尼采［Nietzsche］略带嘲讽地指出：

> "完全忠实于自然！"——天大的谎言：
> 自然如何能被局限于一幅画中？
> 自然的小小碎片中就蕴含着无限！

因此他只能画出他所喜爱的。

那么他喜爱的又是什么？就是他所能画出的东西！

["Completely true to nature!" ——what a lie:

How could nature ever be constrained into a picture?

The smallest bit of nature is infinite!

And so he paints what he likes about it.

And what does he like? He like what he can paint![5]]

作为一名业余的文人画家，李流芳并不具备高超的写实天赋——这种天赋常常是与职业画家联系在一起的。他所掌握的"艺术语言"是通过刻苦模仿古代山水画大师们的作品而习得的种种图式。当他面对西湖的景致时，那些能够与他掌握的图式相匹配的景象就会跃然而出，支配着他的眼睛。他倾向于看到他要画的东西，而不是画他所看到的东西。在创作时，他会本能地避开自己所不能胜任的任务，只是从西湖山水中选取他认为突出的特质来表现，不过"存其恍惚者而已矣"。李流芳劝我们不要去追究似或不似的问题，他曾用一个以画石换真石的故事告诉我们"不似"的价值：

孟阳乞余画石，因买英石数十头，为余润笔，以余有石癖也。灯下泼墨，题一诗云："不费一钱买，割此三十峰。何如海岳叟，袖里出玲珑。"孟阳笑曰："以真易假，余真折阅矣。"舍侄缁仲从旁解之曰："且未可判价，须俟五百年后人。"知言哉。[6]

李流芳用一幅《怪石卷》换了友人邹之峄的数十头英石，甚是得意。

图 4.1 （明）李流芳，《檀园墨戏图》，北京故宫博物院藏

邹之峄故意开玩笑说自己做了一桩以真易假的赔本买卖。另一位朋友则从旁调解，说要到 500 年后才能判别石与画的价值。在朋友们中间，李流芳的画作比起真山真水还要受欢迎，他以笔墨再现的西湖似乎比真实的西湖还要宝贵（图 4.1）。

历代的画家都对“四时无穷”的西湖景物有过探究，要想了解李流芳笔下的西湖何以呈现出与前人不同的面貌以及这种差别背后的原因，我们就必须对他的人生经历、他在西湖的种种体验、他的山水画理念及实践一一加以考察。

一、我本疏狂人

万历三年（1575），李流芳出生在嘉定南翔（图 4.2）。嘉定位于上海西北方，晚明时乃是一个颇有名气的诗画重镇。李流芳家的原籍在安徽南部的歙县，与不系园的主人汪汝谦是老乡。他的祖父李文邦也是一位徽商，嘉靖年间才徙居嘉定。其后，李家迎来了一门两代三进士的盛况：李流芳的伯父李汝节、堂兄李先芳和同父异母的二哥李名芳都取得了功名。李流芳自小就生活在这样一个科甲方盛的诗书簪缨之家，接受着家族成员的言传身教，二哥李名芳更是为他树立了人生的典范——这位天才绚发的少年过目成诵，八九岁时所写文章已令当时的名公巨人大为倾倒，首次进京应考进士便名列甲榜。李流芳一方面感沐着前辈父兄为家族争得的荣光，另一方面兄长们在科举之路上的出色表现或许也减轻了他的压力，毕竟一个家族并不需要所有的年轻男子都投身仕途，只要培养出一两个佼佼者就足以光耀门楣了。

图 4.2 （明）士中，《李流芳像图轴》，北京故宫博物院藏

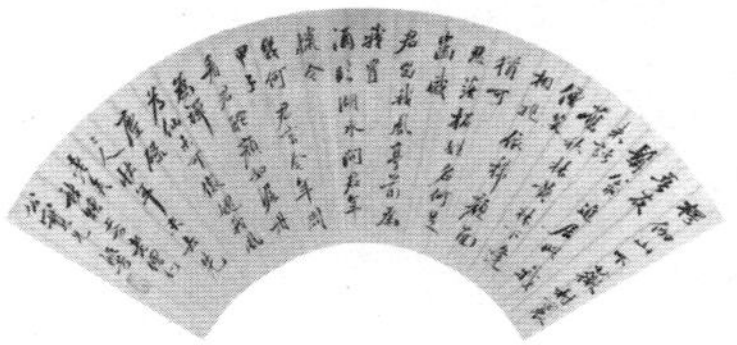

图 4.3 （明）李流芳，《行书“戏赠上方老僧似公实兄”七言诗扇》，上海博物馆藏

图 4.4 （明）李流芳，“每蒙天一笑”印章

读书之暇，李流芳开始研习书画，并展现出了作为一个文人画家的综合艺术才华。他的诗文才气宏放，如灿烂春花，倬而云霞；他的书法深得东坡三昧，用笔圆润遒劲、神采奕奕（图 4.3）；他的篆刻宗法文彭，信手勒成，天机独妙（图 4.4）。他的绘画更是为时人所重，据说依靠伪造他的画谋生的人都足以奉父母活妻子。李流芳一再强调自己的山水画创作并无师承，毕竟拜师学艺在当时是职业画家的学习模式，作为业余文人画家的李流芳完全是依靠悟性和丰富的文化素养而渐入堂奥的。艺术创作带给了李流芳极大的内心满足，他“不喜举业之文，而时时代以书画”[7]，与兄长们相比，他似乎更愿意将才华体现在书画，

而不是八股文章上。

然而，猝不及防的家族变故颠覆了李流芳的生活。他那位被誉为王勃、李贺再世的天才二哥李名芳在中进士的第二年忽染疾病，撒手人寰，年仅二十九岁。第二年，在四川为官的堂兄李先芳也不幸去世。两位从兄弟的早逝，不仅使李氏家族失却了无法挽回的荣光，还造成了物质上的窘困。于是时正年少、才气俊发的李流芳便当仁不让地肩负起考取功名、振兴家业的重大使命。

李流芳开始了在科举仕进之途上的艰难跋涉。他 17 岁中秀才，32 岁时与钱谦益同时在南京考取举人。此后，他又在考试的道路上蹭蹬了十六年，先后六次北上京师赶赴会试。李流芳仿佛一只候鸟，每到一定的日子便作别江南烟雨，历经旅途劳顿，赶到京城考场上一张指定的书桌前。可是他那全身的艺术细胞在八股文的试题前却束手无策，名落孙山是不变的结果。和每一位雄心勃勃要进入政治系统的候选者一样，李流芳心中明白：人数供过于求，爬上科举考试金字塔的难度越来越大。大约从 16 世纪最初的十年间开始，求取功名的候选者人数急剧膨胀，但国家官僚体系对人员的需求却几乎不变，雇佣官僚的程序也没有更加合理化，这就使得投身官宦生涯难乎其难。[8] 一次次的赶考，对李流芳来说成了“重在参与”的过程。他不喜欢京师，因为那里“尘埃蔽天，笔冻欲死，画意益不得发”[9]。他曾在会试南归之后，为挚友郑胤骥绘《烟林小景》，并赋诗表达了对羁旅的无比厌倦，对功名的心灰意冷。数年之后，当他再次北上，于途中展读昔日画作，不禁悲从中来，作诗题画云：

> 人生出处间，一往贵勇猛。愧予怀两端，疾走以避影。见君风尘色，使我意逾冷。青山与白云，开卷发深省。终当果此期，无为叹萍梗。[10]

他坦言自己心怀两端，一方面希望考取功名，宽慰父母亲人，报效国家朝廷；另一方面，他那潇洒疏放的天性又渴望着超然物外的生活。正是带着这样矛盾的心绪，天启二年（1622），48 岁的李流芳一如既往地北上应考，而这次旅途却为他长达三十一年的科举生涯画上了句号。就在抵达京师郊外之际，李流芳得到了辽东战事节节败退的消息。满洲贵族建立的后金政权攻陷了东北重镇广宁，大明朝在东北的防御体系彻底崩溃了。在此危急存亡之秋，大明帝国的君主和臣子们显得昏愦庸劣，这让李流芳对功名愈加心灰意冷，终于弃绝了仕进之心，急忙“促装招吾友，归耕烟水乡”[11]。

图 4.5　（清）沈韶，《嘉定三先生像》，北京故宫博物院藏。画面中前立者为李流芳，坐者为唐时升，后立者为程嘉燧。

“我本疏狂人，不适用于世”，他这样说。[12] 绝意进取之后，他回到家乡，开始全心全意地建构一种恬淡怡然的隐居生活。他自辟田园，名之曰檀园。园内“水木清华，市嚣不至，一树一石，皆长蘅父子手自位置”[13]，并建有泡庵、慎娱室、剑蜕斋、次醉阁、翏翏亭、春雨廊、山雨楼、宝尊堂等。这座园林不单是李流芳读书休憩之地，也是他会朋晤友、宴集雅会、吟诗作画的重要场所，“琴书萧闲，香茗郁烈，客过之者，恍如身在图画中”[14]。（图 4.5）

摆脱了功名的羁绊，李流芳终于可以将主要精力投入艺术创作中。诗人吴伟业的一首《画中九友歌》令他的画名声誉日隆。在这首长诗中，吴伟业借用杜甫《饮中八仙歌》的形式称颂了董其昌及其他八位与董有往来的后学画家。[15]“画中九友”差不多扮演了“正宗”脉系山水画发展，即从董其昌个人的创作活动开始，一直到清初正宗派全盛期间的一个过渡时期的角色。[16]这九人之间的绘画风格存在着某种相似性和同一性。而李流芳的作品也“有几分像是董其昌画风经过稀释和同化的翻版结果”[17]。等具体论及他的山水画作品时，我们将更清楚地看到这一特点。

作为一个文人画家，李流芳不仅在艺术上颇具声望，他的人品和气节也为时人推重。在《自题小像》中他这样描绘自己：

> 此何人？斯或以为山泽之仪，烟霞之侣，胡栖栖于此世？其胸怀浩浩落落，乃若远而若迩兮其友或知之，而不免见怪于妻子。嗟咨兮！既不能为冥冥之飞兮，夫奚嗤乎薮泽之视矣。[18]

高蹈卓立，胸怀浩荡，心在高穹，却身栖尘世——这就是李流芳为自己所作的自画像。在太监魏忠贤当道，为祸最烈的时期，嘉定地方政府修建了一座魏忠贤祠。魏忠贤像落成之时，县令谢三宾打算前去参拜，问李流芳的意见，他慨然答道：“拜，是一时事；不拜，是千古事！”[19]这一回答掷地作金石之声，尽显文人风骨。天启七年（1627）秋，当李流芳听到朝廷下旨拆毁魏忠贤祠的消息，欣喜万分，作《山水图》册，并作题跋述其快意。跋云：“余以前不见古人，且感时事，久罢公车。丁卯十月，送计偕者于吴门，闻有旨尽毁当祠，无不额首。余虽垂老投闲，幸作太平民矣。舟中连日觉耳目清明，笔墨快适。适有宗笺册数帧，纵笔点染，不觉其竟。因复记此，以为他年佳语也。”[20]在这则跋语中，李流芳既诉说了弃考南归的原因，也道出了奸佞被除的清明快意。然而，混乱的政局并非就此转好，天启八年（1628），时任大学士的奸臣温体仁当道，当李流芳得知好友钱谦益遭其陷害，坐杖论赎，踉跄遣归时，叹惋不已。终于一病不起，溘然长逝，享年五十四岁。他去世时家中除了园亭水石、图书彝鼎之外，嬴无一金，廪无釜粟，一位高贤静士的风流，于此可见一斑。

二、李流芳的湖畔交游

李流芳一生酷爱山水，他六次北上，一路游览了苏州、无锡、镇江、南京、徐州、北京等地，漫长的旅途培养了他徐霞客式的情怀，然而他最为钟情的仍旧属西湖的云山烟水，他的山水画作也“大都得西湖山水为多”[21]（图 2.17、4.6）。

图 4.6 （明）李流芳，《西湖泛舟手卷》，2016 年嘉德秋季拍卖会

《檀园集》中可以确考的李流芳游历西湖的最早时间是万历二十七年（1599）。[22] 当时他 25 岁，同游的伙伴是他年少时的同窗好友王志坚。此后二十多年间，他几乎每年都要前往西湖游览。法相寺竹阁的墙壁上还留有他寓居时所绘的画作。[23]

李流芳是位性情中人，他“与人交，落落穆穆，不以握手出肺肝为信，磨切过失，周旋患难，倾身沥肾，一无所鲠避”[24]。每至西湖，“诗酒填咽，笔墨错互，挥洒献酬，无不满意，山僧榜人皆相与款曲软语，间持绢素请乞，忻然应之。其为人和乐易直，外通而中介，少怪而寡可”[25]。正因为性格

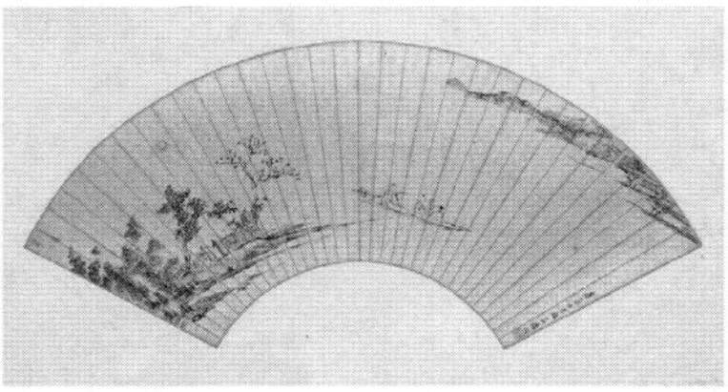

图 4.7 （明）程嘉燧，《秋游赏月图》，北京故宫博物院藏

豪爽，他在这湖光山色间逐渐交结了不少友朋，其中既有文人韵士、官宦名流、高僧大德，也有船工、沙弥、妓女之类的小人物。这些友人与西湖的山水一样成为他绘画创作的动力和源泉。下面我们不妨了解一下李流芳在西湖的主要交游情况。

（一）湖畔好友

邹之峄是李流芳在西湖最重要的一位朋友，也是他的艺术赞助人。邹之峄，字孟阳，钱塘人。他是江南名士，赀雄里中，平日读书好修，不事生产，尚侠好客。在李流芳的好友中有两位孟阳：

> 一为程孟阳，善画，一为邹孟阳，善鉴画，过于程。盖程以能画，故不受法缚，而邹孟阳居六桥三竺湖山间，每长蘅游屐所至，必与之俱乘，颓然微醉，有意放笔时，辄以纸墨应，无论合作与否，收贮如头目脑髓，果有以十五城易者，知其必不为割好也。[26]

程孟阳，即程嘉燧，祖籍安徽休宁，后侨居嘉定。他与李流芳是中表兄弟，也是“画中九友”之一。李流芳曾跟朋友说，自己平生第一快事就是坐于精舍、轻舟之中，在晴窗净几之旁观赏程嘉燧吟诗作画（图 4.7）。而邹孟阳则是李流芳在杭州的主要赞助人，也是《西湖卧游图》册的主人。李流芳游览西湖时常常寓居在西湖南山路雷峰塔旁的“南山小筑”，这个“小筑”即为邹孟阳所构。钱谦益在《邹孟阳墓志铭》中追忆了邹李二人在西湖把臂同游的情景：

李长蘅苦爱武林山水，岁必一再游。其游也，以邹孟阳为湖山主人，花时月夜，晴雪烟雨，扁舟幅巾，茶垆笔床，未尝不与孟阳俱。长蘅高人朗士，秀出人表，歌诗图绘，与湖风山云互相映发。孟阳钩帘据几,隗俄其间。山僧舟子皆能指而识之，长蘅于画，矜慎自娱，不受促迫，顾独喜为孟阳画。《西湖江南卧游册》凡三十余帧，孟阳所至必携之以行，曰："长蘅与江南山水皆在吾箧笥中矣。"[27]

邹之峄对李流芳的山水画十分钟爱，连李流芳自己都说："湖上友人邹孟阳爱画入骨，藏余画独多。"[28] 李流芳往往会将最得意的画作送给邹之峄，因为"如孟阳之爱画，藏之箧中，与余无别"[29]。李流芳去世时，孟阳"挐舟吊长蘅，还登铁山，酹酒痛哭而去，归而祀长蘅于小筑"[30]。

邹方回，是邹孟阳的弟弟，也是李流芳游览西湖的重要旅伴，他们曾一同访云居寺，游紫阳洞，避暑竹阁，饮酒湖上。我们从李流芳为他写的一篇序文里可以对他有所了解：

余往来西湖者数年，得同调之友六七人，邹方回其一。人文弱可爱，坦衷直肠，而遇事慨慷，乐缓急人，殆世之有心者焉。……余性不喜举业之文而时时代以书画，方回喜诗画，顾独时时以举业之文代之。方回之文霞举玉映，望之飘然莹然，每一艺成示余，读未竟辄叫绝不能已，如见陶韦诗、米家山水。余虽不喜举业而不能不喜方回之文，如方回不作诗画而喜余诗画，盖两人之所以自娱而相得者如此也。[31]

邹方回与他的哥哥一样喜爱收藏李流芳的绘画。有一次他去拜访李流芳，看到架上放着为另一位友人绘制的册页，心下欢喜，干脆顺手牵羊带走了。李流芳大索不得，只好重新绘制一套以偿友人。听闻邹方回的窃画之举后，李流芳嘴里嗔怪："子之暴则可以空厨矣！"心里却是高兴的，还为他窃去的画册题写了跋语。[32]

闻启祥，字子将，钱塘人。他"生而神姿高秀，所至能隐数人。工于应举之业，挥洒落笔，云烟月露，生动行墨间"[33]。同时他还擅鉴裁，精品题，"丹铅甲乙，纸落如飞"[34]。闻启祥曾多次与李流芳结伴赴京会试，天启二年（1622）他们两人行至北京郊外，闻辽东战事败退，共同弃考南归。闻启祥在杭州颇有声望，去西湖游览的文人若能与他交接，便如登龙门。他还曾经发起集资造船的倡议，为财力匮乏的文人们实现"人主一舟"的梦想。[35]闻启祥喜延纳朋辈，常与李流芳、邹氏兄弟等诸挚友流连西湖，吟赏烟霞。他的两位弟弟闻启初（字子与）、闻启祯（字子有）也与李流芳交情甚笃。

"三严子"，即严调御（字印持）、严武顺（字忍公）、严敕（字无敕）三兄弟。三人家住钱塘，皆为坦直之士，以正谊明道为宗，他们自相师友，相与雍睦，海内称为"三严"，合刻有《三严作朋集》。严氏兄弟的母亲过生日时，李流芳作诗庆贺，中有诗句云："我爱西湖三严子，生长西湖山水里。兄酬弟唱情性真，诗肠酒德堪驱使。板舆时曳两峰烟，画舫常浮三塔水。"[36]

除了"二邹""三闻""三严"之外，李流芳在西湖交往的朋友还有吴之鲸、杨谶西、方应祥、沈太洽、陈洪绶、谭元春等人，他们大都是因画或因文而结缘的。其中李流芳与谭元春的相识颇为传奇。李流芳与谭的好友钟惺在京师相遇，钟惺发现李流芳与谭元春容貌极为相似，写信告诉了远在家乡竟陵的谭元春。万历四十七年（1619）秋天出游吴越的谭元春到了杭州，在秀美动人的两山六桥之间与李流芳相逢，两人不仅容貌相似而且性情相投，一见如故。李流芳作《西湖喜遇谭友夏赋赠》，发出“西湖烟水我为乡，岂知此中有谭郎”的感叹。[37]

（二）小筑社

值得注意的是李流芳与上述大部分友人的交游活动是以“小筑社”为载体而展开的。小筑社，又名月会，是当时活跃在西子湖畔的重要文人社团。钱谦益的《小筑诗十章为邹孟阳作》对小筑社的环境、社中主要成员以及当日活动的盛景有细致的描述。[38] 我们就以这首诗为线索来考察一下李流芳在小筑社的活动情况。

> 其一云：小筑维何，邹氏之庐。湖山回环，水木翳如。偕彼朋好，惇我诗书。斯晨斯夕，以息以娱。
>
> 其八云：抑抑邹生，陈义不渝。小筑虽小，孤山不孤。春秋之日，昔酒一壶。载滁载酧，以祝我徒。

邹氏、邹生指的都是邹孟阳，他是小筑社的成员之一，而社团的活动地点就在邹氏兄弟所建的“南山小筑”当中。这里也是李流芳游览杭州时的寓居之所，在《邹方回清晖阁草序》中他说：“客岁，孟阳馆余于小筑，子将、方回读书澄怀阁，辄移榻就余清晖阁。”[39] 由此可知，小筑当是邹家在杭州的居所。似乎房院宽敞，门芜众多，其中清晖阁和澄怀阁是客人读书休憩之处。由于小筑位于地势较高的山上，因此可以饱赏西湖美景。李流芳曾在黄昏时分登阁远眺：“林岫生烟水起风，湖山一抹隐雷峰。吴歌四面渔灯乱，坐到南屏罢晚钟。”[40]

据李新考证，小筑社的成立时间在万历二十六年（1598）。[41] 社员们的雅集定为“一月一会”，所以又称为月会，并且由各家轮流做东，“迭为宾主，莫如兄弟。人共四姓，会作三班。三邹三会，三严三会，三闻并谶西共三会。相间而举，相续不断”[42]。

其三云：怀人撰德，允构斯堂。我师我友，木主相望。冯方蝉连，杨闻雁行。祔以寓公，维李及王。

诗中列举了小筑社的几位重要成员代表。其中所言“冯方”“杨闻”“李王”，分别是冯梦祯、方应祥、杨兆开、闻启祥、李流芳和王季和。“冯方”二人代表的是政坛官宦背景的成员。冯梦祯年长诸人许多，而且当时位居大司成，已相当有声望，他曾提携过小筑社诸子，对其社艺文有所指正。方应祥，字孟旋，曾与钱谦益、李流芳等同举于南京。先后担任过南京兵部职方司主事、山东布政司参议兼按察司佥事、提督学政等职。“杨闻”二人代表了杭州地方的乡绅名士。闻启祥的大致情况前文已做过考证。杨兆开，疑号谶西[43]，李流芳曾为他绘《断桥春望图》。至于王季和，其家在虞山，他与李流芳一样，都是往来西湖的外地人，故诗中称二人为“寓公”。

李流芳加入小筑社的具体时间已不可考。他在为严武顺所撰《月会约》正文作的疏中提到，他读了《月会约》，对其中的内容深表赞赏。在某年的夏秋之交他以客人身份参加了小筑社的两次雅集，亲身体味到了友朋相契之乐。由于家住嘉定，李流芳不能与湖上诸友时时相晤，他带着别离后的思念之情，诉说了加入小筑社的愿望，并主动要求由自己做东道主，在灵鹫祇园精舍承办一次月会。[44]这次月会在万历四十七年（1619）的秋天举行，李流芳的朋友谭友夏也应邀参加并赋诗为记。[45]

其四云："寒食重九，佳节良辰。荐此山蕨，侑以湘莼。湖山旧主，风月新宾。神具醉止，载瞩载欣。"其五云："依依杖函，落落砚席。灯莹残膏，屧俨遗迹。床横清琴，邻奏暮笛。庭户忾然，如闻叹噫。"

从严武顺等人所撰的《月会约》中，我们可以知道小筑社的主要活动内容既包括制艺课习、探讨与写作，也包括诗文唱和、书画题咏、声酒流连、名胜赏玩诸方面，概括起来说就是"赏文析义"[46]和"撰杖酬觥"[47]。李流芳常常与友人在小筑社的清晖阁上"商略艺文，旁及歌咏书画，朝暾夕岚，山水气变，辄命觞相对，酣畅而后罢"[48]。《檀园集》中多次记载了他与小筑社友人游赏燕乐，吟诗作画的情景（图 4.8）。[49]

图 4.8 （明）尤求，《桐阴雅集图》，保利 2011 年秋季拍卖会

以上我们考察了李流芳在杭州的主要交游情况以及以小筑社为中心展开的月会活动。这一背景对于我们理解李流芳西湖山水画的功能有重要的作用。一直以来，山水画通常以"纯粹用于静观而无任何特定作用"的身份出现。宋代文人画家米芾曾写道："山水心匠自得处

高也。”[50] 的确，中国山水画中很大的一部分好像主要是用于静观，是为了表达画家对某种自然美的理解，并无世俗的功能。然而另一部分——或许是更大一部分——山水画却要较直接地应付艺术家所处的社会中的情境和要求。[51] 对于李流芳的西湖山水画，我们应当作如是观：一方面它是作为西湖风景的图像再现；另一方面它作为一种物质形态——即西湖图像的承载物，是在一定的社会情境中被创作出的，它满足了画家与求画人、收藏者之间的某种需求。在下一节中，我们将着重讨论后一种情况。

三、李流芳西湖山水图的创作、收藏与流通

(一)《西湖江南卧游册》

在李流芳的西湖绘画中最负盛名的当数《西湖江南卧游册》。这套册页的画迹大都已经散佚，只有一幅《岣嵝云涧》（图 4.9）因为被误羼入李流芳绘制的《吴中十景册》中而保留了下来。当时的文坛赫赫有名的人物董其昌、钱谦益、陈继儒都为这套册页题写了跋语。在从钱谦益为这套册页题写的诗中我们可以窥见它的大致面貌：

图 4.9 （明）李流芳，《岣嵝云涧》，上海博物馆藏

李生骑鲸去莫扳，画本散落流人寰。邹生所藏尤神逸，参差画出江南山。初从武林写游迹，西湖泼墨流潺湲。六桥雨中每放艇，云栖月下频扣关。山僧追游负囊米，妓女乞画敲铜镮。意中烟景亟追取，兴来笔墨不可删。虎丘天竺总脚底，

山泉秀绝勤跻攀。灵岩廊边山尽响，虎山桥头月几弯。西山梅花千万树，盘螭光福争回环。聚坞杨梅亚绀紫，洞庭朱实垂朱殷。巾车棹舟穷冬夏，命觞染翰销余闲。白头荏苒好友尽，青山潦倒乐事悭。铁山寒梅空照眼，六浮阁址埋草菅。山堂怀人更感旧，摩挲画册流涕潸。山中宿昔共游燕，酒痕墨渖犹斑斑。惜哉不见此十筑，点染尺幅看斓斑。石田诗句拂云浪，大痴粉本留孱颜。潦收渔庄渌照水，霜酣宝岩红满湾。海山云气互吞吐，羽人仙客时往还。石田大痴尚未死，共捉麈尾戴白纶。顾我与子不见耳，安知李生今不游其间，呜呼，安知李生今不游其间。[52]

诗中提到的"邹生"是李流芳的好友邹之峄，这套具有记游性质的册页就是为他绘制的。册页包括《西湖卧游册》和《江南卧游册》两部分，前者涉及西湖附近的景点，如紫阳洞、云居寺、西泠桥、法相寺、胜果寺、六和、永兴寺、冷泉、断桥、南屏寺、雷峰塔、十八涧、紫云洞、云楼、烟霞寺、岣嵝山、孤山、三潭；后者主要涉及吴中景致，即横塘、石湖、虎丘、灵岩，可惜李流芳还未来得及完成这一部分就离开了人世。[53] 董其昌在册页的题跋中说："此二册皆长蘅与邹孟阳同游苏台、武林之笔……一一纪岁月游踪，宛然广陵一曲，叔夜犹在。"[54]

像《西湖卧游册》这样具有记游性质的绘画作品在明代山水画中颇为常见。随着旅游之风的盛行，画家们乐意于以山水画的形式来表达旅行中的见闻和感受。在对自然的直接观察和亲身经历的基础上，记游山水也可以分为两种不同的类型，一种侧重于客观景物的描述，另一种侧重于画家主观感受的表达。17 世纪苏州画家张宏的许多山水画作如《越中十景册》《句曲松风》《栖霞山》等就是画家第一手的观察心得，基本忠实于对自然景物的视觉印象。而在以董其昌为代表的文人画家所创作的记游山水中，画家的主体性特征很明显，自然景物本身的面貌却不再重要。从保留下来的《峋嵝云涧》一图来看，这幅画虽然带着一些实景的意味，但并非对景写生，在山石丘壑的布置安排中我们可以清楚地看到黄公望的影响。以这幅画作的风格来判断，这套《西湖卧游册》应当不属于“图写逼真”的视觉报告式记游山水。此外，李流芳本人有一则题跋也明确承认了这一点：

> 己酉三月，偕闲孟、无际、子薪、舍弟无垢、从子缁仲登乌石峰，寻紫云洞。洞石甚奇，而惜少南山秀润之色。然境特幽绝，游人所罕至也。后三年，在小筑灯下，酒酣弄笔，作水墨山水，觉旧游历历都在目前，遂题云《紫云洞图》，竟不知洞果如是画否？当以问尝游者。余画大都如此，亦可笑也。[55]

在与友人游玩了紫云洞之后，他并没有立刻根据实地风景绘制画稿。三年后，他在南山小筑酒酣弄笔，作水墨山水，忽然回想起了紫云洞之游，干脆就把这幅画题名为《紫云洞图》。这是一种有趣的创作经历：李流芳不是根据实际的风景作画，而是先作画再从画面中解读出久蓄心中的特定风景。画家的这种投射［projection］的行为使我们想起了利用对称墨迹诊断人的反应的著名心理学测验——“罗夏测验”。在测验中，人们将墨迹解读为什么形象，取决于从它们之中辨认出已经存在于自己心灵中的事物和物象的能力。[56]倘若我们以这幅画作为理解李流芳创作动机的工具，便可以得出这样的结论：这幅绘画的功能不是记录紫云洞景致的客观报告，而是追忆画家游览体验的凭借。正因为如此，真实的风景与画中的山水是否一致，连画家本人也不知道，他甚至强调说“余画大都如此”。由此可见，对于李流芳而言记游山水的关键在“记游”而不在“山水”，

《西湖卧游册》是作为勾起回忆的纪念品而被创作出来的，画家所希望勾起的不仅是自己的记忆，更是赏画人的记忆，因为赏画人恰恰就是与他把臂同游西湖的友人。

图画只能再现静态的山水，而借助题跋文字则可以记录动态的游览过程。李流芳为这套图册题写的二十六通跋语被收入他所著的《檀园集》中，因而有幸地保留下来。[57] 这些文字散淡清雅、神采奕奕，阅之令人心霁。正如张岱所云："（李流芳）一年强半寄迹西湖，凡见湖中朝暾夕照、云气变幻，尽收入笔端；题跋数语，澹远灵隽，字字皆香。"[58] 在晚明旅游风气的带动下，画家常常在记游山水画中以题跋作为抒发旅行感受的载体，这也可以看成是当时流行的游记文学向山水画的一种渗透。[59] 从这个意义上来说，题跋的内容跟画面本身一样重要，它们既可以作为欣赏李流芳西湖山水图的注解，也可以视作其绘画理念的独特抒发，同时还提供了他在西湖交游的线索。在《岣嵝云涧》图的题跋中李流芳记录了一段与友人相约看红叶的故事：

> 今年无回在灵鹫，余在小筑。无回书来，屡约余看红叶，云且扫岣嵝山阁以待余。予跃然欲赴，会体中小极，不果。比同孟阳至灵鹫，则无回复以事归矣，为之怅然。是日至岣嵝，树庵上人方禁足清音阁，上皋亭大慧长老亦在焉，相与啜茗而去。展此图，忆岣嵝山水清远．深恨不得少留践无回之约。遂题之以订后期。[60]

在面对一幅画作时，我们可以将研究问题分为三部分，第一部分是绘画本身，即它的物质存在，它的风格以及简单意义上的题材；第二部分是广义的"意义"[meaning]，这通常涉及绘画本身以外的东西；第三部分是绘画的功能——它是怎么创作的？在什么情境中创作的？它在当时的社会情境中起什么作用？[61] 如果我们将《岣嵝云涧》的图画内容与题跋文字结合起来观看就能够更加清晰地理解画家的创作动机：在这幅画中，构图以及构图的成分——层叠的山峦、自山间映带而下的溪流、林麓间隐现的屋舍——属于第一部分，即图画部分。它记录了画家与友人相约看红叶而不果的一段往事，表达了画家对友人的思念，这是第二部分，即意义部分；它是作为与友人"订后期"的凭借而创作的——这一信息为我们提供了第三部分，即画的功能。在综合了以上三部分之后，我们对于画家创作的社会情境也有了更深入的认识：在晚明的士人看来，与友偕好，流连山水是旅游生活的重要内容。他们以高尚的眼光看待山水美景，也把遨游山水作为款待知己好友的最佳方式。对李流芳而言，西湖山水的美是在与友人的共享中体味到的。他的画作强调的是依附于自然山水之上的人类情感，而不是山水本身。在另一则跋语中李流芳讲述了友人张子薪因为生病不能出游而托他作西湖山水图以卧游的故事：

就在李流芳即将再次踏上西湖之旅时，他的老朋友张子薪前去为他送行。张子薪与李流芳交情深洽，特别钟情于李流芳的绘画。每次见到李流芳，"必具楮素，饬笔研以待。卷轴纵横，筐箧盈溢，而征索不已。每一画成，彷徨叹赏，若可终身于是者"。张子薪体弱多病，虽然热爱旅游，但足迹不能出户。这次他闻说李流芳又要去西湖，便边忙抱着空白册页赶来，央求李流芳在西湖边为自己画上几幅山水图，他的语气中充满了企盼："子游西湖，徘徊于六桥两山之间，我不能游，而又失子，庶得子画以代我游，日以代子谈，何如？"[62] 张子薪不能亲自游览西湖，而是通过李流芳的山水画达到与他共同领略西湖风光的目的。在收藏者张子薪看来，李流芳的画不仅是他卧游西湖的凭借，也是他回忆友人的纪念品，可以勾起对山水和知己的双重记忆。

在这个例子中我们同样可以看到山水画中所凝聚的情感价值。无论是作为“订后期”的凭据，还是作为“代我游”的工具，西湖山水画成为李流芳与朋友们交游的重要媒介。在画面的山光水霁之间，可窥见明人忆友惜缘的拳拳心意。饶宗颐先生对于晚明文人山水画的这一重要功能做了如下论述：

> 明季文人，不作匠笔，贵为士画，而耻为画士，大都以山水为园林，以翰墨为娱戏，以文章为心腑，而以画作为酬醉。信手拈来，朋友之间，以艺互相感召，题句者盖以诗答画，赠画者盖以画代诗。得其人之画与诗，可慰相思之饥渴。……见画如见人，画之为用，驾乎友情之上。故画之至佳者，往往为赠至交之作。如至交而兼为画人者，则其画必更佳，而其意义为更深，以其为真正知音故也。[63]

“画之为用，驾乎友情之上”，正因为李流芳的西湖山水画具有很高的艺术价值和情感价值，因而甚为友人所珍重。《西湖江南卧游册》的收藏者邹之峄在李流芳去世后还常常打开图册观赏，每每披画念人，“泪渍纸上，又恐为好事借观，如落束薪手中，特诣吴门装潢之，秘藏香龛，将六乙泥封口，惟恐穿厨飞出耳”[64]。珍重爱惜之情，令人动容。他还曾携带着这套册页游天台，每到奇险之处就大声呼叫：“李大安在？”“松光云气间仿佛有长蘅应声而出，但为数万丈掷空瀑布召呼五百毒龙，横作搏攫之状，一时截断两人，安能摄长蘅之笔端，泼天台数幅生绡也。”[65]这样一段轶事增加卧游册这个“绘画 - 物件”［painting-object］的价值。使这个“绘画 - 物件”变得格外珍贵的并不完全在于它天然的艺术价值：它不仅仅再现了西湖秀冶的山水，更见证了邹李二人生死金汤的情谊。

（二）自然而然的艺术与精心安排的礼物

李流芳喜欢在颓然微醉时放笔作画，他自己坦陈："予醉后往往喜弄笔，山水、木、石、花竹虽不似，而气韵生动，反似能造诸种种者。"[66]有的时候画迹过于粗放，以至他自己都无法辨识：

> 此册前四纸作于庚申，迹细而拘，后六纸作于甲子，迹放而野，似出两手，余亦不复识认。方回云甲子春偕往皋亭，携此册属余竟之，醉后篝火泼墨，半杂梦寐。余且见而笑之，况他人乎？[67]

同一册页中的十幅作品前四幅"迹细而拘"，后六幅却"迹放而野"，画家自己也感到茫然，直到友人提醒方才记起这是在醉酒之后泼墨而作的。李流芳常常提到自己醉后作画的情景，这当然不是为了炫耀酒量，而是为了强调自己豪放无阻的艺术创造力，因为在这种自然状态下画出的画反而更加气韵生动。在看似无意的题跋文字中，他有意识地将自己塑造成一个"醉时吐出胸中墨"的即兴挥洒型艺术家。

李流芳的绘画可能是在酒酣耳热的状态下一挥而就的，但是他的艺术行为本身的目的和动机却不绝是简单地释放自己的创造能量。因为绘画一旦跃然纸上，就成为一件可以移动的物品，将在交换的圈子里无限地循环下去。画家本人非常清楚当画作进入收藏流通的圈子之后，它的功能也会发生改变，其作为艺术品的审美价值或许要退居其次。李流芳绘画的收藏者除了友朋之外，还有杭州当地的官员。在这一情境下，他那在自然而然状态下挥洒而就的山水画便成了一件件精打细算的礼物。

杭州的州郡长官徐田仲曾请李流芳作画，这幅画是作为礼物送给自己的上司李鹤汀的。画家在为画册题写的跋语中夸赞李鹤汀留心书画，精于鉴裁。然后谦虚地说自己的画只能自娱，不能呈现于鉴赏者之前。接下来他用大量溢美之词歌颂李郡守治理杭州的功绩，称他是苏东坡和白居易复生："上下千余年，西湖为苏白两人所有，后之人安得而有之，今则又当属公之矣。"作为送给一位文人官员的礼物，这幅画作具有了某种政治性的含义，它暗示了西湖俊美的山水里凝聚着这位官员辛勤治理的成果。这正是委托人希望借助画作向自己的上司传递的信息。在这通跋语的最后，李流芳还表达了自己的一个心愿："余画虽不工，固将附青云之末以传之无穷也已。"[68] 这固然可以看成画家的谦辞，可也透露出他的一个明确意识：鉴藏者不但是艺术品的持有者，更是重要的传播媒介。画家不朽的声名并不仅有赖画作本身的艺术价值，还必须依靠鉴藏者的宝爱与推重。

徐田仲将李流芳的画作为礼物送给了上司，他自己也非常想得到这样的一幅画，但却"心欲之而不言"。善解人意的李流芳窥探出了他的心意。后来，当徐田仲被调离杭州时，李流芳又创作了《钱塘十图》作为礼物送给他，在跋语中画家说："使君佐郡五年，西湖之人戴之若慈母，今旦晚内召去矣。不独畏垒深去后之思，而使君亦何能无桐乡之恋？试披此册，使湖山常在几案间。余画又能为西湖与使君结再来缘矣。"[69] 这幅作为离别赠礼的山水画包含两层意义，一是称颂徐田仲佐郡的功绩，二是以画作为纪念品，使徐田仲离开杭州之后每每思念西湖的风景时能有所凭借。

从上述两个例子中可以看出，李流芳的西湖山水画并不全然是为了自娱或者为好友凑乐而创作的。画家在选择题材和风格时存在着背后的现实动机。正如高居翰指出的："中国的绘画，就像其他地方的一样，通常肯定是一个精细的社会交换、经济交换或半经济交换的组成部分。在这个系统中，艺术家为回应某种要求或期望而创作，并以某种方式从交换中获得利益。”[70]

除了友朋与官员之外，向李流芳索画的人亦不乏缁流黄冠，船工俗儿。对于这些底层民众的求画之请，他也总是欣然应允。湖上的船夫小许常常以小舠载着李流芳往来湖中，一次小许向李流芳提出想要一幅他的画。在画作完成之后，李流芳题写了一首七言绝句："常在西湖烟水边，爱呼小艇破湖天。今朝画出西泠路，乞与长年作酒钱。"[71] 画家很清楚对于目不识丁的船夫而言，对日常生活用品的需求显然比对艺术品的审美享受来得迫切，于是他提出了一个更切实的建议：用这幅画去换钱买酒喝。李流芳还曾将画柳图赠予西湖边的妓女张女郎，张女郎对这幅画十分珍爱，常常将画拿出给人欣赏，于是湖上之人没有不知道李流芳能画柳的，甚至连法相寺的小和尚、灵隐寺的小沙弥都来索画。[72] 钱谦益的诗句"山僧追游负囊米，妓女乞画敲铜镮"[73]"山僧扣门分盘餐，榜人刺舟乞绢素"[74] 描述的就是这几桩轶事。李流芳热衷于为普通底层百姓作画，似乎是在重演东晋书法家王羲之手书《黄庭经》向道士换鹅或是为贫穷老妇人题写扇面的率性慷慨之举。这些轶事在民间的传播，既增添了其西湖山水画的意趣，也有助于画家名气的提升。

对于李流芳而言，艺术创作是由内而外的自发行为，甚至常常是被酒精激起的一种不得不为的冲动。但是，一旦画作完成，变为赠送给他人的礼物，画家旺盛蓬勃的创造力就立刻被卷入种种精心打算中。他会用文字题跋的形式将自己与收藏者之间的故事娓娓道来，这就强化了绘画时的自发性和有意构造之间相互渗透的关系。李流芳的心里十分清楚：不论是文人高官还是平民百姓，爱画人的热情才是他的画作得以不朽的推动力。

（三）借好者之癖以不朽

能使一幅画作获得不朽生命的秘密究竟是什么？画作本身的艺术水

准、艺术家的声望这些因素固然重要，然而画作一旦完成，进入物质交换的流通网络，那么收藏者也就成为决定绘画命运的一个异常重要的因素：他们决定了画作的价值是否能得到认可与实现，也决定了画家的声名是长久流传还是烟消云散。创作的环节固然重要，但收藏与流通的环节往往可以彻底改变艺术品乃至艺术家的命运。这也就是一些艺术家生前默默无闻、贫困潦倒，去世后却声名鹊起、画价飙升的原因。李流芳似乎非常清楚这一点，因此特别乐意在题跋中讲述自己与收藏者之间围绕画作而产生的人际交往。在他的描述中，那些收藏者们堪称痴狂：他多次强调自己的绘画刚一脱手，收藏者们便“皆欲夺之”，有时干脆直接“攘去”，任凭画家苦苦要求拿回，却“固索不得”。有一次，他酒酣兴发，为好友张子薪绘制了一套册页，搁置在架上，结果画册居然不翼而飞了：

> 七月新凉，子薪窗前红叶茉莉烂漫异常，余连诣之。酒酣兴发，辄倚案取册子，弄笔作画。画尽十帧，尚未题字。今年子薪病中致此索书。暑月挥汗，懒近笔墨，置架上。一日索之，已亡去矣。念子薪爱画入骨，又病中藉以遣兴，不敢以告之。大索十日不得，简箧中素册尚在，连夜篝灯画此偿之。前在子薪斋中，乘兴走笔，多草草不惬意。此册仿诸家，虽不尽得形模，然笔墨气韵差不大谬于古人，岂独焕然复还旧观，直可谓后来居上矣！若画能疗疾，子薪当霍然而起，为余置酒红茉莉下，开东轩一赏之。[75]

为了不让病中的好友失望，李流芳只好重新又绘制了一套册页送给他，而且新的作品气韵更佳，后来居上。可令人好奇的是：那套旧的册页到底去了哪里？在李流芳的另一通跋语中，我们终于找到了答案。这通题跋写在给友人邹方回的画册上：

> 此册为亡友张子薪物，辛酉秋日过子薪花癖斋，看红茉莉，酒后作之。重过赏桂花始得卒业。壬戌夏寄此属题。武林邹方回来，从架上见之，遂窃去，大索不得。复置一册偿子薪画，迹殆过于前，而此册终不知何往。比至湖上，闻子将有为余言之。邻父之疑，一笑而解。明年，子薪死。又二年，而方回始持此见示。余曰："暴哉客乎！已有据矣。子幸，主者之死而可逭于论乎。顾余画不逮虎头，子之暴则可以空厨矣。推而及之，何所不至焉？虽然，子薪死，而所藏余画皆不知属之何人，并所偿之册亦破厨而飞矣。夫何恶于子。"遂一笑书之以归方回，为武林邹氏所藏之物。[76]

邹方回是邹之峄的弟弟，他与哥哥一样，对李流芳的绘画十分痴迷，所以当他在李家的书架上看到为张子薪绘制的册页时，心下欢喜，干脆顺手牵羊带走了。直到这套册页的真正主人张子薪去世后，他才将画册拿出来向李流芳索题。至此，一桩失踪画册的悬案终于尘埃落定。对于邹方回的举动，李流芳虽然嘴里发出"暴哉客乎"的嗔怪，心里却是欣慰的，因为张子薪死后，他所收藏的李流芳绘画均不知流落何处，甚至连那套重新绘制的册页也不翼而飞了。而原先的那套册页却由于被邹方回"窃"走而幸运地保存了下来。

在流传的过程中，一件艺术品的命运实在有太多的偶然性，想要避免消失和湮灭是何其困难！李流芳更加确信了一点：收藏者的癖好和深情为画作提供了护持，使之与画家的名声一同流传后世。在另一套册页的题跋中，李流芳充满深情地叙述了一段他与两位藏画人之间的故事：

从舍弟无垢处得宋纸十六帧，装成一册。予去年在湖上画得八帧，分寄张会稽宗晓，半留箧中。寒夜酒阑，篝灯无睡，辄弄笔潜兴。意不在画，然以示同志，辄谓得胜国诸人气韵。西湖友人闻子将、邹方回皆欲夺之而不得。时时开看以自娱乐，非予所甚好不予易也。天启元年辛酉午日檀园薄醉题此。

此为佞沙弥所藏，将死归于我箧而藏之，不忍看也。亡何，张伯英过我，请观之，且曰："此余尝购之沙弥而不得者也。余癖子之画，不减沙弥，其藏于我犹藏于子也。夫出于子之手而无穷，子何秘焉？"余曰："余悲夫沙弥之意也。昔人喻书画之好如云烟过眼，不复足留意。夫人已往矣，而何有于区区之好乎？虽然，复壁而藏，据舷而乞，其癖固为后世所笑，而其名亦且附书画以不朽。吾以为犹异于营营之俗人也。予之画不能如古人，盖将借好者之癖以不朽矣。子其无忘沙弥之意哉！"张子曰："唯，唯。"遂题而授之。沙弥俗姓胡，十岁事余，相随二十余年，北走燕齐南走越，又尝入云栖参莲禅师，师名之曰智佞。今年病瘥死，死之前十日，从觉空禅师落发受沙弥十戒，念佛合掌向西而逝，故称佞沙弥云。天启癸亥十月题于留光舟次。[77]

这套册页的两则题跋分别作于天启元年（1621）和天启三年（1623），叙述了画作创作、收藏和流通的过程。李流芳在寒夜酒阑之后篝灯作画，这套意兴所致、气韵非凡的作品为湖上友人所争抢，但画家却不舍得拱手相送，而是时时开看自娱。后来他将画作赠送给了追随自己二十多年的胡姓仆人，仆人后出家为僧，死后这套册页又回到了李流芳的手中。没多久，另一位朋友张伯英告诉李流芳，自己曾向胡姓仆人求购这套册页而不得，并再次提出收藏的要求。李流芳满足了他的愿望。这一套山水册页在三人之间的流通，同时引发了主仆之情、朋友之情、人与艺术品之情等各种情感的互动。诚如柯律格所提出的，艺术品就如人的生命体那样，可以在不同的人之间“移动”，在“移动”过程中，它们既见证了这些人，同时它们又制造了（不是反映了）这些人之间的各种关系。甚至在作者去世之后，观者还可以与作者通过作品而神会。[78]

值得注意的是，李流芳在将这套册页交付张伯英的时候发表了一番关于艺术品流传的见解：他承认对书画的癖好如同过眼云烟，一旦收藏者与世长辞，那么小小的爱好又何足论道？他列举了历史上两位对书画癖好入骨的人物。“复壁而藏”指的是唐代宰相王涯。此人博学多才，家中藏书堪与皇家图书馆媲美。他热爱艺术品，“前代法书名画，人所保惜者，以厚货致之；不受货者，即以官爵致之”[79]。他把苦心搜集来的书画都藏在夹墙内。后来不幸被抄家，乱兵将墙壁毁坏，把函奁书画的金宝之饰和装裱的玉轴剔取夺走，而书画则遭抛弃遗失。“据舷而乞”指的是宋代书法家米芾。米芾只要遇到古器物书画就极力求取，一定要弄到手才罢休。据说他曾在某位当朝权贵的舟中看到王羲之的法帖，顿时两眼发直，心内叫绝，乞求以自己收藏的名画相交换。见主人面有难色，米芾干脆扒着船舷，威胁道：你如果不答应，我就投江死给你看。主人无奈，只得将名帖拱手相送。[80] 在李流芳看来，王涯和米芾的书画之癖纵然受到世人的嘲笑，但是他们却因为这份对艺术的痴情而获得了不朽的声名，这远远强过蝇营狗苟的俗世之人。李流芳接下来明确地表达了自己内心的愿望：“予之画不能如古人，盖将借好者之癖以不朽矣。”画家终于道出了使艺术品获得永恒生命的途径：也许画作的艺术价值不能与古人相颉颃，但收藏者的深情却为画作增添了宝贵的情感价值，当世人津津乐道藏画者的癖好时，画作的名气也将随之得到广泛的传播。钱谦益就在一首题画诗中记录了一个痴迷于李流芳绘画的收藏者的故事：

吴生遇盗事亦奇，幞被囊琴暮雨时。向盗乞画真痴绝，盗亦欣然还掷之。此画经营良不苟，老树槎牙怪石走。豪夺巧取或可虑，岂意鲁弓还盗手。今年逢君书画船，收藏欲厌宣和编。展玩竟日头目晕，更抚此卷心茫然。水墨淋漓如欲语，眼中斯人定何许？画里还看漠漠云，灯前自听潇潇雨。诗肠泪眼半焦枯，短歌逼塞堪卢胡。凭君更属松圆老，为写《江干乞画图》。[81]

这位吴生，指的是安徽休宁收藏家吴连叔。他路遇劫匪，身上财物都被洗劫一空。在这性命攸关之时，他竟然向盗贼乞求，请他们把抢去的一幅手卷归还自己。这些绿林豪客还真的把画扔回给了他，也算“盗亦有道”了。这幅手卷就是李流芳于天启六年（1626）夏天绘制的《溪山秋霭图》，其后还有松园老人程嘉燧的题跋，记录了这幅手卷创作和收藏的经过。[82] 值得庆幸的是，这幅作品一直保留至今，李流芳的绘画连同收藏家吴连叔的这个富有戏剧性的故事一起获得了长久的流传。在以画石换真石的交易中，李流芳承认自己绘画的价值要到五百年后才能判定，而在 2004 年嘉德国际的春季拍卖会上，这幅《溪山秋霭图》以 66 万元人民币的价格成交。

以上我们借助李流芳的山水画题跋考察了其画作的创作流通情况。他的绘画大都是为同游西湖的友人所作，比如《西湖江南卧游图》就类似于作为回忆凭借的纪念品，凝聚着深厚的情感价值。但也有一部分画作虽然采用了西湖山水这一题材，却具有其他功能，如为了歌颂官员的功绩，或表达离别的祝福。李流芳也是一位用文字绘画的高手，他强烈地意识到文字之于绘画的重要作用：文字可以摹写出画中之意，与画面内容相配合，巩固观赏者对美的印象；文字还可以向观赏者透露绘画背后的故事，成为追忆历史的线索。文字与画面的结合不仅可以增加画作的艺术价值，还能够赋予它不同寻常的情感价值，从而使画作的长久流传成为可能。

下面，我们将结合李流芳的具体作品来对他的西湖山水画风格加以分析。

四、李流芳西湖山水画的风格

（一）似与不似的选择

虽然李流芳的《西湖卧游册》已经散佚，但他的《西湖诗画合璧》册页（图4.10、4.19、4.21、4.23、4.25）却有幸保存了下来。全册书画各十开，共二十页，描绘了西湖孤山、西泠桥、苏堤、法相寺等地的景致。

这套册页绘制于天启四年（1624）的夏天。这一年，也就是李流芳从北京弃考南归的两年之后，他在位于杭州北郊的皋亭桃花坞买了一幢别墅，携家人在西子湖畔消磨了半年光景。[83] 他夜夜枕着湖光山色入梦，日日流连于其间，自然对西湖山水的妙处有了更多的体会。在这套作品中，时年五十岁的李流芳展现出其到精妙之笔：画面中笔墨淡雅，丘壑自然，树老石润，寻绎可爱，林亭多仿倪迂，峰峦雅近子久，随意点皴，极见秀润，令人有出尘坌而游清虚之感。然而，如果不是有与图相配的诗文点明描绘的场景，在图中几乎找不到可与西湖实景相对应的因素。这套画作显然不属于实景［topographical］山水。在李流芳看来，重要的是通过笔墨表达出西湖景致的气韵，而不是追求表面上的形似。在一则题跋中，他坦然承

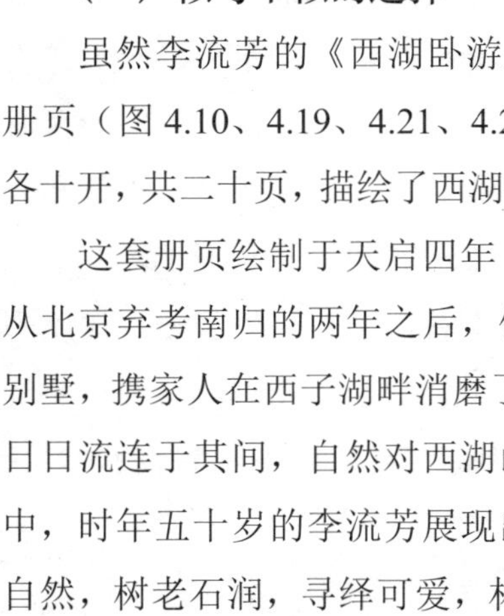

图4.10　（明）李流芳，《西湖诗画合璧》之一，中茂圣佳2005年春季拍卖会

认了将图画与现实景物一一对应只是一种勉强之举：

> 然余画无本，大都得之西湖山水为多，笔墨气韵间或有肖之，但不能名之为某山、某寺、某溪、某洞耳。……大都常游之境，恍惚在目，执笔追之，则已逝矣。强而名之曰某山、某寺、某溪、某洞，亦取其意可尔，似与不似，当置之勿论也。[84]

图 4.11 （明）董其昌，《林和靖诗意图》，北京故宫博物院藏

当时文人画坛领袖董其昌也对这种"强而名之"的行为加以了批判，他说："画家率然任兴，不必有所合，正是天真烂漫。若每作一幅辄名曰是某诗某景，乃大俗也。"[85] 在李流芳生活的时代，以戴进、吴伟为代表的继承南宋画风的浙派和以沈周、文征明为代表的吴门画派相继衰落，而以董其昌为代表的松江画派势头甚健。在这些强调笔墨趣味的文人画家看来，亦步亦趋地再现自然不仅是不必要的，根本就是庸俗的。董其昌也绘有一幅表现西湖山水的《林和靖诗意图》（图 4.11）。这幅画又名《三竺溪流图》，描绘的是北宋林逋"山水未深鱼鸟少，此生还拟重移居。只应三竺溪流上，独木为桥小结庐"诗中的意境。在画面中我们完全看不出与三竺一带实景的对应，如果不是题写的诗句点明了三竺这一地点，

图 4.12 （明）孙枝，《西湖纪胜图·紫阳庵》，天一阁博物馆藏

我们完全可以把它看作任何一处的江南山水。

晚明时另一幅描绘西湖山水的画作则呈现出与李、董二人的作品截然不同的面貌，这就是孙枝的《西湖纪胜图》。孙枝是苏州人，绘画师法文征明。从沈周时代起，苏州的绘画大家便一直在描绘城里城外的风景名胜，这一类的实景绘画早已成为吴派之所长。孙枝继承了吴派的这一特长，在这套册页中他选取了以禅门寺院为主的西湖的十四个景点，以文氏一派最典型的细密文秀的画法加以描绘。与李流芳那种依传统形式所建构的西湖山水图不同，这套册页中的每一幅画都具有舆图［picture-maps］的特性，就好比是将地方志中常见的版画地图的风格，加诸传统的山水画中。我们将其中的《紫阳庵》（图 4.12）与巴黎本《湖山胜概》中的版画《紫阳洞天》（图 2.7）加以比照，就可清楚地看到这一特性。这两幅画都从同一个视角来观察紫阳庵，画面中主体建筑的布局、环绕四方的嶙峋怪石、点缀其间的树木都几乎相同，甚至连点景人物的安排也大同小异。我们可以大胆地猜想，或许为《湖山胜概》作画的画工在进行创作时面前就摆着孙枝的这幅《紫阳庵》图。《西湖纪胜图》中的《孤山》（图 4.13）与《新镌海内奇观》中的《孤山六桥图》（图 4.14）也体现出了记游山水与版画之间的这种相似性。高居翰实际上已经看出了这种联系，不过他把更多的注意力放在两者之间的区别上："出入整个 17 世纪的地方志与名山古刹的旅游胜览册中，木刻版画插图的使用尤为频繁，而且也愈来愈有突破刻板样式，而更接近绘画的倾向。……不过，这一类型的作品，系出自无名画家之手，并且属于功能性画类，其在山水画中的地位一如制式的功能性肖像，观画者一般不冀望从其中产生审美的情趣，或甚至审美性的反应往往是被认为不恰当的。”[86] 按照高居翰的理解，山水画和图志的区别表现在，一个是审美性的，一个是功能性的。这种区分有一定道理。版画《紫阳洞天》与孙枝的《紫阳庵》图相比，景物大小比例就显得不大自然，空间结构也仿佛遭到了不合理的挤压，显不出远近纵深的区别，描绘的技法语言也要贫乏单薄一些。[87] 然而两者的一个重要的共同点在于，它们都试图相对精确地交代具体景点的位置和相互关系，使观画者可以从中确认实景的所在。

图 4.13　（明）孙枝，《西湖纪胜图 · 孤山》，天一阁博物馆藏

图4.14　《新镌海内奇观》插图“孤山六桥图”

孙枝的《西湖纪胜图》体现出了对地方具体景物的关注，画家至少尝试忠实地描绘一段自然景色。与李流芳“强而名之”的无奈不同，孙枝期待观看者将画作的题名与画面内容联系起来。李流芳也曾描绘过紫阳庵一带的景致，但他却一再声称追求具象再现是不明智的，自己只是“存其恍惚者而已矣”。李流芳知道自己所画的景物总是与客观对象的真实形貌有着明显的距离感，他并不追求忠实地再现紫阳洞的景致，更不指望观看者对于具体地点的识别。值得注意的是这种“存其恍惚者”的绘画风格不仅是出于“凡

图 4.15 （南宋）李嵩，《西湖图》（局部），上海博物馆藏

山水皆不可画”的无奈，更是源自画家意识明确的一种自觉选择。贡布里希著名的再现理论告诉我们，艺术家在描绘景物的过程中，为了追求前所未有的肖似效果，会通过观察自然景象的方式，不断地修正既有的传统图式，直到这些图式贴近视觉景象为止。这种说法似乎可以用来作为孙枝描绘西湖盛景时的写照，然而就李流芳而言，他并不想追求一个更为“真实”的景象，而是希望能够远离肖似，从而求得一种较为抽象、较为形式化的结构。

如果我们回顾一下中国山水绘画史就会发现，追求以肖似的方式描写自然景物，在经历了长时间的演进之后，终于在 12 至 13 世纪的南宋达到了巅峰。从现存最早的一幅描绘西湖全景的南宋画作李嵩的《西湖图》（图 4.15）中我们可以看到具象再现的杰出成就。这幅从左到右以长卷形式呈现的图画，再现了从断桥、宝石山起到南屏一带的景物，属于描绘实景的地形山水画［topographical landscape］。可是画家并不满足于展现清晰可辨的景致，而是尝试使笔下的山水更接近肉眼所看到的自然。画中的景物仿佛笼罩在一片淡淡的水雾中，营造出了雨后西湖淡雅朦胧的效果。这幅作品注重经验性的视觉呈现，将功能性与审美性很好地结合了起来。可是当画家成功而透彻地掌握了具象再现的技巧之后，却在

图 4.16 （元）吴镇，《西湖钓艇图》，美国纽约大都会艺术博物馆藏

巅峰之后转而步入另一个方向了。自宋代以后，中国画家扬弃了进一步追求具象再现的技法，这种转变明确地体现在画评的价值观中。元代的画评家庄肃在谈到李嵩时就颇为不屑地说他："虽通诸科，不备六法，特于界画人物，粗可观玩，他无足取。"[88] 与追求状物极致的宋代画家不同（图 a、1.1、1.2），元代的文人画家在描绘西湖山水时往往忽略"形似"，而是更注重意趣的表达，趋于即兴式的快速抒写。吴镇的《西湖钓艇图》就表现出了这一特点（图 4.16）。清代鉴赏家孔广陶这样描述这幅作品："下方左角坡中茂林阴翳，露山居一角。正面崇山叠岭，绵亘回环，间用矾头效法。山之右有泉出焉，数折汇流而入于湖。湖中三面草色如绣，钓艇垂纶，波平风软，开卷令人神往。昔人用着色工致之笔写西湖易，而仲圭以粗笔大墨写西湖则绝难也。"[89] 孔氏的题跋道出了南宋院体画与元代文人画之间的明显区别，就其文人鉴赏家的审美而言，他显然更倾心于吴镇。当画史发展到这一阶段，在绘画中追求"形似"的做法成为众

人贬抑和批判的教条。高居翰借助贡布里希的区分法，将 11 世纪以后的中国画史看作一系列形象型画家［image-men］与文字型画家［word-men］之间的对抗，并指出："在此对抗中，由苏东坡、赵孟頫与董其昌等不可一世之立论者所领导的文字型画家，最终总是获得胜利，得以将绘画从他们所认为的偏离正轨与危险的道路上拯救回来。"[90] 到了李流芳生活的时代，董其昌及其流派所持的权威式主张，大抵主宰了当时画评的观点。忠实摹写视觉所见的自然观念，早在许多世纪以前就已被贬抑了，晚明的画评所标榜的乃是其他价值，诸如气韵、诗意以及绘画中所显现出来的画家个人的特质等等。因此我们说李流芳"存其恍惚者"的绘画风格是在熟谙画史基础上的一种自觉选择。他在一则画跋中坦言："我昔学画时，意亦颇浩渺。不求工形似，但以写怀抱。十年弄笔研，自顾尚草草。"[91] 可见，在学画之始，李流芳就没有打算钻研职业画家具象再现的技巧，因为"不求工形似"的业余主义［amateurism］更符合他文人画家的身份。在他的《西湖诗画合璧》册页中，景物趋向平面化，只有高低的差别而无远近的纵深感。我们无法从中辨识出西湖景致的真实形貌，只能在萧条淡泊的图式和滋润浑厚的墨韵中体会画家个人对西湖山水某种难以言传的感受。

画中的西湖山水与真实的景致究竟哪种更有吸引力？李流芳带着些许戏谑的口吻说："湖上友人爱余画甚于爱山水，舍其真而求其似，余尝笑之。"他对朋友们爱画甚于爱景的举动觉得好笑，但内心里却是极得意的，这份得意是源于对笔墨的自信。董其昌在揭示有关真山真水与山水画之区别的名言中，同样暗示说："以径之奇怪论，则画不如山水，以笔墨精妙论，则山水决不如画。"[92] 换言之，倘若你要的是优美风景，向大自然中去寻；如果你要的是笔墨的精彩，找我即可。李流芳于万历四十四年（1616）绘制的一幅描绘雪景山水的手卷《江干雪眺图》（图 4.17）就

图 4.17　（明）李流芳，《江干雪眺图》，美国加州 George J. Schienker 私人收藏

充分体现了一种迷人的笔墨趣味：山石树林用笔简率，隔江峰峦无皴笔，用水墨染天染水，表现出白雪皑皑、寒江泛舟的景象。画家用惜墨如金、以线条为主的笔风记录下了对自然景致的瞬间印象。在这幅类似速写的画作中，我们可以感受到饱含书法趣味的线条所蕴藏的表现力。作为业余文人画家的李流芳自幼学习书法，他的行书深得苏轼三昧，纵放有度，收敛及时，通过运笔提按的快慢，将节奏控制得跌宕起伏。多年习书的经验有助于他对笔墨的熟稔和对结构的把握，也使他在绘画创作时格外重视笔墨的微妙变化。

李流芳对笔墨独立价值的坚持很大程度上是受到了以董其昌为代表的松江派的影响。唐志契指出："苏州画论理，松江画论笔。理之所在，如高下大下适宜，向背安放不适，此法家准绳也。笔之所在，如风神秀逸，韵致清婉，此士大夫气味也。"[93] 比较李流芳《西湖诗画合璧》与孙枝的《西湖纪胜图》，便可以切实地体会这种区别。唐志契继而指出过度讲究笔法，会使作品"流而为婴儿之描绣"[94]，造成树、石偏薄，缺乏三面的立体感。清代画评家秦祖永就认为李流芳的画作"用笔太猛，失之犷"[95]。这种"犷"的笔法在画家的某些作品中尤为明显，比如他的《荒江孤亭图》（图 4.18）。

图 4.18 （明）李流芳，《荒江孤亭图》，上海博物馆藏

图 4.19 （明）李流芳，《西湖诗画合璧》之九，中茂圣佳 2005 年春季拍卖会

这幅作品与《西湖诗画合璧》册页中的第九幅（图 4.19）画面内容与布局几乎完全相同，只不过用笔更加粗犷率性，确实有几分儿童涂鸦的意思。这样风格的画作常常是李流芳在酒酣之后随意挥洒而就的。前文中已提到李流芳喜欢在醉后弄笔作画，有的时候画迹过于粗放，连他自己都无法辨识。还有的时候，李流芳会在自己的小舟“恰受航”中即兴作画，比如前面提到的《江干雪眺图》就是在泊于岸边的船上完成的。由于舟舫不如陆地上的书斋稳定，多少会受到风浪的影响而摇晃，因此画家作画时往往用笔流利迅速，不可能做谨细的描绘。

不管是在醉酒之后还是在舟舫之上画画，李流芳对于画作与真实风景之间的“不似”不但不觉得遗憾，反而深感得意。他知道在山水画的历史上，人们企望成名有两种做法：一种是从根本的大自然中寻求卓越，通过仔细观察去发现存在于自然中的种种性质，这些性质以前从未被人描绘过，从而形成一种独创性的风格；另一种则是仔细地研究他人已取得的成就，模仿他们的作品，或者对他们的各种妙处进行选择和组合。李流芳选择的是第二种做法，而且他相信无论是基于自己的能力还是基于时代的情境，这都是个明智的选择。西湖山水的美是要领略体验的，但他还有比游山玩水更重要的功课要做，那就是在书斋中透彻地研究前人的绘画。

（二）山水画背后的古人

一个云雾弥漫的天气里，李流芳站在三桥龙王堂远眺南北二峰，只见烟林雾障，映带层叠，淡描浓抹，顷刻变态。眼前的情景令他想到了南方山水画派之祖董源、巨然的作品，认为“非董、巨妙笔，不足以发其气韵”[96]。在李流芳的心中，当他在认知两峰的真实形象时，对董巨两位大师的山水画记忆必定已成为其中不可或缺的一部分。由于隔着这一层屏障，画家反而无法对眼前的自然山水做出直接而单纯的感官反应。像这样欣赏风景的经历董其昌也有过。万历三十八年（1610）的春天，担任福建副使的董其昌从福建返回松江的途中遭遇风雨，被阻拦在杭州，他便暂住在朋友家中的“来青楼”并借此机会饱览西湖春景。在一则题跋中他描述了自己在雨中观赏南北二峰的感受：

图 4.20　（明）董其昌，《米氏云山》，中茂圣佳 2006 年春季拍卖会

> 米元晖自题《潇湘图》，有诗云：“山中宰相有仙骨，坐爱岭头生白云。壁张此画定惊倒，先请倩人扶着君。”朱晦翁又题云：“闲云无四时，散漫此山谷。幸乏霖雨姿，

何妨媚幽独。”余每有当其语画成，即以题之。庚戌春日，寓于德清吴礼部之来青楼。楼收西湖之胜，画中所得不少。余自闽中归，阻雨湖上，日望两峰如浓墨画。每有所会，辄为拈笔，成此长卷，凡半阅月，雨雾图穷，别构一境，不复米氏父子可伎俩矣，因记其岁月于此。[97]

在这次的观赏经验中，董其昌透过米氏云山图这一层古画风格的滤光镜，来捕捉南北高峰的形象。但米芾的墨戏只是他观察的起点，在实际创作中他又融入了自己对米芾诗中意境的体悟，因此他笔下的云山既非西湖实景，亦非米氏云山，而是出于己意的创造了（图 4.20）。

董其昌一再宣称以自然造化为师的观点，他的名言之一是："画家以古人为师，已是上乘，进此当以天地为师。每每朝看云气变幻，绝近画中山。山行时见奇树，须四面取之，树有左看不入画，而右看入画者，前后亦尔，看得熟自然传神。”[98] 然而，当我们仔细研究董其昌的作品之后就会发现，他笔下的山水与真实的自然现象之间仅维持了一丝薄弱的

图 4.21 （明）李流芳，《西湖诗画合璧》之三，中茂圣佳 2005 年春季拍卖会

图 4.22 （北宋）米芾，《春山瑞松图》，台北“故宫博物院”藏

关联。在他的《林和靖诗意图》(图 4.11) 中我们无法辨认三竺一带的风景，但却可以轻松地看出黄公望温润的披麻皴及其擅长的浅绛法。在这幅画的题跋中，董其昌点明了作画的意图："元明倪云林、王叔明皆补此诗意，惟黄子久未之见，余以黄法为此"。很显然，这幅画与其说是再现西子湖的风光，不如说是再现黄公望的风格。

前人的绘画影响了画家审视自然的眼睛，也左右了他们描摹西湖山水的手。在李流芳的《西湖诗画合璧》中我们同样可以捕捉到一位位古代山水画大师的影子。如册页中的第三幅画（图 4.21），其构图脱胎于传为米芾所作的《春山瑞松图》(图 4.22)。画中山体前后重叠，形成层次感。山体以米点皴法绘成，并以淡墨渲染，表现多雨迷漾变幻无常的西湖景色。画面中前部用大片的留白表现云气蒸腾叆叇之感，同时拉开了山与视线的距离，产生了纵深感。册页中的第八幅画（图 4.23）则采用了倪瓒《六君子图》(图 4.24）的构图，但压缩了远山和近树的距离。册页中的第七幅画(图 4.25）秀色天润、神气淋漓，与李流芳

图 4.23 （明）李流芳，《西湖诗画合璧》之八，中茂圣佳 2005 年春季拍卖会

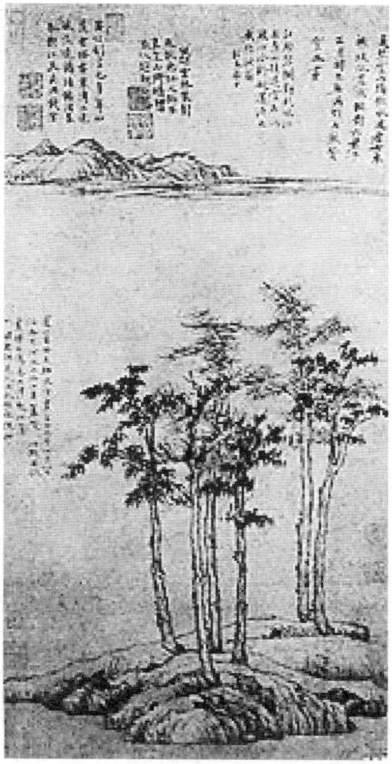

图 4.24 （元）倪瓒，《六君子图》，上海博物馆藏

图4.25 （明）李流芳，《西湖诗画合璧》之七，中茂圣佳2005年春季拍卖会

图4.26 （明）李流芳，《仿古山水图》，南京博物院藏

在1627年创作的《仿古山水图》册中的一幅题识为《仿高彦敬山村雨意》的图画（图4.26）无论在风格、构图还是笔法上都十分相似。细细审谛《西湖诗画合璧》中的每一幅画，我们可以从中辨识出黄公望的披麻皴、倪瓒的树石、吴镇的用墨、米芾高克恭的云山，画家似乎是要把心中钟情的古代大师代表性的图式投射到西湖山水的描绘中。从这套册页中，我们并不能确定李流芳对西湖景物真实面貌的掌握情况，但可以确信他对前辈山水画大师风格的熟稔。

李流芳在“仿古”这项业余文人画家的必修课上投入了颇多精力。在上述提到的仿古册页中他所模仿或援引的画家，都是出自南宗经典大家的名单：董源、赵幹、高克恭、倪瓒等。这样的仿古山水册在晚明时蔚为流行，画家以几种古人的风格分别在册中的每一页幅上作画。这就得以在连续的册页当中，引介各种不同的画风，否则，纯粹从画图的角度来看，这些册页或许会有单调之虞。此外，画家也借此展现其技法的熟练度，以及其对画史上古人风格的熟稔，证明自己有资格成为正宗派的一员。至于观者的回应，则是以一鉴赏家的姿态，展现出其个人的专家见解，针对这些册页，一一加以辨认并欣赏。[99]

当然，无论是在《西湖诗画合璧》还是在《仿古山水图》中，李流芳都无意于平铺直叙地再现古人风格的原貌，而是试图以间接闪烁的手法勾唤古人的画风。在他看来，“仿古”不是一种亦步亦趋的机械行为：

余画无师承，又不喜临摹古人，如此册于荆、关、董、巨、二米、两赵无所不效，然求其似，了不可得。[100]

在此，我们要注意“临摹”与“仿”的区别：从头到尾刻板地仿造某幅较早画作的手法，称之为“临摹”；而“仿”则是针对某位古代大家的风格，或者有时候是针对此位大师的某一特别画作，加以自由模仿，形似与否并不重要，关键在于能否与古人“神会”。李流芳进一步指出先辈画家们师法典范也是采用这一方式：

夫学古人者，固非求真似之谓也。子久、仲圭学董、巨，元镇学荆、关，彦敬学二米，然亦成其为元镇、子久、仲圭、彦敬而已，何必如今之临摹古人者哉！余不能画而知其大意如此。[101]

图 4.27 （明）董其昌，《仿倪瓒山水图》，美国纳尔逊美术馆藏

李流芳在先辈画家的作品中发现，尽管他们都公然宣称自己乃是以更早的大家为典范，但在习仿时，他们却富有多样变化，且不取形似。董其昌也表达过相同的观点，他说：“巨然学北苑，元章学北苑，子久学北苑，倪迂学北苑，一北苑耳，而各各不相似。”[102] 虽然师

图 4.28 （明）张宏，《仿倪瓒山水图》，美国加州伯克利景元斋藏

图 4.29 （明）程嘉燧，《秋林图轴》，美国弗利尔美术馆藏

法的对象是同一个人，但不同的学习者融入自己的理解之后就会呈现出不同的绘画面貌。《西湖诗画合璧》册中的第九幅画（图 4.19）可以看作是一幅仿倪瓒风格的作品。我们将它与倪瓒的《容膝斋图》（图 2.13）相比较，就会发现尽管李流芳保留了倪瓒基本的构图格局及清淡的水墨调子，但在描绘手法上却大为简化，放弃了土石造型的立体感，使画面趋于平面化。与李流芳同一时期的另外三位画家董其昌、张宏和程嘉燧也曾模仿过倪瓒式的构图。在董其昌的这幅作品中（图 4.27）倪瓒几何化的风格倾向被加以夸大，而倪瓒笔下拘谨荒疏的树木则被几株活跃、扭曲得几近变形的树木所取代。而张宏仅仅模仿了倪瓒风格的表象，他的作品（图 4.28）更具自然主义的特质，他通过在画面的右侧添加树木，使整个画面达到一种更加稳定的平衡感，强化了宁静的气氛。在程嘉燧的画作中，构图和笔墨则更加精简、萧疏（图 4.29）。我们将这四个人模仿倪瓒的画作并置而观会发现它们不但风格不一，许多细节也迥然不同，但是三位画家却都利用倪瓒的构图作为自己创作

的出发点，套用董其昌的话说就是："一倪瓒耳，而各不相似。"这种"各不相似"才是仿古的正确方式，李流芳就强调自己绝对不是效颦学步的摹古者：

> 自谓稍存笔墨之性，不复寄人篱壁。但当世耳食者多，识真者少，聊借千载上诸君子之名，以恐喝之。效颦学步，非予本性，令摹古者见之，当为一笑。然后世有知此道者，亦或相赏形似之外耳。[103]

李流芳认为对于一个富有创造力的艺术家而言，光是忠实模仿自然，不免限制过大，同样地，如果只是忠实仿古的话，情形亦然。袁宏道与哥哥袁宗道曾就仿古的问题去请教董其昌，经董指点方才明白惟妙惟肖的临摹有时反倒沦为一种平庸：

> 往与伯修过董玄宰。伯修曰："近代画苑诸名家，如文征仲、唐伯虎、沈石田辈，颇有古人笔意不？"玄宰曰："近代高手，无一笔不肖古人者。夫无不肖，即无肖也，谓之无画可也。"余闻之悚然曰："是见道语也。"[104]

袁宏道将这一似是而非的论点总结为："故善画者，师物不师人；善学者，师心不师道。"[105]然而，我们从董其昌的画论和绘画创作中得知，袁宏道的理解其实稍有偏差，董其昌绝不反对模仿古人，而仅仅暗示上述三位吴派顶级画家的模仿方式是错误的，以至于他们的作品过分肖似他们所模仿的古人。

倘若"无一笔不肖古人"是平庸的失败，那么究竟什么才是仿古的

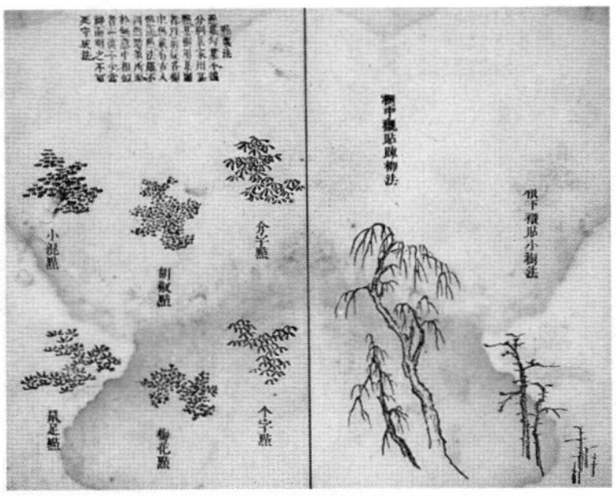

图 4.30 《芥子园画传》(康熙年间彩色套印本)中关于枝叶的画法说明

图 4.31 《芥子园画传》(康熙年间彩色套印本)中关于舟舫的画法说明

根本呢？李流芳曾这样评价自己的一套仿古册页："此册仿诸家，虽不尽得形模，然笔墨气韵差不大谬于古人。"[106] 可见，笔墨气韵才是要从古人那里学习的核心内容。那么气韵又如何获得呢？董其昌认为："气韵不可学，此生而知之，自有天授，然亦有学得处。读万卷书，行万里路，胸中脱去尘浊，自然丘壑内营，立成鄄鄂。随手写出，皆为山水传神矣。"[107] 李流芳也曾谆谆教诲儿子要想精通书画必须先读书："书画本高人之事，非读书万卷，胸中笔下无半点尘俗者不能工。儿辈患不好画耳，未有好画而不肯读书者。"[108] 值得注意的是，"读万卷书，行万里路"一话所指的，并非广义文化素养的积累，而是对于绘画特定的认知、对于古代大师及各种传统的熟悉度、对于各种风格所含特定意义的通晓，以及能够运用不同的风格以唤起同一阶层的文人雅士对此画风的文化性联想等等。[109]"画中九友"之一的陈继儒认为李流芳早年的山水画并不成熟："长蘅初弄山川仅游戏耳！"后来他看到了李流芳的《松壑清游图卷》大为赞赏，欣然提笔作跋："顷见此卷，真得董巨三盉。山谷论书画以沉着痛快为宗，东坡题道子吴生下笔气以吞，长蘅足以当之，由其胸中有万卷书助其羽翅故也。"[110] 李流芳并不是那种自幼便展现出非凡写实天赋的传奇性画家，仿古是他学画的起点，他刻苦地从古代大师那里学习大量的图式并将这些图式作为观察和描绘西湖山水的支点。在清代一部名气很大的画谱《芥子园画传》中我们就可以了解到李流芳对于传统山水画的各种技法，曾孜孜求解，下过切实的功夫。《芥子园画传》是李渔的女婿沈心友，根据家中保存的李流芳绘制的四十三幅山水画稿，请画家王安节整理增编而成，书中条分缕析地介绍了山水画的各种公式，是一部标准的绘画教材（图 4.30、4.31）。李流芳的原稿已经散佚了，但从李渔为画传所作的序言中我们可以窥见它的大致面貌：

> 因伯出一册谓予曰："是先世所遗，相传已久。"予见而奇之，细为玩赏，委曲详尽，无体不备，如出数十人之手；其行间标释书法，多似吾家长蘅手笔。及览末幅，得"李氏家藏"及"流芳"印记，益信为长着旧物云。……计此图原秋凡四十三页，若为分枝，若为点叶，若为峦头，若为水口，与夫坡石桥道、宫室舟车，琐细要法，无不毕具。[111]

李流芳声称自己"画无师承"，他的确没有专门拜师学艺，而是通过钻研古人的绘画掌握枝叶、山峦、水口、坡石桥道、宫室舟车等各种图式。在他的西湖山水画中，不同的图式根据主题的变化不断地被重新排列组合着。如果说这些作品旨在呈现任何特定的地方，我们也只有在阅读题跋时才能看出。正如贡布里希所指出的："没有一种艺术传统像中国古代的艺术传统那样着力坚持对灵感的自发性的需要，但是我们正是在那里发现了完全依赖习得的语汇［acquired vocabulary］的情况。"[112] 在面对西湖的山水时，李流芳所掌握的传统语汇就像筛子一样，只允许已有图式的那些特征进入画面。

李流芳熟谙古代大师的种种图式，但他却强调："学古人者，固非求真似之谓也。"[113] 以古人的风格为师，而不以自然为参考的对象，并不见得会给画家更多的限制，仿古也能提供画家相当的自由，使他对眼前所见的意象进行创造性的转化。在《西湖诗画合璧》中，我们就可以看到李流芳是怎样自如地将黄公望的披麻皴、倪瓒的树石及平远构图、吴镇的用墨、米芾高克恭的云山等山水程式组合运用的。赫伊津哈［Huizigna］曾经对“游戏”一词下过极为经典的定义，李流芳这种创意性的仿古实践其实就具有赫伊津哈笔下“游戏”的大部分特征——那是一种自由活动，作为“不严肃的东西”有意识地独立于“平常”生活，但同时又热烈彻底地吸引着游戏者。它是一种与物质利益无关的活动，不能靠它获得利润。按照固定的规则和有秩序的方式，它有其自身特定的时空界限。[114]游戏的美感与价值就有赖于上述这些特征。李流芳运用了具有传统意义及价值的形式和风格要素——如构图的模式、定型化的形式、笔法的系统等等——一再重复地加以挪用。如果观者纯粹想要从自然景色再现的角度去观赏的话，那么这样的一幅山水画则显得无从理解起，至少会觉得印象一点也不深刻。

赫伊津哈同时还指出，这一类游戏“推动了社会团体的形成，这些团体倾向于以秘密色彩笼罩自身，并通过化装或其他手段与普通世界相区别”[115]。这恰好可以解释李流芳的山水画何以受到评论家青睐（董其昌、钱谦益、陈继儒、程嘉燧等当时的文化名人都热情洋溢地赞美他的绘画成就）和收藏家的追捧。对于仿古风格的山水画的推崇强化了当时士绅文人圈子的一种精英主义，因为无论是创作、欣赏还是收藏这样的作品都显示出充分的艺术史知识和高尚的品位。

李流芳本人对于自己“存其恍惚者”的绘画风格颇为自信，他认为这种与实景“不似”的画作反而蕴含着更高的文化价值。董其昌的话也道出了他的心声：“昔人乃有以画为假山水，而以山水为真画者，何颠倒见也。”[116]

注释

1. 李流芳:《题画为徐田仲》,《檀园集》卷十二,《四库全书》集部 1295 册,第 407 页。
2. 同上注。
3. 李流芳：《西湖卧游册跋语 · 紫阳洞》，《檀园集》卷十一，《四库全书》集部 1295 册，第 391 页。
4. 同上注。
5. 转引自 Alain de Botton: The Art of Travel, Vintage International，2002，pp.188.
6. 李流芳:《题怪石卷》，《檀园集》卷十二，《四库全书》集部 1295 册，第 398 页。
7. 李流芳:《邹方回清晖阁草序》,《檀园集》卷七,《四库全书》集部 1295 册,第 357 页。
8. 卜正民：《为权利祈祷：佛教与中国士绅社会的形成》，第 16—17 页。
9. 李流芳：《题画册》，《檀园集》卷十一，《四库全书》集部 1295 册，第 399 页。
10. 李流芳：《吴门舟中邂逅闲孟自白下归出予画卷索题时予方北上走笔见意》，《檀园集》卷一，《四库全书》集部 1295 册，第 301 页。
11. 在弃考南归的途中，李流芳回顾了三十一年科举生涯的种种辛酸悲苦，写下组诗《南归诗》，通过赋诗的方式在追求功名与回归真我的矛盾中，展示了一条自我救赎的心路历程。诗中真切地描绘了当时的政治情形:“传闻多警急，羽书达明光。前锋已陷敌，大将堕马亡。健卒三万人，一朝血沙场。孤城若垒卵，覆车且相望。天子为动色，群议纷蜩螗。司马出守边，元戎将启行。当时画战守，经抚何参商。曾闻右战者，未战已仆僵。至今庙堂间，莫知谁否臧。”参见《檀园集》卷一，《四库全书》集部 1295 册，第 306—310 页。
12. 同上注。
13. 钱谦益:“李先辈流芳”，《列朝诗集小传》丁集（下），上海古籍出版社，2008 年，第 581—582 页。
14. 同上注。
15. 即程嘉燧、李流芳、卞文瑜、邵弥、杨文骢、张学曾、王时敏、王鉴。
16. 高居翰：《山外山》，第 120 页。
17. 高居翰：《山外山》，第 43 页。
18. 李流芳：“自题小像”，《檀园集》卷九，《四库全书》集部 1295 册，第 379 页。
19. 据光绪《嘉定县志》卷三十二《轶事》九。
20. 刘作筹：《虚白斋藏书画选 · 吴越所见书画录》卷二。
21. 李流芳:“题画为徐田仲”,《檀园集》卷十二,《四库全书》集部 1295 册,第 407 页。
22. “余己亥岁（1599 年）与淑士同游后，数至湖上。以畏入城市，多放浪两山间，独与紫阳隔阔。”见《西湖卧游册跋语 · 紫阳洞》，《檀园集》卷十一，《四库全书》

集部 1295 册，第 391 页。李柯在《李流芳论考》（上海社会科学院 2006 年硕士学位论文）中称《檀园集》记载李流芳游历西湖最早的时间是 1604 年，有误。

23. “饭罢，步至法相。主僧静缘延入竹阁观画壁，乃孝廉李流芳与莆人张珏寓居时留笔，亦时趣之稍异者。”见李日华《味水轩日记校注》，第 518 页。
24. 钱谦益：“李长蘅墓志铭”，《牧斋初学集》卷五十四，《钱牧斋全集》，上海古籍出版社，2003 年，第 1349—1351 页。
25. 同上注。
26. 董其昌：《容台别集》卷四题跋，《容台集》，西泠印社出版社，2012 年，第 707 页。
27. 钱谦益：“邹孟阳墓志铭”，《牧斋初学集》卷六十二，《钱牧斋全集》，上海古籍出版社，2003 年，第 1450—1451 页。
28. 李流芳：“题溪山秋意卷”，《檀园集》卷十一，《四库全书》集部 1295 册，第 397—398 页。
29. 同上注。
30. 钱谦益：“邹孟阳墓志铭”，《牧斋初学集》卷六十二，《钱牧斋全集》，第 1450—1451 页。
31. 李流芳：“邹方回清晖阁草序”，《檀园集》卷七，《四库全书》集部 1295 册，第 357 页。
32. 李流芳：“为邹方回题画”，《檀园集》卷十二，《四库全书》集部 1295 册，第 408 页。
33. 钱谦益：“闻子将墓志铭”，《牧斋初学集》卷五十四，《钱牧斋全集》，第 1364—1366 页。
34. 同上注。
35. “昔冯开之先生独谓西湖之妙在浅，既筑室孤山，又买一舟佐之。白头老宿，时时萧然读书其中。三十年来风流顿尽，罕有继者。余及二三兄弟素怀此志，而书生无暇，兼亦无资，至今犹同说食。陆放翁云：‘一事尚须烦布策，几时能具钓鱼船’，盖实录也。严子印持，向有纠会打船之议，事未果行。今余踉跄北归，造物予我以闲。亟思一舟为避事息躬之所，而瓶钵罄然，不能不重理前说。顾期同志，十人各输十千，共成一舟，请自隗始，其余次第成就。十年以还，便可人主一舟。”参见闻启祥“西湖船会”，《明人小品集》，台北淡江书局，1956 年，第 25 页。
36. 李流芳：“严太夫人生日歌”，《檀园集》卷二，《四库全书》集部 1295 册，第 318 页。。
37. 李流芳：“西湖喜遇谭友夏赋赠”，《檀园集》卷二，《四库全书》集部 1295 册，第 320 页。
38. 钱谦益：“小筑诗十章为邹孟阳作”，《牧斋初学集》卷十六，《钱牧斋全集》，第 565—566 页。
39. 李流芳：“邹方回清晖阁草序”，《檀园集》卷七，《四库全书》集部 1295 册，第 357 页。

40. 李流芳："小筑清晖阁晚眺"，《檀园集》卷六，《四库全书》集部 1295 册，第 346 页。
41. 李新："杭州小筑社考"，《暨南学报》2008 年第 5 期，第 96—99 页。该文对小筑社成立的时间、社员的构成、社名的由来、社事活动和宗旨等均做了比较详细的考证。
42. 严武顺等："月会约"，《武林掌故丛编》第 5 册，第 2893 页。
43. 郭绍虞先生疑谶西为杭州名士、李流芳友人杨兆开之号，详见其著述《郭绍虞文集之一·照隅室古典文学论集》中"明代的文人集团"一文。
44. 李流芳："月会约疏"，《武林掌故丛编》第 5 册，第 2894 页。
45. 诗曰："杭州有素友，来往三四姓。人受子弟拜，天成母妻性。清斋止蔬豉，物疏意则敬。大欢不至笑，言取卑幼听。是日粥饭长，即有天竺柄。故人李居士，湖山以为命。客中与兹集，四往常一应。招携入灵鹫，欲使风物并。各爱百年身，耻为礼俗尽。倦倦庶可广，归向弟友训。"李居士即指李流芳。见《谭友夏合集》卷十七"月会诗为严闻邹李诸兄弟作"。
46. 严武顺等："月会约"，《武林掌故丛编》第 5 册，第 2893 页。
47. 同上注。
48. 李流芳："小筑清晖阁晚眺"，《檀园集》卷六，《四库全书》集部 1295 册，第 346 页。
49. 如"灵鹫看红叶期沈无回不至，同吴伯霖、邹孟阳、方回、严印持、闻子舆小吟冷泉亭解后邵古庵江邦申分韵得山字""将别西湖诸君夜雨小饮清晖阁为方回书扇口占""小筑看荷花偶成""西湖小筑次韵答子与""小筑清晖阁晚眺"等均属此类。
50. 俞剑华：《中国古代画论类编》，人民美术出版社，1998 年，第 655 页。
51. 高居翰："中国山水画的意义和功能"，《新美术》，1997 年第 4 期，第 25—36 页。
52. 钱谦益："题武林邹孟阳所藏李长蘅卧游画册"，《牧斋初学集》卷一六，《续修四库全书》集部 1389 册，第 379—380 页。
53. 陈继儒在为这套画册所作的题跋中说："长蘅与邹孟阳有水乳之契，过西湖必与孟阳偕，为写《西湖梦游图》，跋数行于后，皆清异可喜。独《江南卧游》尚缺数幅，每思续成之。已已病不起，骑箕天上矣！"见御定《佩文斋书画谱》卷八十七。
54. 董其昌：《容台集》，《四库禁毁书丛刊》集部第 32 册，北京出版社，1999 年，第 199 页。
55. 李流芳："西湖卧游册跋语·紫云洞"，《檀园集》卷十一，《四库全书》集部 1295 册，第 394 页。
56. 贡布里希：《艺术与错觉》，第 134 页。
57. 其中《西湖卧游册》跋语共 22 通，《江南卧游册》跋语共 4 通

58. 张岱《石匮书后集》卷六十《妙艺列传》。
59. 晚明的旅游之风造成了大量游记文体出版。钱谦益在《越东游草引》一文中也曾提及当时流行写游记的风气："余尝闻吴中名士语曰：至某地某山，不可少一游。游某山，不可少一记。"甚至到了"今杭城刻名山记累积充几案"的程度。在这一背景下，许多山水画的题跋也可以看作是短小精悍的游记。
60. 李流芳："西湖卧游册跋语·岣嵝云涧"，《檀园集》卷十一，《四库全书》集部 1295 册，第 396 页。
61. 高居翰："中国山水画的意义和功能"，《新美术》，1997 年第 4 期，第 25—36 页。
62. 李流芳："题画为子薪"，《檀园集》卷十二，《四库全书》集部 1295 册，第 404 页。
63. 饶宗颐："明季文人与绘画"，《画𩑈——国画史论集》，时报文化出版企业有限公司，1993 年，第 478 页。
64. 陈继儒："《西湖梦游图》跋"，转引自潘臣青辑录《西湖画寻》，浙江人民美术出版社，1996 年，第 73 页
65. 同上注。
66. 李流芳："题花卉竹石图册"，《十百斋书画录》卷三。
67. 李流芳："为邹方回题画"，《檀园集》卷十二，《四库全书》集部 1295 册，第 408 页
68. 李流芳："题画册后为李郡守鹤汀"，《檀园集》卷十二，《四库全书》集部 1295 册，第 405—406 页。
69. 李流芳："题画为徐田仲"，《檀园集》卷十二，《四库全书》集部 1295 册，第 407—408 页。
70. 高居翰："中国山水画的意义和功能"，《新美术》，1997 年第 4 期，第 34 页。
71. 李流芳："西湖有长年小许，每以小舠载予往来湖中，临行乞画戏题"，《檀园集》卷六，《四库全书》集部 1295 册，第 344 页
72. 李流芳："题画册"，《檀园集》卷十二，《四库全书》集部 1295 册，第 402 页。
73. 钱谦益："题武林邹孟阳所藏李长蘅卧游画册"，《牧斋初学集》卷一六，《续修四库全书》集部第 1389 册，第 379—380 页。
74. 钱谦益："丁未春与李三长蘅下第并马过滕县贳酒看花已十四年矣感叹旧游如在宿昔作此诗以寄之"，《牧斋初学集》卷一，《钱牧斋全集》，上海古籍出版社，2003 年，第 22 页。
75. 李流芳："题画为子薪"，《檀园集》卷十二，《四库全书》集部 1295 册，第 402 页。
76. 李流芳："为邹方回题画"，《檀园集》卷十二，《四库全书》集部 1295 册，第 408 页。
77. 李流芳："题画册"，《檀园集》卷十二，《四库全书》集部 1295 册，第 406—407 页。
78. 柯律格："商品与环境：晚明艺术市场中的文征明作品"，收入《2002 台湾东亚

绘画史研讨会论文集》，第 236—252 页。

79. 《旧唐书》列传第一百一十九。
80. 周煇：“王右军帖”，《清波杂志》，中华书局，1997 年，第 227—228 页
81. 钱谦益：“题李长蘅为吴生画溪山秋霭图”，《牧斋初学集》卷九，《钱牧斋全集》，上海古籍出版社，2003 年，第 291 页。
82. 程嘉燧题记云：“丙寅夏六月十一日，陪吴连叔过长蘅园居，长蘅为溪山秋霭图方辍笔。笑示余，余与连叔忻赏不置。长蘅曰：吾将以遗连叔。连叔喜甚，遂属余题其后。自少恒与长蘅游处，见求画者踵至，楮素山积，手阑兴尽，求益不已，而长蘅欢然无忤色，皆与之。满志而去。然多苦于杂沓，虽淋漓酣畅，而不及穷极烟岚吞吐之变态。此图笔墨闲暇、兴寄浓致，而位置精审，盖有徇知赏会之合，而忘牵率副应之劳，信希有之妙迹也。连叔萧散奇逸，超然不与俗伍，而时挟千里命驾之思，长夏扁舟访余海上。往尝识长蘅于西湖，皆经信宿，未尝持片楮相属。今乃遂得此卷，箧归以示吾乡同好及里中之精于鉴赏，通于绘事者，必能知余言之匪阿矣。时小暑后一日。松圆居士程嘉燧书。”
83. 李流芳：“甲子元日试笔作画，兼题二绝句示家弟无垢。是岁予五十，将携家至武林，有别业在皋亭桃花坞中山水佳处也”，《檀园集》卷六，《四库全书》集部 1295 册，第 348 页。
84. 李流芳：“题画为徐田仲”，《檀园集》卷十二，《四库全书》集部 1295 册，第 407 页。
85. 董其昌《山水图》册，北京故宫博物院藏，款署“戊午（1618）三月花朝”。
86. 高居翰：《气势撼人》（李佩桦译），上海书画出版社，2003 年，第 15 页。
87. 不过审美性和功能性之间的区分也不是绝对的，我们不应该将审美的因素从这些“导游手册”或地方志的插图中彻底排除出去，而是要承认画工在追求审美性方面进行的努力。与《新镌海内奇观》相比，这种努力在《湖山胜概》的插图中体现得更加明显。
88. 庄肃：《画继补遗》，人民美术出版社，1963 年，第 9—10 页。
89. 潘臣青：《西湖画寻》，浙江人民美术出版社，1996 年，第 46—47 页。
90. 高居翰：《气势撼人》，第 19 页。
91. 李流芳：“题荃之画兰”，《檀园集》卷一，《四库全书》集部 1295 册，第 296 页。
92. 董其昌：《容台别集》卷四题跋，《容台集》，第 676 页。
93. 唐志契：《绘事微言》，人民美术出版社，2003 年，第 10 页。
94. 同上注。
95. 秦祖永：《桐阴论画》，转引自高居翰《山外山》第 121 页。
96. 李流芳：“西湖卧游册跋语 · 两峰罢雾图”，《檀园集》卷十一，《四库全书》集部 1295 册，第 392 页。

97. 董其昌：《容台别集》卷四题跋，《容台集》，第 712—713 页。
98. 董其昌：《容台别集》卷四题跋，《容台集》，第 680 页。
99. 高居翰：《山外山》，第 107 页。
100. 李流芳："为与游题画册"，《檀园集》卷十二，《四库全书》集部 1295 册，第 401 页。
101. 同上注。
102. 董其昌：《容台别集》卷四题跋，《容台集》，第 675 页。
103. 李流芳："题画册"，《檀园集》卷十二，《四库全书》集部 1295 册，第 403 页。
104. 袁宏道：《袁宏道集笺校》，第 700 页。
105. 同上注。
106. 李流芳："题画为子薪"，《檀园集》卷十二，《四库全书》集部 1295 册，第 402 页。
107. 董其昌：《画禅室随笔》，江苏教育出版社，2005 年，第 109 页。
108. 李流芳："题画册"，《檀园集》卷十二，《四库全书》集部 1295 册，第 403—404 页。
109. 高居翰：《气势撼人》，第 37 页。
110. 李佐贤：《书画鉴影》卷八，第 13 页。
111. 李渔："芥子园画传序"，《芥子园画传》，人民美术出版社，2008 年，第 3—5 页。
112. 贡布里希：《艺术与错觉》，第 109 页。
113. 李流芳："为与游题画册"，《檀园集》卷十二，《四库全书》集部 1295 册，第 401 页。
114. 约翰·赫伊津哈：《游戏的人》（多人译），中国美术学院出版社，1998 年，第 15 页。
115. 同上注。
116. 董其昌：《容台别集》卷四题跋，《容台集》，第 695 页。

第五章　寄迹湖头：林雪的湖畔生活

万历四十七年（1619）的秋天，李流芳在西子湖畔遇到了虽从未谋面、却神交已久的友人谭元春。这两位容貌相似、性情相投的朋友共度了一个多月的美好时光，终于不得不分离。就在送别了谭元春后的那个夜晚，李流芳心绪难平，于是便邀上邹之峄、严敕等五位好友前往寓居湖畔的名妓林雪的住处小宴，希望借酒浇除对谭元春的思念。这一夜，皓月当空，林雪为客人们弹起了琵琶，琴声动人魂魄，李流芳就在这样清朗的古调中遥遥思念着远方的知己（图 5.1）。

林雪，字天素，福建建宁人，她容貌秀美，才艺出众，不仅弹得一手好琴，而且工诗善画，临摹古画更是传神。在晚明盛行的旅游之风的影响下，林雪也离开了家乡，来到杭州这一充满魅力与机遇的城市。当时的西湖不仅吸引着全国各地的文人雅士，也是女子们心仪的旅游胜地。

图 5.1 （明）郭诩，《琵琶行图》，北京故宫博物院藏

如果你认为晚明的女子们都过着幽

图 5.2 巴黎本《湖山胜概》中出现了随丈夫一同旅行的女性。

禁闺阁、足不出户的生活，那就错了。对于来自晚明江南士大夫家庭的妇女来说，旅行实际上是极平常的。很多女性可以跟随着丈夫外出旅游（图 5.2）。龚鼎孳（1615—1673）曾带着自己心爱的女子横波夫人顾媚到西湖游览。在一个灯火阑珊的夏夜，这对神仙眷侣泛舟湖上，手弄澄明，尽享风月之美，龚鼎孳这样回忆那些辰光：

> 五月十四夜，湖风酣畅，月明如洗，繁星尽敛，天水一碧。偕内子系艇子于寓楼下，剥菱煮芡，小饮达曙。人声既绝，灯火楼台，周视悄然。惟四山苍翠，时时滴入杯底，千百年西湖，今夕始独为吾有，徘徊顾恋，不谓人世也。酒话情话，因口占四调，以纪其事。子瞻有云："何地无月，但少闲人如吾两人。"予谓何地无闲人，无事寻，如吾两人者，未易多得尔。[1]

山川的苍茫青翠与杯中的美酒交融在一起，仿佛一片碧玉琉璃世界。"千百年西湖，今夕始独为吾有"，在龚鼎孳有关顾媚的诗文里，总看见情欲如花绽放，唯有这几句，沉静了下来，所有的深情都消融在西湖的万古寂寞中。

即便没有夫婿的陪伴，晚明时的一些闺阁女子也大胆地走出家门，四方游历。无论是本地的远足或是跨省的艰苦跋涉，旅行都不会被视作对女性家内本分的僭越。正如巡游四方的女艺术家黄媛介指出的，家内生活和贞洁美德，更多地取决于女性道德的坚贞不二，即她的主观愿望，而不是其身体的有形所在。[2] 在一位朋友写给黄媛介的送别诗中，我们可以领略她作为一个女性旅行者的风姿："一肩书画一诗囊，水色幽谷到处装。君自莫愁湖上去，秣陵烟雨剩凄凉。"[3] 西湖为黄媛介的漂泊生活提供了一个暂时的休憩之所，她与女画家李因、退隐的金陵名妓薛素素毗邻而居，彼此以书画相娱。[4]

像黄媛介这样的闺阁女子尚可以行走四方，青楼名妓没有家庭束缚，更加可以随心所欲地到处游览。当时，许多名妓都充分利用了这一自由，成为穿梭于不同城市间的旅行者。西湖是一定要去的，在那里可以沉醉于秀美的山水，还可以交结张岱、李流芳那样高雅的文士和汪汝谦那样慷慨的艺术赞助人。湖畔的私家园林和湖上的画舫构成了一个个有形的公共空间，才女们的声名得以在这些空间中传播。当佳人的名字与西湖联系在一起后似乎产生了一种别样的韵味：

> 湖中不可无美人，犹须发无关于神明，而失之不佳。苏小同心，至今芬频；琴操参悟，犹属铮铮。佳人难再，孰踵其芳徽者！据余目所见，林天素画擅一时，风鬟雾鬓，而多高韵；王修微诗惊四座，读书谈道，而多胜情。惜哉！林既还闽，王亦他适。近有王云友精于六法，足参管姬之座，风流不坠，赖有此君。昔人有云：无此不成京师，予亦曰无美人不成西湖，要岂论于俗妓辈哉。未暇语貌，一种有气恶甚，反不如独对西子，雨颦晴笑，自堪倾国，弗以若辈唐突之耳。[5]

李鼎说"无美人不成西湖"，南齐歌女苏小小、北宋名妓琴操都在西湖畔留下了倩丽的身影和动人的传说，而他亲眼所见的佳人则更是不凡：

林雪、王微、杨慧林，她们婆娑湖上的名妓，不仅拥有秀丽的容貌，而且多才多艺：或画擅一时，或诗惊四座，或精于六法。这些湖畔女子与布克哈特所描绘的文艺复兴时的意大利高级妓女［courtesan］有甚多相似之处。作为男性名流的同伴，无论是欧洲还是中国的名妓，都以对男性艺术的精通而著称：

> 即使和妓女们的交往也采取了一种更为高雅的性质，这使我们想起了古代雅典的妓女的地位。有名的罗马妓女恩佩利亚是一个有才华有文化的女人，曾经从一个叫多密尼克·康帕纳的人学习写十四行诗的艺术并且还有音乐的才能。……在米兰，邦德罗认识一个雍容不俗的名叫卡特丽娜·第·圣切尔索的姑娘，她擅长演奏乐器、歌唱和朗诵诗篇。从我们所读到的关于这一问题的一切记载，很清楚：访问这些妇女并有时和她们住在一起的那些有名人物要求她们具有一定程度的才华和教育，而对那些有名的妓女，人们也不会怠慢和不予重视。即使和她们的关系已断，人们总还希望获得她们的好感，这就表明逝去的温情已经留下不可磨灭的痕迹。[6]

欧洲的名妓通常是国王或贵族的情妇，中国的名妓通常与宫廷生活没有直接联系，而是文人士大夫交往的对象。在晚明的文人文化中，一个令人注目的现象就是对女性的关注。有一些文人积极从事女性文本的整理，为女诗人出版各种不同的选集，使妇女诗词成为当时的热门读物。像“不系园”的主人汪汝谦就为柳如是刊刻了尺牍，并请林雪为之作序。还有一些文人、鉴赏评论家和收藏家在他们诗文、笔记或书画著录中从不同的侧面记录下了女性在文艺方面的才能和成就，使这些女子的名字得以流传后世。本章的主人公林雪虽不像柳如是、董小宛、马湘兰那样出名，但她的传世画迹深具南宗气韵，显示出不凡的艺术才华。林雪与汪汝谦之间有过一段浓烈凄艳的爱情故事，与当时文坛名士董其昌、陈继儒、李流芳、曹学佺、张联芳等人都有直接或间接的交往。从这些男性文人的记述中，我们得以追索这位传奇女子在晚明画史上留下的动人足迹。

一、有女校书林天素

在清代的数本画史中，都有关于林雪的简短介绍。[7] 但林雪在不同书中所处的位置却不尽相同。在杭州学者、藏书家汪远孙的妻子汤漱玉所编的《玉台画史》中，女画家们依据社会等级被分为宫掖、名媛、姬侍、名妓四大类，林雪被归入名妓一类中。然而徐沁在《明画录》中却把林雪列在了名媛而非名妓的部分。同一个人，何以有不同的身份差别呢？王端淑《名媛诗纬初编》中的林雪小传或许可以帮助我们寻找到个中缘由。小传云：

林雪，闽人，名姬，工诗画。从良，今入空门。[8]

由此可知，林雪后来出家从良，因此《明画录》未将她归入名妓之属。林雪的知己好友汪汝谦与女学者王端淑相识[9]，因此王端淑对林雪的记载应当颇为可靠。崇祯十四年（1641）汪汝谦曾往福州寻访林雪。得知林已移居建宁，他深感失落，赋诗十首以抒思念之情。其三云：

索寞思君独怆神，风流犹忆卷中人。生来不事铅华饰，一个蒲团是写真。[10]

“蒲团”一词也暗示了林天素返回福建后可能已经皈依佛门。当时大部分的名妓都希望通过嫁给功成名就、意趣相投的男子来逃脱流落风尘的生活。柳如是择夫钱谦益，董小宛委身冒襄，都是通过这种方式完成角色的转变。然而并非所有的名妓都那么幸运，能遇到合适美满的姻缘。晚明动荡的时局、名妓低下的社会身份，带给她们的生活诸多艰难。即使文士与名妓两情相悦，也随时会因种种原由被阻断。许多名妓没能与心上人结合，在年老色衰之后则以长斋礼佛作为自己的归宿，林雪、王微、马湘兰等皆是如此。

在林雪生活的时代，名妓文化十分繁盛，激烈的竞争促使青楼女子们努力学习各种技艺，这种艺术才能的训练和培养通常自小就开始了。李渔在《闲情偶寄》中详尽地解释了他为训练小妾而写的大纲，这份计划也可以看作是名妓的训练理想模式，毕竟无论是妾还是妓都是为了服务男性而存在的，而且成为侍妾也是名妓们最佳的归宿。关于林雪早年的经历没有任何文献记载，但从李渔列出的培训大纲中我们可以想象出林雪在成长为一个才华出众的名妓前所接受的教育。

李渔认为才的培养与美的培养同样重要。在他看来，女性才华分为四类技巧：文学写作能力、乐器演奏、歌舞以及女工。前三者的重要性依次递降，女工因为是分内事，所以根本无须解释。要提高文学技巧必须从识字入手，李渔建议传奇、小说是最好的教学课本，因为其中的故事情节早已为人熟知。善于歌唱的女子，可以教以填词的技艺，而想学诗的人则应当由读诗、背诗开始。至于乐器，最合适的是古琴，琵琶、弦索，提琴也是不错的选择。歌舞训练则由三部分组成：寻找合适的角色、矫正发音以及学习舞台上的姿态。李渔指出：“以闺秀自命者，书、画、琴、棋四艺，均不可少。然学之须分缓急，必不可已者先之，其余资性能兼，不妨次第并举，不则一技擅长，才女之名著矣。”[11] 从李渔的描述中我们

图 5.3 （明）薛素素，《兰花图》，上海博物馆藏

可以看出，女性如果致力于学习男性的优雅技艺，将使她的一生处于更有利的地位中。像林雪这样的名妓在早年大都接受过这样的培训，其中的佼佼者不仅在专门的艺术领域内技艺精湛，而且集赋诗、书画、丝竹、歌舞等多种技能于一身，其在文学和艺术上的造诣堪与文人一较高下。比如当时的京师名妓薛素素就属于全能型的顶级才女。据朱彝尊《曝书亭集》载："素素小字润娘，行五，人称其有十能，诗、书、画、琴、弈、箫，而驰马、走索、射弹尤绝技也。予见其手写水墨大士甚工。董尚书未第日，授书禾中，见而爱之，为作小楷心经，兼题以跋。至山水兰竹，下笔迅扫无不意态入神。"[12]（图 5.3）此种才势气魄难怪要名动公卿了。林雪的才华也很全面，主要体现在诗文、音乐和绘画这三方面。

林雪的诗作保留下来的极少，在王端淑的《名媛诗纬初编》中收录她的《镜阁》，诗云：

绿杨回绮阁，碧水照朱栏。阁向云中出，人疑镜里看。涧花流影媚，崖树落荫寒。独寤青山曲，倏然赋考盘。[13]

此诗取《诗经》"考盘在涧"之意，描绘了一位女性隐逸者远离世俗尘嚣的山居生活，文字疏隽，一洗铅华，王端淑评曰"幽细不浮"[14]。这一寒淡清雅的形象或许可以作为林雪的一种自我展示。在中国的传统文化中，归隐田园一直是文人士大夫追求的生活状态，而在这首诗中一个

图 5.4 （明）马守真（马湘兰），《石兰竹图》，美国弗利尔美术馆藏

活跃于声色场中的妓女却表达了自己坚守高洁之志的决心，这一有趣的对立该如何解释呢？一方面，名妓的主要服务对象是文士名流。晚明社会的士风空灵，文人追求一种高雅精致、自然脱俗的品位，名妓在与士人的交往中，体悟到保持一种清逸高洁的形象的必要性，潜意识中肯定了这种被期待的角色行为；另一方面，像林雪这般冰雪聪慧的女子却迫于无奈流落烟花风尘之中，她们尽可能地以各种方式维持自己精神上的独立、高贵与尊严，可以看作是对认定理想的一种执着坚持。这也可以解释为何晚明的许多妓女在作画时会刻意选择水仙、幽兰、修竹这些能唤起洁白、纯洁、正直等寓意的植物作为描绘的题材（图 5.4）。

除了这首诗之外，林雪撰写的一篇文章也保留了下来，这就是她应汪汝谦之请为《柳如是尺牍》所作的小引。这篇序言词旨佳妙，且颇能反映当日寓居西湖的名妓们活动的踪况，特录之如下：

余昔寄迹四湖，每见然明拾翠芳堤，偎红画舫，徉徜山水间，俨黄衫豪客。时唱和有女史纤郎，人多艳之。再十年，余归三山，然明寄眎画卷，知西泠结伴，有画中人杨云友，人多妒之。今复出怀中一瓣香，以柳如是尺牍寄余索叙。琅琅数千言，艳过六朝。情深班蔡，人多奇之。然明神情不倦，处禅室以致散花。行江皋而逢解佩。再十年，继三诗画史而出者，又不知为何人？总添入西湖一段佳话。余且幸附名千载云。三山林雪天素书于翠雨阁。[15]

文中的“三诗画史”指的是女史纤郎王微、画中人杨慧林和尺牍的作者柳如是，她们与林雪一样都是活跃于西子湖畔的名妓。关于她们在西湖的主要活动情况我们将在下一节中详细叙述。尽管林雪流传下来的文学作品极少，但从她的诗作和小引中我们依然可以感受到其文字的精炼美妙。

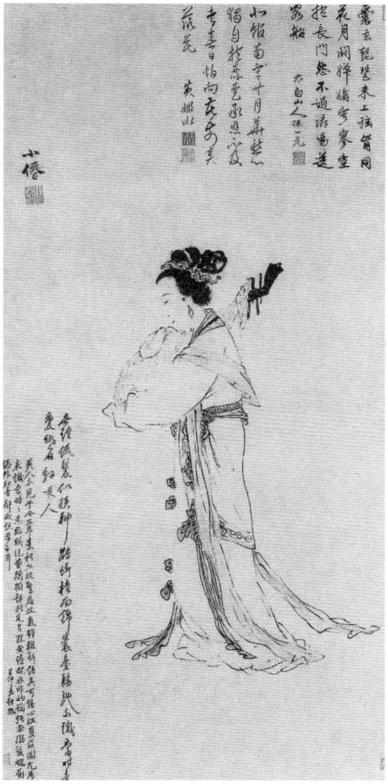

图 5.5 （明）吴伟，《琵琶美人图》，美国印地安那波里斯美术馆藏

林雪的乐器演奏技巧也为她所交往的文士所称道。在文人雅士们聚会的场合，常常会邀请林雪弹琴助兴。李流芳这样描绘林雪的琴艺：“清音到丝竹，所贵岂悦耳。初为弹琵琶，四弦万绪起。再为抚七弦，幽怀历妙指。”[16] 由此可见林雪至少擅长两种乐器，即四弦琵琶与七弦古琴。汪汝谦曾在与林雪别离时，听她演奏琵琶：“乍讶寒蕉逗疏雨，翻疑复涧写飞泉。嘈嘈切切撩繁绪，转觉曲房惬私语。凄然弦促断肠声，弹罢离愁增几许。”[17] 二十年后，汪汝谦前往福建建宁寻访林雪，又再次听她演奏古琴：“帘栊窈窕理冰弦，四壁飕飕讶响泉。音韵凄凉一声烈，翻令座上觉泠然。微吟悲咽弦将绝，恍似离亭人欲别。”[18] 林雪很可能是在早年青楼的训练中掌握这两种乐器的演奏，然后一生不辍地加以练习（图 5.5）。

在林雪的所有特长中，绘画才能最为突出。在她离开福建前往杭州之前，她的绘画才华在当地已经十分有名，人们争相收藏她的画作。这在福建诸多名士为林雪送行所写的赠别诗中就可以看出。陈鸿《送林天素游武林》诗云：

写出丹青借客看，令人转笑当空织……寻常片纸千金购，傲杀西川女校书。[19]

陈鸿将林雪比作唐代蜀中名妓薛涛[20]，并指出她的画作当时已经价值不菲。福建文坛领袖徐𤊹在元宵节前去拜访林雪，在观赏了她作画又听其弹奏了琵琶后，写诗为她送行。诗云：

晚妆初罢沈吟久，彤管半枝拈素手，旋展生绡作画图，淋漓墨汁浓与酒，写出清溪绕翠峦，满堂衣袂欲生寒，长康神笔僧繇技，谁道含毫口是檀……[21]

诗中描绘了林雪作画时的情景，称赞她的绘画技法可以与顾恺之（字长康）、张僧繇媲美。这虽然只是一种修辞上的夸张，但也足以看出徐𤊹对林雪的画艺相当推崇。侯官进士邵捷春写有《过天素宅赋赠短歌》，诗云：

……满案青山淡淡烟，濡毫写遍床头笺，酒徒学士□□索，宁须粉本王蓝田……[22]

王蓝田，就是王维，他的别墅位于蓝田辋川，故称“王蓝田”。此处是形容林雪绘画技法熟练，无须粉本就可以立挥而就。[23]

林雪之所以能独善几门绝艺，除了因为她具有聪慧的天资和在青楼接受的基础训练之外，更重要的原因恐怕还得益于她所交往的名士。像林雪这样的名妓，可以灵活地出入于大批男性的关系网，这既扩大了她们的社交圈，也开拓了她们的视野，增进了她们的知识和技能。与上流社会女子在闺阁中所受的教育不同，在林雪教育和世界观的形成中，男性教师要比女性起着更大的作用，而且对其产生影响的男性往往有很多位。据王端淑《名媛诗纬初编》中小传所载，林雪为“徐野君、沈甸华两先生所授”[24]。

徐野君，即徐士俊，杭州人。他工书善画，署款必曰“西湖某人”；诗文跌宕自喜，撰写了六十余种杂剧，今存《洛水丝》及《春波影》各一本于《盛明杂剧》中。据说徐士俊性格坦荡且才华横溢，“每遇能文章者，与言文章；晓音律者，与言音笔；善琴弈、丹青诸艺者，与言琴弈丹青诸艺”[25]。

沈甸华，名兰先，也是杭州人。据全祖望《沈甸华先生墓碣铭》载：“向来杭士有读书社、小筑社、登楼社，皆以词章之业为尚，先生亦与焉。”[26]沈甸华性格慎密，治学严谨，“闻人有过，辄自警曰：‘吾得毋有是乎？’亦时以此训其子弟。又尝言人多读书则识进，且能自见瑕疵，故终身都无足处”[27]。

小传中说林雪得到徐、沈两位先生的传授，或许是指她向徐野君请教音律、绘画方面的知识，而师从沈甸华学习诗词。由此推测，拜师学艺，增强自我的艺术文学修养也许是林雪前往杭州的原因之一。

值得一提的是徐野君是一位热情支持妇女教育的文人。他在自己编辑的一本书信集中宣称男女的区别仅仅是形貌上的。他强调女性在智力潜能、道德操守，甚至军事才能方面都不逊色于男子：“若夫书盘织锦之才，挽车举案之操，断臂投崖之节，突围讨叛之勋，何一甘出男子之下？”并指出只要给予受教育的机会，女性完全可以超越男子：“吾当谓女子不好学则已，女子好学，定当远过男子。何也？其性静心专，而无外务以扰之也。”[28]晚明的不少文人都有与徐野君相似的观点，李渔就说：“妇

图 5.6:（明）陈洪绶，《授徒图》，美国加州大学美术馆藏

图 5.7 （明）陈洪绶，《闲话宫事图》，沈阳故宫博物院藏

人读书习字，所难只在入门。入门之后，其聪明必过于男子，以男子念纷，而妇人心一故也。”[29] 正是这种对女性智力才华的信心，促使这些男性去推动女性的教育和编辑出版女性的文字。

晚明著名人物画家陈洪绶绘制的《授徒图》（图 5.6）可以帮助我们想象一下林雪当年向徐、沈两位先生求教时的情景。图中一文人学士模样的人据案而坐，石案为太湖石制成，案上置有字画、书籍、古琴、茶壶、杯盏等物。学士手执如意，前视两位女弟子。两位弟子坐于圆凳之上，一位低头凝视案上的《竹石图》，另一位正往瓶中插花。此图表现的正是男性文人向女弟子传授技艺的情景。描绘女性生活情态的“仕女图”在唐宋时期已经成熟，图中的女子或赏花、或戏犬、或吹箫、或抚琴、或凝思远眺、或顾影自怜，却从未出现读书或学习的情状。在中国早期的几乎所有画作中，女人只出现在男性文化活动的画面里，她们是侍候者、陪伴者、旁观者，不是参与者。然而陈洪绶的仕女图与以往的仕女图相比则发生了巨大的变革。他让画中女性从被动观看的角色转化为深具自主性，且富自身情思的主体。此外，还塑造了作为学者、隐士、高人等女性的形象，这些都是传统仕女图前所未见的新猷。比如在《闲话宫事图》（图5.7）中，一文士置琵琶于膝上正襟而坐，对面坐着一位美丽女子捧卷而读。男女成为共享文艺志趣的伴侣，这就打破以往仕女图中女性经常以侍女出现的公式化僵局。在陈洪绶的另一套作品《隐居十六观图》中，他记录了隐士生活中的十六件雅事，即：访庄、酿桃、浇书、醒石、喷墨、味象、漱句、杖菊、瀚砚、寒沽、问月、谱泉、囊幽、孤往、缥香、品梵。其中的《缥香》一图（图5.8）则描绘了一位女性隐逸者的生活：她鬓发如云，翠袖飘逸，端坐于奇石之上，捧书观览，身旁绿竹猗猗，清泉潺湲，这一娟娟静美的形象与林雪在《镜阁》一诗中描写的情景不谋而合。上述仕女图中的种种创新不仅出自于陈洪绶个人的营造，也是晚明独特的文化氛围使然。正是在这样的文化环境中，林雪才得以成长为富于艺术才情的绝代女校书。

图5.8 （明）陈洪绶，《隐居十六观图》之缥香，台北“故宫博物院”藏

二、年来寄迹在湖头

（一）林雪的湖畔生活

林雪前往杭州的具体时间已不可考。据陈寅恪先生推测：“林天素之游西湖，当在天启元年辛酉（1621）。不久即归闽。”[30] 黄书梅在《林雪：一位明末名妓画家的生平与艺术》一文中分析了《春星堂诗集》三《梦草》董其昌题词、汪汝谦自撰《幽窗纪梦》诗并序以及诗后所附陈继儒

《纪梦歌跋》等诗文，亦推断林雪到达杭州的时间应当在1621年的春至秋之间。[31]

然而，从李流芳与谭元春分别后前往林雪处听琵琶的记载，可以推知林雪在万历四十七年（1619）十月左右人应该在杭州。[32]这样看来有两种可能：一是林雪到达杭州的时间应当前推至1619年秋天以前，此后一直寓居在西湖；二是林雪在1619年（或之前）到达杭州后又因故离开，并于1621年再次前往杭州。事实上，晚明时许多名妓的旅行十分频繁，譬如柳如是在她的名妓生涯期间（即1631—1641年）就很少呆在一个地方超过一年。流动性的生活有助于她们结交更多的男性，而建立联系和渗入男性上流关系网的能力是这一行的成功标志。[33]汪汝谦《绮咏集》中收入两首与林雪有关的送别诗，即“冬日湖上送林天素、周善长，夜听天素琵琶”与“夏日湖上别林天素”，可见汪汝谦在冬、夏两个季节两次为林雪送别。冬日送别的诗中有句云：“迢迢此去问行藏，却把周郎作李郎。酒饮垆头知有侣，霜林道上映红妆。于今隐迹归何事，习静方山花木侍。所思应有瑶华音，春到西湖逢驿使。”[34]周郎即指周善长，从诗中可以推知林雪此次离开杭州与周善长偕行，而且在来年春天旅行结束后还会回到杭州。另外李流芳《檀园集》中收录有“扇头见林天素诗画，因次其韵”，诗云:“沙边柳色已知秋，多少琳宫在上头。曾向金陵门外望，莫愁湖水不胜愁。”[35]可知林雪曾经去过南京，并且有描绘金陵景致的山水画及诗作。由上述诗文推测，林雪很可能在一段时期内以杭州作为大本营，建立自己的声望并与当地的上层文人进行联系，而后她在江南吴越一带四处旅行，并于每次旅程结束后返回杭州。

晚明时期的西湖不仅是张岱、李流芳、汪汝谦等文人儒士理想的旅游胜地，也吸引了一批具有公众活动性的女子——名妓和职业艺术家。前者包括林雪、杨慧林、王微、柳如是、薛素素、马湘兰、董小宛等青楼女校书，后者则以黄媛介、梁孟昭、吴山、卞玄文母女等为代表。在当时许多文人的日记和诗文中都记录了与这些女子交往的经历。冯梦祯在万历三十年（1602）八月十五及十六日的日记中写道：

> 十五，大晴。屠长卿、曹能始作主唱西湖大会，饭于湖舟，席设金沙滩陈氏别业。长卿苍头演《昙花记》。宿桂舟，四歌姬从。羡长、东生、允兆诸君小叙始散，而薛素君从沈景倩自檇李至，过船相见。夜月甚佳。
>
> 十六，晴，稍有云气。诸君子再举西湖之会以答长卿。能始作伎于舟中。席散，同景倩、素君、羡长、允兆诸君憩中桥听曲，晤周申甫。月甚佳。[36]

冯氏日记中所提到的薛素君就是十项全能的名妓薛素素。这一年的中秋夜，冯梦祯与屠隆、曹学佺各自携带家伶大会于西湖之上，演出《昙花记》。薛素素特意与嘉兴名士沈德符坐船赶来参加这一盛会。晚明时名妓出门旅行大都是陪伴赞助人同往。崇祯十三年（1640），冒襄原本打算去苏州探访董小宛，恰巧此时有客从吴门来，告诉他小宛已经去了杭州西子湖，并且要与钱谦益一起游览黄山白岳。像沈德符、钱谦益这样的男性赞助人不仅可以为名妓支付旅途的开销，还可以帮助她们建立更广泛的交际网络。

到达杭州之后，林雪借住在湖山主人汪汝谦处，并通过汪结交了董其昌、陈继儒、黄汝亨等诸多名士。晚明西湖畔男性文人的社交圈离不开女性的参与，文士与名妓构成了一个彼此依存相互影响的复杂网络，一方面，名妓希望凭借自身的才貌与修养获得文士的青睐与支持，从而满足她们的身份确立和感情慰藉；另一方面文人也期冀通过女性的艺术参与和娱乐活动，实现家国仕宦之外的心灵超越。无论是在宴席的觥筹交错间，还是在社团吟诗作画的雅集上，美人的出场都能助兴致、添情趣、增灵感。上述提到的《隐居十六观图》就陈洪绶在西湖畔两位歌妓的陪伴下创作的。在画跋中他这样写道："辛卯八月十五夜，烂醉西子湖。时吴香扶磨墨，卞云装吮管授余，乐为朗翁书赠。"吴、卞二人都是妓女，卞云装即"金陵八艳"之一的卞玉京，她诗琴书画无所不能，尤擅画兰，陈洪绶还曾为她画的兰花题词。像林雪、卞玉京这样多才多艺的名妓是西湖畔的丰富多彩的文化艺术活动的积极参与者，她们的出场常常可以促进男性艺术家们的创作。因此不少文人画家都会对某位名妓向自己索画的经历津津乐道，像李流芳就曾赠画给西湖畔一位姓张的妓女并兴致勃勃地记录下了这桩雅事，而陈洪绶也在一首诗中追忆了他与名妓董飞仙的一段翰墨情缘，诗云：

桃花马上董飞仙，自剪生绡乞画莲。好事日多常记得，庚申三月岳坟前。[37]

故事发生在万历四十八年（1620）的春天，就在西子湖畔岳坟前，貌美如花的名妓董飞仙骑着娇艳的桃花马，带着亲手剪制的质量上乘的生绡，找到了陈洪绶，乞求他为自己画一幅莲花。这样美丽的邀请怎么能够拒绝呢？陈洪绶为她画了莲花，也将这段旖旎的故事刻入了思念中。后来陈洪绶在北京的时候，竟然又梦到了这个令人销魂的美女，于是又写了一首《梦故妓董香绡》：

长安梦见董香绡，依旧桃花马上娇。醉后彩云千万里，应随月到定香桥。[38]

定香桥在苏堤的映波桥与锁澜桥间，西接花港观鱼，是当时文人雅集的常去之处，至今尚存。陈洪绶的这个梦可以反映出男性文士的一种心理期待，“无美人不成西湖”，这句话恐怕道出了男人们的心声。

汪汝谦也做过一个关于湖畔美人的梦，这个梦绮丽宛转，梦中的主人公就是林雪。梦醒后，汪汝谦写了一篇动人的文字作为纪念。那是一个“风雨连夕”的春天，他一个人孤单地坐在书房里。庭中寒梅初放，窗前幽兰乍舒，在依依香气中，他恍恍惚惚地进入了梦境。在梦中，他置身于一座繁华都会的豪宅门前，那里“巷陌逶迤，门径窈窕”。守门人引导着他拾级而登，来到一座“曲槛层楹，焕若蕊宫绀殿”的大堂前。忽然，汪汝谦听到一阵脚步声，一位形神清越、风气高迈的老人迎面走来。原来，老人就是这座豪宅的主人。他对汪汝谦彬彬有礼，带着他前往别院中一所名为“听雪”的竹轩，“轩下八窗玲珑，竹石掩映，琴尊书画一一具鉴赏家”。汪汝谦正欣赏着竹轩中的景致，一位女郎从曲房中姗姗而至，来到花径边。那真是位绝代佳丽——“缟衣翠带，藐若姑射之姿”，连身边的侍女都妩媚可人。老人笑着介绍说，这是自己的掌上明珠，之所以让她出来见汪汝谦，是希望托汪汝谦为她寻觅一位合适的夫婿。正说着，外边来了客人，老人前去应酬，留下女儿陪伴汪汝谦。言谈间，汪汝谦发现女郎手中团扇上的画居然是林雪所绘，十分吃惊。当得知女郎喜爱林雪的画作时，便拿出林雪与自己临别时画的柳枝图，打算转赠女郎。不料，女郎并不领情，反而奚落他：“这是林雪给你的赠别之作，要留个念想的，怎么好轻易转送他人！”接着又说:“这样吧，你若不嫌弃，我就在这幅画上题首诗吧。”汪汝谦“喜惧交集，莫知所从”，女郎倚几低寰，昵昵濡翰，题诗云：“袅袅春风杨柳枝，谁人写入画中诗。长条好待君攀折，莫谓相逢是别时。”汪汝谦刚打算和诗一首，主人却回来了。命令大摆宴席，款待嘉宾。在纷纷扰扰间，女郎却不知去向了。汪汝谦听雨声如注，见残灯晦明，忽然意识到这不过是一个梦而已。[39]

汪汝谦做这个梦时，林雪已经离开西湖回福建去了，这显然是一个因思念她而做的梦。但是汪汝谦并没有小心翼翼地将这个梦暗藏于心底，而是把它公开于自己的朋友圈中，于是董其昌、陈继儒、王思任、张遂辰等文士纷纷题词赋诗，吟咏此梦，合成了一部关于爱情的主题诗集《梦草》。朋友们都告诉他，一个人不会无缘无故来到另一个人的梦里，唯一的解释是你对林雪念念不忘、相思刻骨。陈继儒在题诗的跋语中对汪汝谦的这个梦进行了心理分析：

> 然明（汪汝谦）与天素为文字方外交。天素归闽矣，然明念之，不置，遂形于梦中。仆谓听雪堂侍儿非异人，即天素也。五丁摄之，来试君耳。汉武帝得奇草，昼缩入地，夜若抽萌，思李夫人，怀之辄梦。然明以诗作纪，眉公以纪作诗，即名之曰“梦草”亦可。[40]

据陈继儒分析，汪汝谦梦中的女郎和她的侍女都是林雪的化身，是来试探汪对林是否一往情深的，正如他在诗中所言：“将无天素愁郎变，幻出如花来试君。”[41]诗集之所以命名为《梦草》是源于汉武帝借东方朔所献之草在梦中与李夫人相遇之意。[42]一个原本属于私人的梦却在公共的场合里被流传和歌颂，文人士大夫们不吝笔墨地吟咏此梦可以反映出他们对于浪漫情事的心灵需要。

（二）文人化的名妓

那么，究竟什么样的女子才是西湖畔男性文人们梦寐以求的情感对象呢？张岱曾用细腻的笔触记录了陈洪绶在西湖畔与一位美人的邂逅：

崇祯己卯八月十三，侍南华老人饮湖舫，先月早归。章侯怅怅向余曰："如此好月，拥被卧耶？"余敕苍头携家酿斗许，呼一小划船再到断桥，章侯独饮，不觉沾醉。过玉莲亭，丁叔潜呼舟北岸，出塘栖蜜桔相饷，畅啖之。章侯方卧船上嚎嚣。岸上有女郎，命童子致意云："相公船肯载我女郎至一桥否？"余许之。女郎欣然下，轻纨淡弱，婉瘱可人。章侯被酒挑之曰："女郎侠如张一妹，能同虬髯客饮否？"女郎欣然就饮。移舟至一桥漏二下矣，竟倾家酿而去。问其住处，笑而不答。章侯欲蹑之"，见其过岳王坟，不能追也。[43]

与陈洪绶对饮的女郎想必是西湖畔的某位青楼女子。从张岱描述她的这段文字里我们可以大致窥见当时男性文人理想中的西湖佳人形象：独立，月夜独行，来去如风；神秘，问其住处，笑而不答；素雅，轻纨淡弱，婉瘱可人；豪爽，欣然就饮，无半点闺阁态。最后这一点尤其重要，在双方交往的过程中，女子不再是被动顺从的角色，她与男性文人之间的交流是双向的、互动的，甚至她本人身上就具备一种名士的洒脱作风。

我们不妨把张岱笔下的这位女郎看作一个湖畔女子的隐喻［metaphor］，在她的身上凝聚着名妓们某些共通的特质。当时，决定妓女的名声与身价的关键因素在于是否能进入文人的社交圈，而进入这一关系网最有效的方式就是熟悉文人的语言，模仿文人的社交方式和作风，简而言之就是努力成为"文人化"的名妓。林雪、王微、杨慧林、柳如是等活跃在西子湖畔的女子就是这种"文人化"名妓的代表，她们的居住环境、服饰装扮、行事作风都显示出文人化的倾向。

图 5.9 （明）柳如是，《人物山水册》之一，美国弗利尔美术馆藏。画作可以帮助我们想象湖畔名妓们居住生活的情景

在居住环境方面，湖畔的名妓们刻意追求静幽雅致的清韵，特意避开了豪奢的摆设，无论是园林的规划还是书房的布置都依照文人的空间品位加以经营。在汪汝谦的梦中，林雪居住在竹轩中，“轩下八窗玲珑，竹石掩映，琴尊书画一一具鉴赏家”。这分明是文人居所的陈设。汪汝谦曾在一个秋日去林雪的妆阁探访她，现实中的林阁与汪汝谦梦中的竹轩一样雅致。从汪汝谦的诗中我们可以窥见其大致面貌：

门临湖水蓼花稀，轻艇遥寻泛落晖。行到柳阴春径寂，小楼人在正无依。月明烟树曲栏前，种种宜人入画禅。把酒题诗谁唱和，扫眉应试笔花鲜。[44]

林雪居住在远离尘嚣之所，宁静的柳荫、寂寞的春径、孤独的小楼、明月下的烟树与曲栏，这分明是高士的雅居（图 5.9）。

我们不妨再借汪汝谦的诗词领略一下另外两位湖女杨慧林和王微的居所。杨慧林，字云友，杭州人，是与林雪齐名的名妓画家。杨慧林也是汪汝谦的知己好友，汪曾在大雪之后去她的住处看望她并赋诗留念，诗云：

幽窗浑曙色，几榻净无尘。却喜宜人处，花飞笑语亲。尊酒破岑寂，尤夸咏雪才。座看仙子并，应得到瑶台。围炉耽煮雪，清韵入帘栊。一种堪怜态，依然自不同。[45]

一切的纷华之物都被摒弃，屋舍中充满了淡定的禅意，身处其间的杨慧林，完全没有妓女的风尘之色，倒像是瑶台的仙女。

王微，字修微，号草衣道人，她是来自扬州的一位名妓，也是一位颇有名气的女诗人。钱谦益称赞她的文学才华道："今天下诗文衰熸，奎璧间光气黯然。草衣道人与吾家河东君，清文丽句，秀出西泠六桥之间。"[46] 她在西湖的住所是汪汝谦帮助安排的，那里"入林霜冷尘嚣远，挥麈风生俗虑除。竹映回廊堪步屧，云连高阁可藏书"[47]。俨然是一位饱读诗书的隐士的居庐。万历四十七年（1619）秋，谭元春来到西湖，路过王微居住的山庄，赋诗云："绿溪天外没，宜有是人居。残叶埋深巷，新牕变故庐。心心留好月，夜夜抱奇书。女伴久相失，荒村独晏如。"[48] 可见即便一人独居，王微依旧处之泰然，过着与书为伴笃实好学的生活（图 5.10）。

图 5.10　（明）柳如是，《人物山水册》之一，美国弗利尔美术馆藏。画作描绘了一位文人去拜访独居高阁的女子，女子居所的桌上堆满了书册。

图 5.11　（清）余集，《柳如是初访半野堂小影》，2016 年嘉德春季拍卖会

在衣着风貌方面，湖畔的名妓们也崇尚淡雅朴素的自然韵致，呈现出与往昔施朱敷粉、靓妆艳饰的红颜们全然不同的形象。陈继儒称赞林雪的相貌"绝代风流美无度"[49]，在汪汝谦的梦中她"缟衣翠带，藐若姑射之姿"，完全是位天资灵秀，铅华尽洗的美人。杨慧林，号林下风，仅从这个字号就可以想象她神情散朗、举止恬淡的风韵。有些名妓甚至以男性的装扮出现在文人圈中。比如柳如是就经常穿着男性的服装出现在

宴会上，即使在嫁给钱谦益之后，她仍然一身儒服，代表钱谦益做礼节性的拜访(图 5.11)。王微亦有红妆季布之风，酷爱旅行的她平素穿着布袍、拄着竹杖，以男性的装束云游四海。

除了装扮上模仿文人之外，一些名妓在行事风格上也全然名士风范。柳如是在给湖上好友兼赞助人汪汝谦的三十通尺牍中，均以“弟”或“女弟”自称。在其中的一封信札中，柳如是写道：“稽叔夜有言：‘人之相知，贵济其天性。’弟读此语，未尝不再三叹也。今以观先生之于弟，得无其信然乎？”[50]落落词高，悠悠意远，一派清俊的名士作风。林雪的湖上好友王微则有“美人学士”之称，她“才情殊众，扁舟载书，往来吴会间。所与游，皆胜流名士”[51]。王微是一位杰出的女性旅行家，对她而言穿山越水是个性自由的一种表达。后来她到杭州养病并着手选编一部旅行见闻集《名山记》。在选集的序言中她以回忆自己早年的历险而开篇，声称自己的性情如草野般不拘，志向如同翱翔的鸿鹰：“尝浮江入楚礼佛，参山九华之间，登黄鹤晴川，江山胜极，至今在目。已入匡庐观瀑布，雪花万丈，萦绕襟带，思结室其下。病归湖上，西泠片水，复自依依。草野之性，长同鸿鹰，诚不意有今日也。”[52]病居西湖的王微为自己营造了一座生圹，过着读书、诵经、著述的隐居生活。谭元春曾应邀为她的诗集《期山草》作序，这篇文字虽是序其诗，却更像是一幅王微的写真图，草衣道人行踪飘忽、意气高洁的形象跃然纸上：

己未秋阑，逢王修微于西湖，以为湖上人也。久之复欲还苕，以为苕中人也。香粉不御，云鬟尚存，以为女士也。日与吾辈去来于秋水黄叶之中，若无事者，以为闲人也。语多至理可听，以为冥悟人也。人皆言其诛茆结庵，有物外想，以为学道人也。尝出一诗草，属予删定，以为诗人也。诗有巷中语，阁中语，道中语，缥缈远近，绝似其人。荀奉倩谓："妇人才智不足论，当以色为主。"此语浅甚。如此人此诗，尚当言色乎哉！而世犹不知，以为妇人也。[53]

在上述几位湖畔名妓的居所、装束和生活中，我们都可以感受到一种卓尔不群、闲适洒脱的风范。这些"俨如文人"的名妓身处公众男性的世界，自然不可避免地会受到与其交往的文人雅士的影响。妓女是个"可塑性"很高的社会角色，这种塑造工作可以说是其个人资质与整体社会文化之间互动的过程，这个塑造过程同时也是一种文化创造的过程。[54]

（三）湖上名妓

共有的文人化特质和居无定所的生活方式将晚明一些最有名的青楼女子带到了一起，在西湖畔结成一种暂时性的社团。这些蕙质兰心的女子们通过雅集、书信交流等方式切磋诗文绘画才艺，并成为好友。将这些名妓联系在一起的关键人物就是"湖山主人"汪汝谦。在杭州，任何需要关系引荐和经济资助的人，都会去拜访汪汝谦。他以自己的财富为名妓们提供栖身之所和与上流文人交往的便利条件；同时，还通过广布的关系网促进这些女性之间的交流与互动。正是通过汪汝谦，林雪开始接触与她同样才貌双全的名妓杨慧林、王微、柳如是。尽管她们有许多共同之处，但因其旅居的生活方式，如果没有汪汝谦这位她们共同的男性朋友，彼此之间的友情是很难维系的。

杨慧林是林雪在杭州时十分要好的女友，她们是通过汪汝谦而相识相知的。汪汝谦藏有《擫篴图》一轴，谢彬写像，蓝瑛补景：画中杨云友与林天素俱宫妆，一吹竹，一弹丝，坐桐下，汪汝谦则据石倾听。[55]林、杨二人在当时文士的诗文题跋中常被一并提及，因此对杨慧林的相关资料的考证也有助于了解林雪的生平。郁达夫先生曾经在西湖畔见到过杨慧林的墓碑，从其上所刻的墓志铭中可以大致了解这位西泠佳人的风貌：

> 明天启间，女士杨慧林云友，以诗书画三绝，名噪于西泠。父亡，孝事其母，性端谨，交际皆孀母出应，不轻见人，士林敬之。同郡汪然明先生，起坛坫于浙西，刳木为舟，陈眉公题曰“不系园”，一时胜流韵士，高僧名妓，觞咏无虚日，女士时一与焉，尤多风雅韵事。当是时，名流如董思白、高贞甫、胡仲修、黄汝亨、徐震岳诸贤，时一诣杭，诣杭必以云友执牛耳。云友至，检裙抑袂，不轻与人言笑，而入亦不以相嬲，悲其遇也。每当酒后茶余，兴趣洒然，遽拈毫伸绢素，作平远山水，寥寥数笔，雅近云林，书法二王，拟思翁，能乱其真，拾者尊如拱璧，或鼓琴，声韵高绝，常不终曲而罢，窥其旨，亦若幽忧丛虑，似有茫茫身世，俯仰于无穷者，殆古之伤心人也。[56]

杨慧林与林雪一样善画，董其昌曾经观赏过她的绘画作品，认为她的山水小景“出入米漫仕、梅花庵主、黄鹤山樵，已涉元季名家蹊径”[57]，而花鸟写生则达到了南宋宫廷画家的水平。

林雪和杨慧林两位名妓出色的绘画才能为当时许多文人所推崇。李渔在其创作的传奇剧本《意中缘》中将林、杨二人塑造成西湖畔依靠卖画为生的女性，她们仿造董其昌和陈继儒的画作能够以假乱真。剧中以杨慧林配董其昌、林雪配陈继儒。但据《陈眉公全集》中的年谱记载，陈继儒平生并无姬妾[58]，可见《意中缘》中的配对纯粹是虚构之说。然而陈寅恪则认为这样的游戏之作其实寓含深意，李渔知道其实柳如是配钱谦益、林天素配汪汝谦才是理想的姻缘，但当时仍有顾忌，不便公然形诸笔墨，只好写杨、董、林、陈四人的故事，而剧中提到汪汝谦时则以“江秋明”这一假名取代[59]。

遗憾的是现实中的杨慧林并没有得到如此美满的姻缘，而是早早离开了人世。汪汝谦将她安葬于西湖畔智果寺旁，覆亭其上，名曰“云龛”。冯云将、张遂辰、曾波臣等文士都特意前来祭奠这位才女。汪汝谦《春星堂诗集》卷三《听雪轩集》则是专为杨慧林而作的，其中收录了与杨慧林往来以及悼念她的诗文。汪汝谦还请柳如是为杨慧林的画册题跋。于是在一个冬天的夜晚，柳如是在西湖边横山别墅的灯下披览云道人的画册，然后提笔给汪汝谦写了一封极为动情的书函：

> 泣蕙草之飘零，怜佳人之迟暮，自非绵丽之笔，恐不能与于此。然以云友之才，先生之侠，使我辈即极无文，亦不可不作。容俟一荒山烟雨之中，直当以痛哭成之可耳。[60]

斯人遽逝，伤心无极，柳如是从杨慧林的画作中感受到了同于自己的生命凄婉之美。在这封短短数十字的信札中，我们可以感受到像汪汝谦这样的名士对杨慧林“生死金汤”的情义，亦能体会到名妓之间惺惺相惜的友谊。林雪定然因为好友的离世而感到寂寞伤心，陈文述在《颐道堂诗选》中有文曰：“云友死天素寂处无俚，然明因送之归闽。”[61]其儿媳汪端在诗句“依然智果西头路，绝胜仙霞万点枫”后自注云：“云友死，天素乃归闽中。”[62]也呼应了这一说法。那么林雪是否真的是因为杨慧林的过世而匆匆返乡的呢？

在林雪返回三山之后，汪汝谦将因思念她而作的梦记录为文，即《幽窗纪梦》，陈继儒作有《纪梦歌》相和。该文写于天启二年（1622）二月六日[63]。由此推测，林雪最迟应于1622年初前就已经离开杭州。杨慧林的卒年并无资料可考。据查，沈德符《清权堂集》中有“新秋之望，西湖汪园。杨云友期同二三子看月达曙，云友即王夫人”一诗，此诗收入卷五[64]，根据书中所注，此卷作于丁卯年（1627），可知杨慧林于1627年时仍活跃于西湖畔的社交圈。由此推断林雪离开杭州时杨慧林依然在世。另外许经在为《听雪轩集》所作的题语中言：

> 嗟乎！净居既闭深烟，素君复隐闽峤。天留惠林一枝灯照映湖山，云烟鱼鸟不终寂寞。愿然明诸君子始终护持之，无更落簸鸾闭鹇之手。[65]

净居是王微的住所。由许经题语可知，当王微隐居，林雪返闽之后，杨慧林仍然寓居在西子湖畔，这正与沈德符的诗文相印证。那么林雪“一诣武林便还三山”真实的原因究竟何在呢？从汪汝谦的诗句中或许可以揣测一二：

> ……寻遭小丑称跳梁，致君动念思还乡，三山绣佛长相对，天竺犹怀一瓣香，怀君令我动游思，万里相寻来复去……[66]

林雪在杭州可能曾被跳梁小丑之辈骚扰，因此决定返回福建家乡。就如同柳如是为了躲避谢象三的追求而避往嘉兴一样。[67] 诗句“天竺犹怀一瓣香”也暗示了林天素返闽后已经皈依佛门。而“怀君令我动游思，万里相寻来复去”则点明了汪汝谦后来的福建之行乃是为了寻访林雪。

关于汪汝谦寻访林雪的旅程在《春星堂诗集》卷四《闽游诗记》中有详细的记述。林雪离开西湖后，汪汝谦对她念念难忘，终于在崇祯十四年（1641）的春天独自踏上了前往福建的寻访之路。此时，他们两人已分别了近二十年。到底能不能找到林雪，究竟能不能把她带回杭州，汪汝谦心里一点把握都没有。因此在出发前他便自嘲，说这趟旅行“半为名山半为君”。但明眼人都知道：看风景，只是借口，寻人，才是初衷。显然，这次寻访并不顺利。汪汝谦到达福州才失望地得知，林雪多年前就已经移居建宁了。汪汝谦并未放弃，又经过将近半年的寻找，他终于在临近端午的时候，在建宁城里与林雪重逢了。当年西湖上风流倜傥的“黄衫客”已经是临近暮年的老人，曾经风华绝代倾国倾城的名妓，也已红颜黯淡青春不再。不过，这次相逢依然是愉快的，林雪给老友烹制佳肴，准备美酒，为他弹琴，陪他赏画，跟他一起游山玩水。她的悉心周到让汪汝谦感动不已，说“竹里盘餐皆素手，殷勤较昔更情浓”，甚至感叹“莫感天涯知己少，多情仗得老徐娘”。[68]

美好的时光总是走得格外匆忙。在建宁小住了三个月后，汪汝谦不得不道别离，而林雪并没有与他同返西湖。她已虔诚信佛，不再适合西湖的欢乐场了。汪、林二人兜兜转转了二十多年的情缘终化为汪氏笔下伤感凄切的别离诗：

> 一觞一咏一呜咽，肠断春深泣杜鹃。若得重逢如此日，恐应多出再生缘。[69]

三、画手全输妙与真

（一）名妓的绘画

在寓居西湖期间，林雪的画名在文人士大夫的圈子中广为传布。当时的名流董其昌、陈继儒、李流芳、张联芳、许经等人都曾为文称誉。

图 5.12 （明）林雪，《山水扇面》，Mr. and Mrs.J.P.Dubosc 私人收藏

董其昌有诗云："片云占断六桥春，画手全输妙与真。"[70] 称赞林雪的山水画作特出超群。在林雪目前存世的画迹中，绝大多数是她在旅居西湖的时期（1619—1622）创作的。或许正是依赖汪汝谦等文士的收藏，她的绘画才有机会流传至今。晚明时，不少大鉴藏家开始意识到女性艺术家存在的价值，他们不仅对自己赏识的女画家的作品进行题跋、评论，而且还留心收藏她们的画作。林雪等女性画家的作品进入鉴藏的途径大致分为馈赠、征请和商业买卖流通这三种。

许多擅画的名妓在与文人雅士的交往中都会采用赠诗酬画这一交流方式，展示自己的技艺与品位，获取文士的青睐。在林雪的传世作品中有不少都绘制在金笺扇面上，这样的扇面在当时是一种非常风雅的礼品。林雪创作于万历四十八年（1620）冬天的山水扇面（图 5.12）就是赠送给一位"平倩兄"的礼物。

每当与汪汝谦分别时，林雪也会以自己的绘画作为临别赠礼。其中最丰厚的一次馈赠是在汪汝谦离开建宁、赴武夷山游览之前，他回忆道：

> 女史林天素恐余溯流而归，远使致赆，多珍奇清品，佐以宣和纸仿倪迂笔，又剪吴绫摹米颠《春江归棹图》，并以画扇多种为客装助。予笑谓："昔人藏黄山谷书、韦苏州诗扇且为江神妬，今天素遗我烟云满箧，一苇将能济乎？或如王右军为老妪书扇事假以助贫，造物庶其怜而释之。"相笑而别。[71]

细心体贴的林雪担心汪汝谦盘缠不足，路上受苦，就在为他打点行装时放入了好几件自己的画作：仿倪瓒风格的山水画、摹米芾的《春江归棹图》以及各种画扇。林雪一再嘱咐至契好友：万一途中用度不够，可以将画卖了换钱。

除了这样的直接赠与之外，女画家的作品还会通过男性文人的转送而进入收藏者手中。西湖女子李因（字今生，号是庵）早年的画作就常常被她的丈夫葛徵奇当作与同仁进行交往的媒介（图5.13）。葛氏《芜园诗集钞》中“赠陈木叔”一则中记：“余两家先子称同籍，而余与木叔又同列贤书，庚午（1630）木叔寓湖上（指西湖），余投以画扇、笺各一，其一为家姬今生笔也。”[72] 葛徵奇还曾将李因的《折枝牡丹》图送给李日华，李日华对此画大为赞赏。[73] 葛徵奇的内妹梁孟昭也是一位善画的杭州才女，陈继儒把她的画比作“天女花、云孙锦”[74]，汪汝谦前往福建旅行时就随身携带了梁孟昭绘制的西湖六桥景，作为礼物送给了当地主管教育的官员。[75]

图5.13　（明）李因，《芙蓉鸳鸯图》，上海博物馆藏

征请是指女画家受鉴藏家的征邀而为其作画。汪汝谦曾与友人方若渊一同去探访林雪。方若渊著有《绿窗记》一篇，就请林雪根据文意补绘图画。[76] 杨慧林也曾应汪汝谦的征请，根据王维的诗句“闭户著书多岁

月，种松皆作老龙鳞”绘制了一幅画，汪汝谦将这幅画作为七十大寿的寿礼送给了陈继儒。[77]

商业买卖是林雪等女画家的作品直接进入当时鉴藏者之手的一种重要方式。汪汝谦曾有描绘林雪西湖生活的诗句云：“丹青尺幅当钗卖，是人争售谁不爱。”[78] 可见卖画也是林雪的一项经济来源。黄媛介在为李渔《意中缘》所作的序言中说：“三十年前，有林天素、杨云友其人者，亦担簦女士也。先后寓湖上，藉丹青博钱刀，好事者时踵其门。即董元宰宗伯、陈仲醇徵君亦回车过之，赞服不去口，求为捉刀人而不得。”[79] 这恰好与汪汝谦的诗句相印证，说明林雪和杨慧林的确曾在西湖畔卖画，她们的绘画才能得到过董其昌、陈继儒的称赞，甚至想请她们为自己代笔。黄媛介本人也是一位靠卖画维持家用的女画家。她是嘉兴有名的才女，自小便展现出在诗歌与绘画方面的天赋。《无声诗史》的编者姜绍书认为“皆令书画不可多得”，他碰巧获得了黄媛介题写诗画的一把折扇，“出以示客，知画者谓逼真梅花道人笔意，字亦遒婉有古法”[80]。黄媛介后来嫁给了一位失意的文人杨世功，由于杨没有能力养活妻子儿女，黄媛介便游历于江南的城镇中，靠教书和出售字画来承担养家糊口的重任。陈维崧描绘了她作为职业艺术家在西湖畔的生活：“皆令诗名噪甚，恒以轻航载笔格诣吴越间，僦居西冷段桥头，凭一小阁，卖诗画自活。稍给，便不肯作。”[81] 李因在丈夫葛徵奇去世后也靠卖画为生，她的画销量很好，成为当地土宜馈赠中所不可缺失之物。同邑中仿造她画作的有四十多个人，李因听说了倒也不生气，而是将这四十几个人的作品逐一评判，排列名次，凡是她认为不合格的就不允许造她的假画，难怪思想家黄宗羲要发出“其残膏剩馥尚能沾溉如此”的感慨。[82]

通过上述的这几种途径，林雪等女画家的作品得以直接进入以男性文人为主导的流通鉴藏系统，引起关注并获得品评。鉴赏家们总是习惯于将林雪的画作与杨慧林的联系在一起加以评论。张岱的叔父张联芳是位擅绘画、精赏鉴的文人，他在观赏了林雪与杨慧林的画作后评论道：

> 崛起阁中自有林下风，如两林史者。余犹忆天素濡毫吮墨，幽闲静好，寂寂相对，如披寒涧之风，心地都凉。云友恨未参承。友人汪然明以纨扇缄寄，才一展玩，烟霞片片落坐间矣。不觉欲自焚笔砚，毋怪董宗伯之瞠目叫好也。[83]

张联芳认为林雪与杨慧林均具有散朗、俊逸的林下之风，林雪的画让人有超然物外之想，而看过杨慧林的作品之后，恨不得将自己的画都烧了。

董其昌在为《听雪轩集》所作的题词中也为林、杨二人的画叫好：

> 岁在己亥，余北归过汶上，时于文定公以东平李室名道坤所作山水画卉册见示，且托路大夫求予跋。北方画学，自李夫人创发，亦犹书家之有李、卫，奇矣奇矣！山居荏苒几三十年，而闺秀之能为画史者一再出，又皆着于武林之西湖。初为林天素，继为杨云友，彼如北宗卧轮偈，此如南宗慧能偈，或对镜心不起，或对镜心数起，皆菩提增长，求女人相了不可得。然天素秀绝，吾见其止；云友澹荡，特饶骨韵，假令嗣其才力，殆未可量。[84]

在这则题词中董其昌肯定了林雪的绘画才能，但对她的评价似乎不如杨慧林来得高，认为杨更有潜质。文中提到的另一位女性画家范道坤是东平州李生的妻子，她善画山水竹石及花卉，画风清婉绝尘。董其昌没有具体描述范道坤的绘画与林、杨二人的区别，而是将她们分别纳于南北二宗的不同派系中，这大概是他首次以南北宗的理论框架评说女性画家。

“求女人相了不可得”用当时比较流行的画评术语说就是“不类闺秀本色”“无脂粉之习”“闺阁而得士气”，与张联芳所评价林、杨二人的“崛起阁中自有林下风”表达的是同一个意思。这些对女画家的褒赞式的评论所蕴含的标准其实很明确：身为女性，但在笔墨和画风中脱却了被视为与生俱来的女性气质——闺阁气、脂粉气，甚至具有了士气。[85]“士”本来是对饱读诗书学养丰富的男子的称呼，董其昌这样诠释“士气”：“士人作画，当以草隶奇字之法为之。书如屈铁，山如画沙，绝去甜俗蹊径，乃为士气。不尔，纵俨然及格，已落画师魔界，不复可救药矣。”[86]可见，董其昌所倡导的“士气”是与“闺阁气”“工匠气”完全相悖的。布克哈特在描述文艺复兴的意大利妇女时说：“当时能够给予伟大的意大利妇女的最高赞颂是：她们有男人的精神和勇气。我们只须看一看英雄诗篇里的，特别是博亚尔多和阿里奥斯托的作品里的大多数妇女的十足的大丈夫气概，我们就会确信，摆在我们眼前的是那个时代的理想。在今天‘女丈夫’的称号有褒有贬，语义双关，但在当时却只含有赞美的意思。”[87]布克哈特的这番描述完全可以套用于对晚明女性艺术家的评论中，当时能够给予一个女画家的最高赞誉就是：她的画脱离了闺秀的本来面目，具备了“士气”。这种带有性别偏见的艺术品评同样体现在对女诗人诗文风格的描述中。钱谦益回忆自己与柳如是谈及闺阁之诗的情景：

> 余尝与河东君评近日闺阁之诗。余曰：“草衣之诗近于侠。”河东君曰：“皆令之诗近于僧。”夫侠与僧，非女子本色也。此两言者，世所未喻也。[88]

在钱谦益看来王微的诗风近于“侠”；黄媛介的诗风近于“僧”。而且他强调“侠”与“僧”都不是女子的本来面貌。有时评论家索性以男性诗风来品评女子绘画，比如董其昌的同乡许经在谈及林雪和杨慧林的绘画风格时就援引了李白、杜甫的诗歌作为参照：

图 5.14 （明）林雪，1642 年山水扇面，Chengxun tang 私人收藏

>……清新俊逸，天素善青莲之长；雄浑飞动，慧林有浣花之致，真一时异人也！[89]

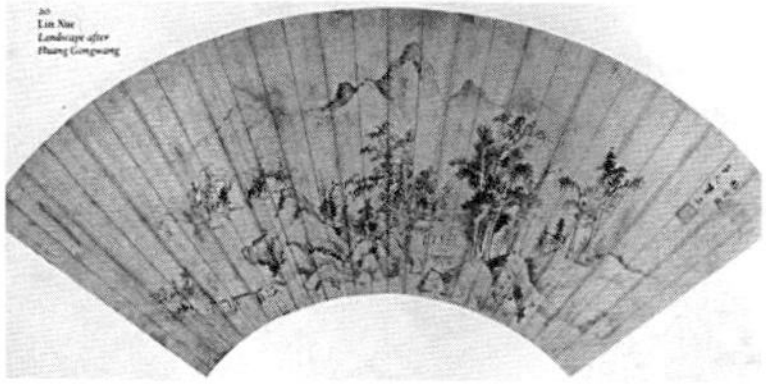

图 5.15 （明）林雪，《仿黄公望山水扇面》，für Ostasiatische Kunst 博物馆收藏

杨慧林的画作至今已一无所存，但林雪的十余幅山水画却幸运地流传了下来，我们可以从中窥见她清新俊逸的绘画面貌。林雪于万历四十八年（1620）所绘的山水扇面（图 5.14）是她现存最早的传世作品，这幅画秀润可爱，颇具幽闲静好之风，图中的云山明显是在仿米家山水的笔法。另一幅绘制于崇祯十五年（1642）的山水扇面（图）则体现出董源的画意。在另一幅没有年款的扇面上（图 5.15），林雪自己题款云：“仿子久笔法”。从上述三幅作品来看，董源、米芾、黄公望这几位南宗的巨擘都是林雪师法的对象。《玉台画史》则转引李光阳《西湖逸史》曰：“工书善画，临摹古幅，尝乱真。”[90] 当时著名的书画家范允临在一则题跋中也提到福建林雪颇擅董源、黄公望风格的绘画，[91] 恰好与林雪的这三幅作品相印证。

至于林雪学画的经历我们只能从曹学佺为她所作的画跋中得到一点信息，题跋云：

图 5.16 （明）林雪，《芦雁图轴》，美国弗利尔美术馆藏

天素初学芦雁于画灯家，及老而贫不能存活。忽画山水，所见画不多而殊有古意。入越寓西湖，董玄宰一见大赞赏之……[92]

芦雁图是林雪非常擅长的一个绘画题材。韦德纳·玛莎［Marsh Weidner］认为林雪的芦雁图具有浙派的风格特征。[93] 而裴珍妮［Jennifer Purtle］则提出林雪采用的是典型的福建风格绘画题材，因为宋代福建名僧画家惠崇就热衷于描绘芦雁。[94] 从林雪于天启元年(1621)创作的《芦雁图轴》(图 5.16) 来看，林雪是一位具有相当强的写实功底的画家。但是她的山水画却并不追求忠实再现自然的景致，而像当时许多文人画家一样，通过组合古代大师代表性的图式来表达一种笔墨的趣味。

上海博物馆藏有一幅林雪于天启二年（1622）创作的山水长卷，此卷长近五公尺，绘有云山烟树、溪山村舍，充满灵秀俊美之气。清代金石学家黄易在卷末题跋云：

天素此卷作于天启二年，绝似赵文度、僧珂雪。盖当时学董派最多，故气韵相类，惜无董陈诸公之题句耳。

赵文度，即赵左，他是晚明松江派的中坚人物。王原祁在《佩文斋书画谱》中称赵左的画“宗董源，兼有黄公望、倪瓒之意”[95]。赵左与董其昌是翰墨挚友，有着长期的书画交往，他与僧人珂雪都常为董其昌代笔。朱彝尊在《论画绝句十二首》中就指出：“隐君赵左僧珂雪，每替香光应接忙。泾渭淄渑终有别，漫因题字概收藏。”并在诗后自注云：“董文敏疲于应酬，每倩赵文度及雪公代笔，亲为书款。”[96]姜绍书在《无声诗史》中也说：“（赵左）与董思白为翰墨友，流传董迹，颇有出文度手者。”[97]可见，赵左为董氏代笔在当时已是公开的秘密。

林雪与赵左、珂雪一样，都受到了董其昌绘画风格的影响。这其中有几种可能：第一，林雪或许与董其昌有过交往。万历四十七年（1619）六月，董其昌曾到杭州为孤山白苏祠书写碑文[98]；天启元年（1621）三月，他又到西湖赏柳，并乘兴绘制了《烟树茅堂图》。[99]在董其昌两度游访西湖的这段时间里，林雪也正寓居在杭州，两人有可能见过面。第二，据光绪《杭州府志》载：“（赵左）尝去家游钱塘，览西湖之胜。过林逋墓，低徊不去，慨然叹曰：‘此中吾终不能忘情！’遂携妻子僦屋孤山以终。”[100]可见赵左晚年长居西湖畔，林雪可能与赵左相识，并受其指点。第三，汪汝谦与董其昌、陈继儒颇为熟识，且又是一位书画收藏者，林雪寄住在汪汝谦处时，应该有机会看到不少董其昌等人的画作真迹。

关于林雪生平的资料并不多而且比较零散，从遗留下来的断简残编中，我们可以大致揣摩出她的湖居生活：受到晚明盛行的旅游风潮的影响，林雪从福建来到杭州，她游刃有余地穿梭于湖畔的以男性文人为主体的社交圈中，并结识了与她背景相似的名妓。她们以文人化的方式生活、交际，甚至进行艺术创作。林雪擅长绘画，并且在来到杭州之前已具有一定的绘画基础。当时董其昌所倡的“南北宗”论主导着画坛，文士们的审美倾向和艺术趣味也影响着像林雪这样的名妓。在旅居杭州的岁月里，这个冰雪聪明的女子用心地学习关于山水画的种种迷人的风格与观念，然后则开始将“南宗”的种种绘画模式，融入她自己的风格形式库中，也正因为此，她的画作受到了西湖畔艺术圈的褒奖和赞助，也得以被收藏和保留至今。

“美人闺中秀，兴会托山水。笔墨出生气，坐觉山水死”[101]，这是李流芳对林雪由衷的赞美。像林雪这样的女子为西湖增添了灵性与情韵，她笔下的山水亦为西湖增添了一帧秀美的留影。

注释

1. 孟森："横波夫人考"，《心史丛刊》，中华书局，2007年，第152页。
2. 高彦颐：《闺塾师——明末清初江南的才女文化》（李志生译），江苏人民出版社，2005年，第232—233页。
3. 这首诗的作者吴山也是一位漂泊四方的女性作家。诗歌转引自高彦颐《闺塾师——明末清初江南的才女文化》，（李志生译），江苏人民出版社，2005年，第301页。
4. "（薛素素）寻谢客，携女史李庵山、黄皆令结邻西湖之滨，以书画相娱。"恽珠：《国朝闺秀正始集》，红香馆，哈佛燕京图书馆，附录，第16页。
5. 李鼎：《西湖小史》，《西湖文献集成》第3册，杭州出版社，2004年，第1197—1198页。
6. 布克哈特：《意大利文艺复兴时期的文化》（何新译），商务印书馆，2007年，第433—434页。
7. 如姜绍书《无声诗史》、徐沁《明画录》、汤漱玉《玉台画史》、王原祁《佩文斋书画谱》、王端淑《名媛诗纬》等都有关于林雪的条目。
8. 王端淑：《名媛诗纬初编》卷十九，清康熙六年清音堂刻本，第14页。
9. 汪汝谦："次儿请假归省，督师赠余风雅匾额，儿归因叙亲友，随任十无一存，童仆亦亡十七。余慨八十老人，一切当谢，使余年得闲，即儿辈养志，感怀述事，复拈八章，自此当焚笔砚矣"，《春星堂诗集》卷五《遗稿》，第13页。汪于诗中自注云："昔逢王、杨、林、梁诸女史，今遇吴岩子、元文、黄皆令、王端淑诸闺阁。"
10. 汪汝谦："福州访林天素，知已移居建宁，赋怀十首"，《春星堂诗集》卷四《闽游诗纪》，第7页。
11. 李渔：《闲情偶寄》，作家出版社，1995年，第154—165页。
12. 胡文楷：《历代妇女著作考》，上海古籍出版社，2008年，第203页。
13. 王端淑：《名媛诗纬初编》卷十九，清康熙六年清音堂刻本，第14页。
14. 同上注。
15. 林雪："柳如是尺牍小引"，《柳如是集》，中国美术学院出版社，2002年，第81页。
16. 李流芳："别友夏，同孟阳、无敕、亦因、修之、君长过林女郎天素，月下听天素弹琵琶，因索余诗，走笔纪事"，《檀园集》卷一，《四库全书》集部1295册，第305—306页。
17. 汪汝谦："冬日湖上送林天素、周善长，夜听天素琵琶"，汪汝谦《春星堂诗集》卷二《绮咏》，第10页。
18. 汪汝谦："初夏冯可絅、于文玉、魏晋侯、蜀侯同访林天素，听琴竟日"，《春星堂诗集》卷四《闽游诗记》，第27页。

19. 陈鸿：《秋室编》卷三七言古诗，第 18 页。转引自黄书梅“林雪：一位明末名妓画家的生平与艺术”（收入《美术史与观念史》VII，南京师范大学出版社，2009 年，第 119 页）。
20. 薛涛去世时剑南西川节度使段文昌亲自撰写墓志铭，并题写墓碑“西川女校书薛涛洪度之墓”，可知西川女校书乃薛涛之别称。
21. 徐:“元夕访天素丽人，观其作画，复听弹琵琶，时将游武林，歌以送之”，《鼇峰集》卷八《续修四库全书》集部第 1381 册，上海古籍出版社，2002 年，第 107 页。
22. 邵捷春：《剑津集》卷三，《四库禁毁丛刊补编》第 78 册，北京出版社，2005 年，第 26 页。
23. 黄书梅在“林雪：一位明末名妓画家的生平与艺术”一文中也提到这首诗，她称“王蓝田”这一典故出自《世说新语》中王蓝田忿食鸡子的故事，形容人非常性急，“此处描述了林天素的画作极其抢手，往往还未完成，粉本就被人索求一空。”此说法恐误。
24. 王端淑：《名媛诗纬初编》卷十九，清康熙六年清音堂刻本，第 14 页。
25. 徐珂：“徐野君与村人周旋”，《清稗类钞》第七册雅量类，中华书局，1984 年，第 3372 页。
26. 全祖望：《全祖望集汇校集注》，上海古籍出版社，2008 年，第 242 页。
27. 徐珂:“沈甸华自警”，《清稗类钞》第七册谦谨类，中华书局，1984 年，第 3143 页。
28. 徐士俊：“闺阁序目”，收入汪淇编《尺牍新语》。转引自高彦颐《闺塾师——明末清初江南的才女文化》，江苏人民出版社，2005 年，第 55 页。
29. 李渔：《闲情偶寄》，作家出版社，1995 年，第 155 页。
30. 陈寅恪：《柳如是别传》，三联书店，2001 年，第 375 页。
31. 黄书梅：“林雪：一位明末名妓画家的生平与艺术”，收入《美术史与观念史》VII，南京师范大学出版社，2009 年，第 120 页。
32. 谭元春于 1619 年 9 月 5 日抵达杭州，李流芳亦于同年 9 月到达杭州。谭元春在杭停留一月有余，二人于 10 月中旬分别。据谭元春“湖霜草序”（张岱《西湖梦寻·十锦塘》后）、“书云李长蘅清真佳士貌绝似友夏尤奇”（《谭友夏合集》卷十九）、“月会诗为严闻邹李诸兄弟作”（《谭友夏合集》卷十七）、李流芳“西湖喜遇谭友夏赋赠”（《檀园集》卷二）、《题画册》（《檀园集》卷十二）等诗文可推定。
33. 高彦颐：《闺塾师——明末清初江南的才女文化》，第 294—295 页。
34. 汪汝谦：“冬日湖上送林天素、周善长，夜听天素琵琶”，汪汝谦《春星堂诗集》卷二《绮咏》，第 10 页。
35. 李流芳：《檀园集》卷六，《四库全书》集部 1295 册，第 347 页。
36. 冯梦祯:《快雪堂集》卷五十九，《四库全书存目丛书》集 165 册，齐鲁书社，1997 年，第 54 页。
37. 陈洪绶：《宝纶堂集》卷九，光绪戊子春会稽董氏取斯堂刻本。
38. 同上注。
39. 汪汝谦："幽窗纪梦"，《春星堂诗集》卷三《梦草》，第 6 页。
40. 陈继儒："纪梦歌为汪文作"，《春星堂诗集》卷三《梦草》，第 7 页。
41. 同上注。
42. 郭宪：《汉武帝别国洞冥记》："有梦草，似蒲，色红。昼缩入地，夜则出，亦名怀莫。怀其叶，则知梦之吉凶，立验也。帝思李夫人之容，不可得，朔乃献一枝，帝怀之，夜果梦夫人。因改曰怀梦草。"
43. 张岱："陈章侯"，《陶庵梦忆·西湖梦寻》，第 56 页。
44. 汪汝谦："秋日访林阁"，《春星堂诗集》卷二《绮咏》，第 9 页。
45. 汪汝谦："雪后过云友"，《春星堂诗集》卷三《听雪轩集》，第 14 页。
46. 钱谦益："士女黄皆令集序"，《钱牧斋全集》，上海古籍出版社，2003 年，第 967 页。
47. 汪汝谦："余为修微结庐湖上，冬日于宣伯仲过临，出歌儿佐酒"，《春星堂诗集》卷二《绮咏》，第 19 页。
48. 谭元春："过王修微山庄"，《谭子诗归》卷五，《四库全书存目丛书》集部 192 册，第 253 页。
49. 陈继儒："纪梦歌为汪文作"，《春星堂诗集》卷三《梦草》，第 7 页。
50. 柳如是："柳如是尺牍"，《柳如是集》，中国美术学院出版社，2002 年，第 85 页。
51. 钱谦益："草衣道人王微"，《列朝诗集小传》，上海古籍出版社，2008 年，第 760 页。
52. 王微："小引"，《名山记选》，第 1 页。
53. 谭元春："期山草小引"，《谭友夏合集》卷十，台湾伟文图书出版社，1976 年，第 483—484 页。
54. 王鸿泰："青楼名妓与情艺生活——明清间的妓女与文人"，《礼教与情欲：前近代中国文化中的后 / 现代性》，中央研究院近代史研究所，1999 年，第 74 页。
55. 程庭鹭《箬龛画麈》，紫萸香馆排印本，1927 年，第 5—6 页。
56. 郁达夫"明杨女士云友墓志铭"，《十三夜》。
57. 董其昌："听雪轩集题词"，《春星堂诗集》卷三《听雪轩集》，第 2 页。
58. 陈继儒：《陈眉公先生全集》年谱，明崇祯间刊本，第 27 页。
59. 陈寅恪：《柳如是别传》，三联书店，2001 年，第 371 页。
60. 柳如是："柳如是尺牍"，《柳如是集》，中国美术学院出版社，2002 年，第 84 页。
61. 陈文述："题杨云友林天素两女士小影"，《颐道堂诗选》卷二十一，第 30 页。
62. 汪端："翁大人得隙地，于孤山为菊香、小青两女士修墓，并建兰因馆。其上为夕阳花影楼，楼左为绿阴西阁以祀小青，右为秋芳阁以祀菊香。先是为明女士杨云友修墓于智果寺，因以祔祀遍征海内题咏，裒为兰因集，端亦赋四律”，收于恽珠辑《国朝闺秀正始集》二十卷，第 8 页。

63. 陈继儒：“纪梦歌为汪文作”，《春星堂诗集》卷三《梦草》，第 7 页。
64. 沈德符：“新秋之望西湖汪园杨云友，期同二三子看月达曙，云友即王夫人”，《清权堂集》卷五眉史阁草。
65. 许经：“听雪轩集序”，《春星堂诗集》卷三《听雪轩集》，第 11 页。
66. 汪汝谦：“孙凤林学宪以赠林天素长篇书卷，因次韵作相逢歌”，《春星堂诗集》卷四《闽游诗纪》，第 22 页。
67. 关于谢象三与柳如是之间的情感纠葛详见陈寅恪先生《柳如是别传》第 402—436 页。
68. 汪汝谦：“午日林天素招饮，余在闽两度端阳，感赋”，《春星堂诗集》卷四《闽游诗纪》，第 20 页
69. 汪汝谦：“别林天素”之四，《春星堂诗集》卷四《闽游诗纪》，第 26 页。
70. 董其昌：“题林天素画”，《容台诗集》卷四，第 40 页，收入《四库全书存目丛书》第 171 册，第 645 页。
71. 汪汝谦：“武夷游记”，《春星堂诗集》卷四《闽游诗纪》，第 30 页。
72. 葛徵奇：《芜园诗集钞》，海昌羊氏传卷楼，清光绪间海昌丛刻本。
73. 据李日华《六砚斋三笔》中载：“葛无奇家姬李因，妙于写生，无奇以牡丹折枝贻余，余酬一绝云：珠箔银钩独坐春，抛将绣谱领花神。脂轻粉薄重重晕，恰似崔徽自写真。”见汤漱玉《玉台画史》卷四，黄宾虹、邓实编《美术丛书》第三册，江苏古籍出版社，1997 年，第 2213 页。
74. 汤漱玉:《玉台画史》卷三，黄宾虹、邓实编《美术丛书》第 3 册，江苏古籍出版社，1997 年，第 2202 页。
75. 汪汝谦：《梁夷素女史画西湖六桥景，余携游三山，孙凤林学宪见而爱之，余因题三绝以赠》，《春星堂诗集》卷四《闽游诗纪》，第 17 页。
76. 汪汝谦:“湖上逢方若渊，同访林天素，若渊旧有《绿窗记》，天素为补图”，汪汝谦《春星堂诗集》卷二《绮咏》，第 16 页。
77. 汪汝谦：“属云友画“闭户著书多岁月，种松皆作老龙鳞”，祝眉公七十”，《春星堂诗集》卷二《绮咏续集》，第 24 页。
78. 汪汝谦：“孙凤林学宪以赠林天素长篇书卷，因次韵作相逢歌”，《春星堂诗集》卷四《闽游诗纪》，第 22 页。
79. 黄媛介：“意中缘序”，《李渔全集》（第四卷·笠翁传奇十种上），浙江古籍出版社，1991 年，第 4 卷第 318 页。
80. 姜绍书：《无声诗史》卷五，《续修四库全书》子部第 1729 册，上海古籍出版社，

1997 年，第 630 页。

81. 汤漱玉:《玉台画史》卷三，黄宾虹、邓实编《美术丛书》第 3 册，江苏古籍出版社，1997 年，第 2208 页。

82. 黄宗羲："李因传"，《南雷文定前集》卷十，《续修四库全书》集部第 1397 册，第 378 页。

83. 张联芳："听雪轩集题词"，《春星堂诗集》卷三《听雪轩集》，第 11—12 页。

84. 董其昌："听雪轩集题词"，《春星堂诗集》卷三《听雪轩集》，第 10—11 页。

85. 赫俊红："明清鉴藏家对女画家艺术的鉴赏"，《故宫博物院院刊》2004 年第 1 期，第 36 页。

86. 董其昌：《画禅室随笔》，江苏教育出版社，2005 年，第 107 页。

87. 布克哈特：《意大利文艺复兴时期的文化》，第 431—432 页。

88. 钱谦益："士女黄皆令集序"，《钱牧斋全集》，第 967 页。

89. 许经："听雪轩集序"，《春星堂诗集》卷三《听雪轩集》，第 11 页。

90. 汤漱玉:《玉台画史》·卷五，黄宾虹、邓实编《美术丛书》第三册，江苏古籍出版社，1997 年，2219 页。

91. Weidner, Marsha, ed., Views from Jade Terrace: Chinese Women Artists 1300—1912, Indianapolis Museum of Art, 1988, p. 84.

92. 曹学佺：《石仓三稿文部》题赞卷之七，《曹能始先生石仓全集》32，转引自黄书梅"林雪：一位明末名妓画家的生平与艺术"。

93. Weidner, Marsha, ed., Views from Jade Terrace: Chinese Women Artists 1300—1912, Indianapolis Museum of Art, 1988, p. 96.

94. Purtle, Jennifer. "Foundations of a Regional Visual Tradition and Visuality: Fujian Painting of the Song and Yuan Dynasties." Proceedings of the International Conference on Region and Network – The Last Thousand Years of Chinese Art, ed. Ch' en Pao-chen. National Taiwan University Press, 2001. pp.96—97.

95. 王原祁:《佩文斋书画谱》，第四册，卷五十七，北京中国书店，1984 年，第 1556 页。

96. 朱彝尊：《曝书亭集》卷一六，《论画绝句十二首》，四部丛刊本。

97 《中国书画全书》第四册，上海书画出版社，1992 年，第 854 页。

98 事见浙江图书馆藏董其昌草书《白苏诗》碑拓片。

99. 事见《石渠宝笈》卷十七《明董其昌烟树茅堂图一轴》。

100. 光绪《杭州府志》，台北成文出版社影印民国 11 年铅排本，第 3252 页。

101. 李流芳："别友夏，同孟阳、无敕、亦因、修之、君长过林女郎天素，月下听天素弹琵琶，因索余诗，走笔纪事"，《檀园集》卷一，《四库全书》集部 1295 册，第 305—306 页。

第六章 废墟与纪念碑

一、湖上废墟

清顺治十四年（1657），张岱再次来到了位于雷峰塔附近的小蓬莱。这里是他尊敬的长辈黄汝亨的读书之所，曾有四方弟子千余人前来向先生求教，日日门庭若市。可此时，黄汝亨早已驾鹤西去，小蓬莱亭榭倾圮，墙围俱倒，竟成瓦砾之场。张岱急忙去寻找那块如"滇茶一朵"的奔云石，在他的记忆中，那块石头"色黝黑如英石，而苔藓之古，如商彝周鼎入土千年，青绿彻骨也"。而眼前的情景却和记忆中的大相径庭："林木俱无，苔藓尽剥。'奔云'一石，亦残缺失次，十去其五。"面对这片荒疏萧瑟的废墟，他发出了一声幽幽的长叹："数年之后，必鞠为茂草，荡为冷烟矣。菊水桃源，付之一想。"[1]

在张岱的这段充满思古幽情的回忆里包含了废墟诗学的全部要素：时光的流逝，记忆的脆弱，石块的磨损。废墟，希腊人称 ereipion，罗马人叫 ruina，都指古老建筑的残迹，见证着已逝去的场景或已毁灭的辉煌。按照莫蒂埃［Roland Mortier］的理解："在具有自身的美丽之前，废墟首先要具备媒介的功能：它使得人们可以进行无论是历史的、哲学的还是道德的沉思。”[2] 在经历了山川骞崩的巨变之后，张岱试图在废墟中追念先人的神魄，缅怀故园的胜景。他在《西湖梦寻》的序言中写道：

余生不辰，阔别西湖二十八载，然西湖无日不入吾梦中，而梦中之西湖，实未尝一日别余也。前甲午、丁酉，两至西湖，如涌金门、商氏之楼外楼、祁氏之偶居、钱氏余氏之别墅，及余家之寄园，一带湖庄，仅存瓦砾，则是余梦中所有者，反为西湖所无。及至断桥一望，凡昔日之弱柳夭桃、歌楼舞榭，如洪水湮没，百不存一矣。[3]

张岱带着惊惶骇怖的心情描绘湖上的废墟。这种家国之痛、山川之情、死生之感的相互纠结，是易代之人的普遍感受。汪汝谦在晚年的回忆之作《西湖纪游》中亦曾比较西湖的今昔之异：

大抵游观者，朝则六桥看花，午馀理楫湖心亭，投壶蹴鞠，对弈弹琴，象板银筝，笙歌盈耳。已而，夕阳在山，酒阑人散，沿十锦塘而归，泊断桥下，一丝一竹，响遏行云，不减虎嘐佳话。或为长夜之游，选妓征歌，集于堤畔，一树桃花一角灯，风来生动，如烛龙欲飞；照耀波光，又如明珠蚌剖。旦暮之间，其景不一。历其境者，身心为之转移矣。……缅然四十年来，景物繁华，依依眉睫，乃沧桑忽改，十罕一存，无限风光湮没于荒烟蔓草。每念故交零落，辗转销魂。[4]

“沧桑忽改”指明朝覆灭，清廷入主，当时清人南下，驻兵于西湖东岸，人称“旗营”或“旗下”。[5] 湖东是杭州人出城游湖必经之地，在历经兵燹之后，肃杀之气取代了原本优雅闲适的氛围，无限风光湮没于荒烟蔓草。清初文人毛际可弱冠之年到杭州应考，他眼前的西湖“烽火甫静，樵苏蹂躏，林尽山童，西泠南屏之境，游人绝迹，几叹此生不复见湖山之盛”[6]。对于把西湖视为意在之园的汪汝谦而言，这样的变故带来的是无限惶惑。正如陈寅恪先生所言：“盖清兵入关，驻防杭州，西湖胜地亦变而为满军戎马之区。迄今三百年，犹存‘旗下’之名。汪然明身值此际，举明末启祯与清初两时代之湖舫嬉游相比论，其盛衰兴亡之感，自较他人为独深。”[7]

当战火烽烟弥漫向江南的山水，西湖再也保不住山水清丽的胜景，汪汝谦精心设计的不系园与随喜庵又下落如何呢？崇祯末年，汪氏画舫曾受损停用。入清后，汪汝谦又重新修缮了“不系园”，试图追寻明亡前一段美好的记忆。然而此时的情境已迥然相殊。他在晚年所作的《自嘲并示儿辈》诗中云：

> 一生未觉为贫愁，此日栖迟况白头。故态不应随改革，晚年犹尚说风流。青衫有泪闻歌湿，画舫无权逐浪浮。堪叹优悠多恍惚，空教日月去如流。[8]

“画舫无权逐浪浮”句下自注：“余家不系园，乱后重新，每为差役，不能自主。”[9] 面对新来的政教强权汪汝谦不得不做出屈服，甚至连自己的船舫都无法随心所欲地自由使用，他的意中之园最终未能超越走向颓败的命运。倏忽之间，那些与知己好友、高僧佳丽夜月泛舟，手弄澄明的闲雅时光，已成为过往的追忆。

对于这种朝代更替而产生的失落与伤痛，钱谦益在诗作中有着更深刻的揭示。顺治七年（1650），他和李渔等友人重游西湖，登上了“不系园”。此时故国家园已遥不可及，盛事的繁华也成为过眼烟云，钱谦益感慨万千，留下诗作云：

园以舟为世所稀，舟名不系了无依。诸天宫殿随身是，大地烟波瞥眼非。净扫波心邀月驾，平铺水面展云衣。主人欲悟虚舟理，只在红妆与翠微。[10]

诗歌直接就“不系园”这一“以舟为园”的理念发议，以遗民的视角追索易代前后的不系之园。“舟名不系”原本是想追求一种摆脱羁绊无牵无挂自由状态，此刻却沦落为“了无依”的被动与无助。当天地崩解、山河寥落之时，了无依靠的何止是舟舫？个人的身世、家国的命运无不飘零浮沉：钱谦益降清为二臣，汪汝谦次子也已入仕新朝。“诸天宫殿随身是”不过是明亡之前暂时营造的假象，这座恣意出没于烟波中的水上园林终究在沧桑改易中走向颓灭。诗歌的末尾指出若体悟庄子所标举的道家理想人格境界，就必须参透一点：无论山河大地还是红妆佳人都无法摆脱命运那不可抗拒的力量。

《庄子》中数次提到虚舟，一为《列御寇》篇，一为《山木》篇，最为著名的是《大宗师》篇。在前两种情形中，虚舟用来形容至人虚己顺物，逍遥免害；在最后一种情况里，虚舟则用来比喻生命在不知不觉中的飞逝：

夫藏舟于壑，藏山于泽，谓之固矣。然而夜半有力者负之而走，昧者不知也。藏小大有宜犹有所遁。若夫藏天下于天下而不得所遁，是恒物之大情也。特犯人之形而犹喜之。若人之形者，万化而未始有极也，其为乐可胜计邪！故圣人将游于物之所不得遁而皆存。[11]

在这段至为闳肆优美的文字里，庄子探讨了人生的易变。他宣称只有把自己交付给无休无止的变化，才能真正获得永恒。夜深人静时，从大壑深泽中负舟而走的“有力者”是一个强劲的意象，代表了造化不可抗拒的力量。郭象的注解说得更为透彻：

> 夫无力之力，莫大于变化者也；故乃揭天地以趋新，负山岳以舍故。故不暂停，忽已涉新，则天地万物无时而不移也。世皆新矣，而自以为故；舟日易矣，而视之若旧；山日更矣，而视之若前。今交一臂而失之，皆在冥中去矣。故向者之我，非复今我也。我与今俱往，岂常守故哉！[12]

“大化”瞬息万变的飓风可以将一个生活艺术空前精巧化的王朝彻底摧毁，曾经活跃在西子湖畔的红妆佳丽们也大都未能摆脱蕙草飘零的命运：杨慧林青春早逝；林雪避迹空门；柳如是在钱谦益死后以身相殉；王微与爱人许誉卿誓死相依于兵燹中，于乱后三载病逝。她们以自身的聚散枯荣，见证着一切的美好终将消逝在“杜鹃声里斜阳暮”。正如孙康宜女士所说：“名妓便是晚明文化的象征：她们的审美意趣、她们的才华、她们的美貌、她们的坚忍、她们的自裁——都迎合了王朝自身悲剧性的命运。”[13]

二、纪念碑：石头与文字

面对时光的飞逝和命运的无常，人们自然地会产生一种渴望：因为惧怕湮没和消蚀，所以总想挽留住记忆，与遗忘对抗。清代文人陈文述

图 6.1 《陈文述小像》(选自《词学图录》)

(1771—1843)(图 6.1)试图用石块垒起的墓碑纪念曾经生活在西湖畔的三位佳人菊香、冯小青和杨慧林。

陈文述身为钱塘人，对西湖山水引以为傲，他曾自言："余生长武林，忆平生所见名山甚多，莫如武林之佳。"又云："武林岩壑深窈，泉石清远，真灵之窟宅，仙者乐于游焉。"[14] 他的小妾管筠曾赋西湖诗，有"若把西湖比西子，西湖原是美人湖"之句，陈文述极赏此二句，因自号"美人湖长"[15]。和林雪的老师徐野君一样，陈文述也热心推动女学，他曾自豪地说："闺秀向推吾杭为盛。"[16] 他的夫人龚玉晨，侧室管筠、文静玉以及两个女儿萼仙、苕仙都能诗善文，子媳汪端更是位著名的女诗人和学者。汪端在《兰因馆纪事四首》诗前小序中记载了陈文述修缮西湖才女遗墓的事迹：

> 翁大人得隙地于孤山，为菊香、小青两女士修墓，并建兰因馆其上，为夕阳花影楼，楼左为绿阴西阁，以祀小青；右为秋芳阁，以祀菊香。先是为明女士杨云友修墓于智果寺，因以附祀。遍征海内题咏，裒为《兰因集》。[17]

菊香是宋代生活在西湖畔的女子，据说是一位堪与李清照、朱淑真相媲美的诗人。她仰慕林和靖的为人，死后便葬于林处士墓侧，英灵结梅花之伴侣。小青是汪汝谦的好友冯云将的小妾，因不为冯生正妻所容，匿居孤山梅屿。她挑灯夜读《牡丹亭》，留下了“人间亦有痴于我，不独伤心是小青”的名句（图 6.2）。这三位女子虽有咏絮之才，却心孤似月、命薄于花。陈文述为她们如流星般一瞬而逝的生命唏嘘唱叹，希望借助墓碑让这几位才女避免被遗忘的命运。同时他的心里还暗自隐藏着一个愿望，那就是后人会因为祭奠红妆佳人的风雅之举而记住他这位“美人湖长”。竖立的墓碑象征着一种无言的沟通：它使观者为之着迷，被其诱惑，对其敬畏。陈文述还曾为柳如是修墓，可是这块墓碑却荒凉在废圃中：

图 6.2 （清）顾洛，《冯小青小影》，无锡市博物馆藏

> 安亭震川书院废圃中，发现河东君墓残碣二石，盖犹是陈云伯修墓故物，一刻陈云伯《修河东君墓记》，一刻查梅史《河东君墓碣》。其首石刻管湘玉摹河东君象，末石刻孙子潇修墓后记，皆已佚去。[18]

倘若没有后人幸运的发掘，这座纪念柳如是的墓碑恐将永远沉默于泥土中。即便发掘了，也只留下残缺不全的石块。在时间强大的力量面前，石块构筑的墓碑显得那么脆弱，就像小蓬莱中的“奔云石”一样会漫漶、残破甚至消失。有两种方法可以处理石块和时间［Stein und Zeit］之间的矛盾。其一是精通墓穴的建造，将自我的印记留在石块中直到时间的尽头。另一种则是采取更为精神化的途径，将保存记忆的任务交给文字。[19]

纸上的文字与石头的纪念碑一样，是为记忆服务的一种手段，然而它常常更坚固更久长。一段源于古埃及拉美西斯时代（公元前2000年末）的文本以惊人的气势表现了工匠们为保存记忆采取的不同方式之间的竞争：

> 书写者，博学之人，
> 他们重游往昔岁月，重返众神初到之时。
> 他们是未来真正的预言家，他们如此不凡，
> 尽管生命终了之时会去另一个世界，
> 但当同辈人被岁月忘却的时候，
> 他们的名字却将为永恒记取。
> 他们不曾为自己建造青铜的金字塔，
> 或是铁铸的墓碑；
> 他们不曾设法繁衍子孙以期为自己留下后嗣，
> 让姓名永存。
> 但他们创造了书本作为他们的继承人，
> 还有他们编著的训诫……
> 比一块镌刻过的墓石更为珍贵的是一本书，
> 它比一间修建精美的墓室还要贵重。
> 他们的书籍就是他们的墓穴和金字塔，
> 让姓名永存。

在来世，名字能让人众口相传当然重要。
人会死亡，躯体化为尘灰。
他的所有同辈都长眠九泉，
但他的著作将确保他会给铭记，
他的名字将为众口相传。
比一座四壁华丽的房子更为珍贵的是一本书，
它比一间面朝西方的墓室还要贵重，
它比一座根基稳固的宫殿还要贵重，
它比神庙中的一块还愿石还要贵重。[20]

这段文本清楚地表明了文字作品与石块筑就的墓碑相比更具自主性和优越性。文本并不是沉默的，通过阅读与口口相传，文字和文字的书写者都可以穿越时空的阻隔，获得不朽。陈文述为西湖三女士修建的墓碑早已化为瓦砾烟尘，然而他为此事遍征海内题咏裒辑而成的《兰因集》却流传至今。西湖畔三位女子的身影通过优美的文字钩沉彰显出来，使后世的人们可以想象她们的风采。

陈文述用文字为湖畔的佳人留影，张岱则用文字为我们挽留住了西湖逝去的流光。山河破碎后，他回到令他魂牵梦绕的西湖，只看见“弱柳夭桃、歌楼舞榭，如洪水湮没，百不存一”[21]。他急急走避，不再回首。他决定死守在自己边缘，“而今而后，余但向蝶窟岑迹，蘧榻于徐，唯吾旧梦是保”[22]。旧时西湖和与西湖丝丝相连的人生内容是他的中心，为了不失去对这中心的记忆，他写下《西湖梦寻》七十二则，努力捕捉那些稍纵即逝的片断，以书写拒绝遗忘，唯有如此才能抵御世事的变迁与人生的无常。张岱明白只要有人追忆，往事就不必如烟，于是他决心尽其所能一点一滴地挽回对往日湖山的回忆。

当故国家园已面目全非，当盛世繁华已成过眼烟云，“西湖”就成了怀旧情结的最佳的载体，在往昔悠悠中慰藉着一群失落的灵魂。为了追忆曾经流连过的西湖，钱谦益写下了《西湖杂感》诗二十首，诗前小序云：

> 浪迹山东，系舟湖上。漏天半雨，夏月如秋。登登版筑，地断吴根；攘攘烟尘，天分越角。岳于双表，绿字犹存；南北两峰，青霞如削。想湖山之佳丽，数都会之繁华。旧梦依然，新吾安往？况复彼都人士，痛绝黍禾；今此下民，甘忘桑椹。侮食相矜，左言若性。何以谓之？嘻其甚矣！昔日南渡行都，慭遗南市；西湖隐迹，追抗西山。嗟地是而人非，忍凭今而吊古。丛残长句，凄绝短章。酒阑灯灺，隔江唱越女之歌；风急雨淋，度峡下巴人之泪。敬告同人，勿遗下体。敢附采风，聊资剪烛云尔。庚寅夏五，憩湖舫凡六日，得诗二十首，是月晦日，记于塘栖道中。[23]

在钱氏的这二十首诗中，孤山、南屏、冷泉、云栖等西湖胜景与李流芳、程嘉燧、柳如是等曾经活跃在湖畔的文人佳丽一一呼之欲出。西湖废墟上凄凉颓毁的实景，与回忆中繁华热闹的前朝旧事，虚实相生，共同组合成一个饱含怀旧之思的西湖意象。

明亡之后，张岱、汪汝谦、钱谦益等历经了改朝换代之痛的文人都有了一个共同的名字：遗民。“遗”是遗失、弃绝；“遗”也是残遗、缺憾。但“遗”更意味着遗传、传衍和留驻。一个难以回避的印象是，在这个阶段，许多作为遗民的汉族文人全神贯注地描绘逝去的时光。他们通过文本、审美或伦理传统超越了王朝断裂，将自己置身于儒家学者的谱系当中，尽管王朝有兴废，这个谱系却被认为不会中断。[24]保存记忆，是遗民文人们共同的任务，他们在纸上用文字营造的西湖甚至比真实的湖山

图 6.3（元）佚名，《西湖清趣图》（局部），美国弗利尔美术馆藏

更加动人。周作人在评说张岱的怀旧之作时提出："人多有逃现世之倾向，觉得只有梦想或是回忆是最甜美的世界。讲乌托邦的是在做着满愿的昼梦，老年人记起少时的生活也觉得愉快，不，即是昨夜的事情也要比今日有趣：这并不一定由于什么保守，实在是因为这些过去才经得起我们慢慢地抚摩赏玩，就是要加减一两笔也不要紧。遗民的感叹也即属于此类，不过它还要深切些……"[25] 在回忆的美化作用中，西湖的意象便显得格外迷人。

回忆，是一种历史的传递，它在文明的建构中具有举足轻重的作用。晚明生活在西湖畔的人们用自己的方式为他们钟爱的这泓碧水留影。张岱的散文、汪汝谦的诗歌、李流芳和林雪的绘画，正是这样一座座纸上的纪念碑，使晚明西湖的意象得以流传至今。俯仰岁月之间，文士埋骨青山，美人栖身黄土，但湖山的记忆却绵延不绝。诚如宇文所安［Stephan Owen］所言："每一个时代都念念不忘在它以前的、已经成为过去的时代，纵然是后起的时代，也渴望它的后代能记住它，给它以公正的评价，这是文化史上一种常见的现象。"[26] 西湖的留影是一件已完成而又未完成的作品，正是不同时代的人对西湖回忆的衔接构成了西湖丰富的人文艺术图景。这个待续的历史长卷终将无限开展，留给湖山烟雨，也留给后世无数向西湖走来的人们（图 6.3）。

注释

1. 张岱："小蓬莱"，《陶庵梦忆·西湖梦寻》，第 247—248 页。
2. 阿兰·施纳普："遗迹、纪念碑和废墟：当东方面对西方"，载《美术史与观念史》第 5 期，南京师范大学出版社，2007 年，第 56 页。
3. 张岱："西湖梦寻序"，《陶庵梦忆·西湖梦寻》，第 147 页。
4. 汪汝谦："西湖纪游"，《春星堂诗集》卷五《遗稿》，第 15—16 页。周亮工《赖古堂名贤尺牍新钞》载汪汝谦信一通云："三十年前虎林王谢子弟多好夜游看花，选妓征歌，集于六桥。一树桃花一角灯，风来生动，如烛龙欲飞。较秦淮五日灯船，尤为旷丽。沧桑后，且变为饮马之池。昼游者尚多蜎缩，欲不早归不得矣。"亦可与《西湖纪游》中文字相参证。
5. "旗营驻扎湖滨，许多地方成为禁地，后来且筑起高墙，辛亥革命后，曾拆除了一道长 4.5 公里，高 6.27 米，厚 1.98 米的大围墙。"见陈从周主编《中国园林鉴赏辞典》，华东师范大学出版社，2001 年，第 616 页。
6. 毛际可："遗稿序"，汪汝谦《春星堂诗集》卷五《遗稿》，第 1 页。
7. 陈寅恪：《柳如是别传》，三联书店，2001 年，第 385 页。
8. 汪汝谦："自嘲并示儿辈"，《春星堂诗集》卷五《遗稿》，第 10 页。
9. 同上注。
10. 钱谦益："寄题"，《春星堂诗集》卷一《不系园集》，第 10 页。
11. 郭庆藩：《庄子集释》，中华书局，2004 年，第 243—244 页。
12. 郭庆藩：《庄子集释》，中华书局，2004 年，第 244 页。
13. 曼素恩：《缀珍录：十八世纪及其前后的中国妇女》（定宜庄译），江苏人民出版社，2005 年，第 156 页。
14. 陈文述：《西泠仙咏》原刻前叙，收入《武林掌故丛编》第 3 册，广陵书社，2007 年，第 1403 页。
15. 龚凝祚："西泠闺咏序"，收入《武林掌故丛编》第 4 册，广陵书社，2007 年，第 2639 页。
16. 陈文述："渌净轩咏徐淑则"，《西泠闺咏》卷 10，收入《武林掌故丛编》第 4 册，广陵书社，2007 年，第 2713 页。
17. 汪端："兰因馆纪事四首"，恽珠辑《国朝闺秀正始集》卷二十，清道光十一年红香馆刻本，第 7 页。
18. 转引自王人恩《日本森槐南〈补春天〉传奇考论》，载《西北师大学报》第 40 卷第 3 期，2003 年，第 65—66 页。
19. 阿兰·施纳普："遗迹、纪念碑和废墟：当东方面对西方"，载《美术史与观念史》

第 5 期，南京师范大学出版社，2007 年，第 54 页。

20. 阿兰·施纳普："遗迹、纪念碑和废墟：当东方面对西方"，载《美术史与观念史》第 5 期，南京师范大学出版社，2007 年，第 53—54 页。
21. 张岱："西湖梦寻序"，《陶庵梦忆·西湖梦寻》，第 147 页。
22. 同上注。
23. 钱谦益："西湖杂感"，《钱牧斋全集》第 4 册，第 89 页。
24. 安东篱:《说扬州:1550—1850 年的一座中国城市》(李霞译)，中华书局，2007 年，第 93 页。
25. 周作人:"陶庵梦忆序"，《知堂序跋》，中国人民大学出版社，2004 年，第 277 页。
26. 宇文所安:《追忆:中国古典文学中的往事再现》，三联书店，2005 年，第 21 页。

参考书目

一、中文文献

（一）明清及前代典籍

[1] 曹雪芹 . 红楼梦 [M] . 北京 : 人民文学出版社，1980 年 .
[2] 陈昌锡 . 湖山胜概（万历刊本），法国巴黎国家图书馆所藏孤本
[3] 陈淳 . 陈白阳集 . 收入《四库全书存目丛书》集部第 146 册，齐鲁书社，1997 年 .
[4] 崔灏 . 湖山便览 . 收入《西湖文献集成》第 8 册，杭州出版社，2004 年 .
[5] 邓椿 . 画继 [M] . 北京 : 人民美术出版社，2005 年 .
[6] 董其昌 . 容台集 [M] . 杭州 : 西泠印社出版社，2012 年 .
[7] 董其昌 . 容台别集 . 收入《四库全书存目丛书》集部第 171 册，齐鲁书社，1997 年 .
[8] 董其昌 . 画禅室随笔 [M] . 南京 : 江苏教育出版社，2005 年 .
[9] 冯梦龙 . 古今谭概 [M] . 北京 : 中华书局，2007 年 .
[10] 高濂 . 四时幽赏录 [M] // 武林掌故丛编（丁丙、丁申辑）第 7 册，广陵书社，2007 年 .
[11] 顾炎武 . 日知录集释 .（黄汝成集释），花山文艺出版社，1990 年 .
[13] 顾起元 . 客座赘语 [M] . 北京 : 中华书局，1987 年 .
[14] 何良俊 . 四友斋丛说 [M] . 北京 : 中华书局，1959 年 .

[15] 胡祥翰．西湖新志［M］// 中国名山胜迹志：第二辑（沈云龙主编）．台北：台湾文海出版社，1971 年．
[16] 胡文焕．新刻文会堂琴谱［M］.// 四库全书存目丛书：子部第 74 册．济南：齐鲁书社，1995 年．
[17] 胡应麟．少室山房笔丛［M］．北京：中华书局，1958 年．
[18] 皇都风月主人．绿窗新话［M］．上海：上海古籍出版社，1991 年．
[19] 黄凤池．唐诗画谱［M］．济南：山东画报出版社，2007 年．
[20] 季婴．西湖游览手镜．［M］// 西湖文献集成：第三册．杭州：杭州出版社，2004 年．
[21] 江盈科．江盈科集［M］．长沙：岳麓书社，1997 年．
[22] 焦竑．焦氏澹园集［M］// 四库禁毁书丛刊：集部 61 册．北京：北京出版社，2000 年．
[23] 郎瑛．七修类稿［M］．上海：上海书店出版社，2009 年．
[24] 李鼎．西湖小史［M］// 西湖文献集成：第 3 册．杭州：杭州出版社，2004 年．
[25] 李流芳．檀园集［M］// 四库全书：集部第 1295 册．上海：上海古籍出版社，1989 年．
[26] 李日华．味水轩日记［M］．嘉业堂丛书本．
[27] 李乐．见闻杂记［M］．上海：上海古籍出版社，1986 年．
[28] 李渔．李渔全集［M］．杭州：浙江古籍出版社，1992 年．
[29] 刘义庆．世说新语笺注［M］．北京：（余嘉锡笺注），中华书局，2009 年．
[30] 陆云龙选评，蒋金德点校．明人小品十六家［M］．杭州：浙江古籍出版社，1996 年．
[31] 罗大经．鹤林玉露［M］．北京：中华书局，2008 年．
[32] 欧阳修．六一诗话［M］．北京：人民文学出版社，1962 年．
[33] 欧阳询．艺文类聚［M］．上海：上海古籍出版社，1985 年．
[34] 浦祊．游明圣湖日记［M］// 武林掌故丛编（丁丙、丁申辑）第 2 册．扬州：广陵书社，2007 年．
[35] 史鉴．西村十记［M］// 武林掌故丛编（丁丙、丁申辑）第 3 册］．扬州：广陵书社，2007 年．

[36] 沈德潜．西湖志纂［M］// 中国名山胜迹志第二辑（沈云龙主编）．台北：台湾文海出版社，1971 年．
[37] 沈恺．环溪集［M］// 四库全书存目丛书：集部第 92 册．济南：齐鲁书社，1997 年．
[38] 沈括．梦溪笔谈［M］．北京：文物出版社，1957 年．
[39] 沈括．梦溪笔谈全译．(胡道静等译注)［M］．贵阳:贵州人民出版社,1998 年．
[40] 苏轼．苏轼诗集合注（冯应榴辑注）［M］．上海:上海古籍出版社，2009 年．
[41] 汤显祖．牡丹亭［M］．北京：人民文学出版社，1980 年．
[42] 田汝成．西湖游览志馀［M］// 武林掌故丛编（丁丙、丁申辑）：第 10 册．扬州：广陵书社，2007 年．
[43] 田艺蘅．留青日札［M］．上海：上海古籍出版社，1992 年．
[44] 汪砢玉．西子湖拾翠馀谈［M］// 武林掌故丛编（丁丙、丁申辑）第 8 册．扬州：广陵书社，2007 年．
[45] 王思任．王季重杂著［M］．台北：台北伟文图书公司，1977 年．
[46] 王圻．三才图会［M］．上海：上海古籍出版社，1988 年．
[47] 王穉登．客越志略［M］// 武林掌故丛编:第 2 册．扬州:广陵书社，2007 年．
[48] 王士性．广志绎［M］．北京：中华书局，1981 年．
[49] 王原祁．雨窗漫笔［M］// 美术丛书（黄宾虹、邓实编）．南京:江苏古籍出版社，1997 年．
[50] 文震亨．长物志图说［M］．济南：山东画报出版社，2004 年．
[51] 夏基．隐居放言［M］．清康熙三十二年（1693）刊本．
[52] 杨慎．丹铅续录［M］．宝颜堂秘笈本．
[53] 杨尔曾．东西晋演义［M］// 古本小说集成．上海:上海古籍出版社,1990 年．
[54] 杨尔曾．新镌海内奇观［M］// 续修四库全书：史部地理类第 721 册．上海：上海古籍出版社，2002 年．
[55] 叶德辉．书林清话［M］．北京中华书局，1999 年．
[56] 袁宏道．袁宏道集笺校［M］．上海：上海古籍出版社，2008 年．
[57] 袁中道．游居柿录［M］// 日记四种．武汉：湖北辞书出版社，1997 年．
[58] 袁中道．珂雪斋集［M］．上海：上海古籍出版社，1989 年．

[59] 湛若水 . 湛甘泉先生文集 : 卷十七 [M] // 四库全书存目丛书 : 第 56 册 . 济南 : 齐鲁书社，1997 年 .
[60] 张岱 . 陶庵梦忆 · 西湖梦寻 [M] . 上海 : 上海古籍出版社，2009 年 .
[61] 张岱 . 西湖梦寻 [M] // 武林掌故丛编（丁丙、丁申辑）: 第 3 册 . 扬州 : 广陵书社，2007 年 .
[62] 张岱 . 瑯嬛文集 [M] . 长沙 : 岳麓书社，1985 年 .
[63] 赵伯陶编 . 明文选 [M] . 北京 : 人民文学出版社，2006 年 .
[64] 朱之俊 . 雨中初游西湖记 [M] // 中国历代游记精华全编 . 石家庄 : 河北教育出版社，1991 年 .
[65] 朱彭 . 吴山遗事诗 [M] // 武林掌故丛编: 第 1 册 . 扬州: 广陵书社，2007 年 .
[66] 朱之蕃 . 金陵图咏 [M] . 天启三年序朱氏金陵刊本 .
[67] 祝穆 . 方舆胜览 [M] . 北京 : 中华书局，2003 年 .
[68] 卓明卿 . 卓光禄集 [M] // 四库存目丛书 : 集部第 158 册 . 济南 : 齐鲁书社，1997 年 .
[69] 邹迪光 . 郁仪楼集 [M] // 四库全书存目丛书 : 集部第 158 册 . 济南 : 齐鲁书社，1997 年 .
[70] 宣和画谱（俞剑华注译）[M] . 南京 : 江苏美术出版社，2007 年 .
[71] 晋书 [M] . 北京 : 中华书局，2003 年 .
[72] 宋书 [M] . 北京 : 中华书局，2007 年 .
[73] 明史 [M] . 北京 : 中华书局，2003 年 .

（二） 近人专著

[1] 姜斐德 [Alfreda Murck] . 宋代诗画中的政治隐情 [M] . 北京 : 中华书局，2009 年 .
[2] 曹意强 . 艺术与历史——哈斯克尔的史学成就和西方艺术史的发展 [M] . 杭州 : 中国美术学院出版社，2001 年 .
[3] 陈平原 . 从文人之文到学者之文: 明清散文研究[M]. 北京: 三联书店,2004 年 .

[4] 陈寅恪.中国现代学术经典·陈寅恪卷[M].石家庄:河北教育出版社,2000年.
[5] 柯律格［Craig Clunas］.长物：早期现代中国的物质文化与社会状况（高昕丹等译）[M].北京：生活·读书·新知三联书店，2015年.
[6] 魏斐德［Frederic Wakeman Jr.］.洪业:清朝开国史（陈苏镇、薄小莹等译），[M].南京：江苏人民出版社，2008年.
[7] 范景中.中华竹韵［M］.杭州：中国美术学院出版社，2011年.
[8] 胡益民.张岱评传［M］.南京：南京大学出版社，2002年.
[9] 黄仁宇.万历十五年［M］.北京：三联书店，1997年.
[10] 巴尔扎克［Honoré de Balzac］.风雅生活论（许玉婷译）[M].南京：江苏人民出版社，2008年.
[11] 高居翰[James Cahill].山外山:晚明绘画1570-1644(王嘉骥译)[M].上海:上海书画出版社，2003年.
[12] 贡布里希.艺术与错觉——图画再现的心理学研究（林夕、李本正、范景中译）[M].长沙：湖南科学技术出版社，2004年.
[13] 樊树志.晚明史［M］.上海：复旦大学出版社，2003年.
[14] 顾彬.中国文人的自然观》(马树德译)[M].上海:上海人民出版社,1990年.
[15] 赫伊津哈[Johan Huizinga].中世纪的秋天:14和15世纪法国与荷兰的生活、思想与艺术（何道宽译）[M].桂林：广西师范大学出版社，2008年.
[16] 稽文甫.晚明思想史论［M］.北京：东方出版社，1996年.
[17] 金学智.中国园林美学［M］.北京：中国建筑工业出版社，2005年.
[18] 莱奥纳多·达·芬奇［Leonardo da Vinci］.达·芬奇论绘画（戴勉编译）[M].桂林：广西师范大学出版社，2003年.
[19] 李孝悌.中国的城市生活［M］.北京：新星出版社，2006年.
[20] 利玛窦［Matteo Ricci］.利玛窦中国札记（何高济等译）[M].北京：中华书局，2005年.
[21] 林利隆.明人的舟游生活：南方文人水上生活文化的开展［M］.台北：明史研究丛刊，2005年.
[22] 毛文芳.晚明闲赏美学［M］.台北：台湾学生书局，2000年.
[23] 孟森.明清史讲义［M］.北京：中华书局，1981年.

[24] 孟森 . 心史丛刊 [M] . 北京：中华书局，2007 年 .
[25] 奥斯卡 · 王尔德 [Oscar Wilde] . 谎言的衰落（萧易译）[M] . 南京：江苏教育出版社，2004 年 .
[26] 彼得 · 伯克 [Peter Burke] . 什么是文化史（蔡玉辉译）[M] . 北京：北京大学出版社，2009 年，第 10 页 .
[27] 皮埃尔·布尔迪厄 [Pierre Bourdieu]. 区分：判断力的社会批判（刘晖译）[M]. 北京：商务出版社，2015 年 .
[28] 钱存训 . 中国纸和印刷文化史 [M] . 桂林：广西师范大学出版社，2004 年 .
[29] 雷吉斯 · 德布雷 [Régis Debray] . 图像的生与死：西方观图史 [M] . 上海：华东师范大学出版社，2014 年 .
[30] 沈从文、王予予 . 中国服饰史 [M] . 西安：陕西师范大学出版社，2004 年 .
[31] 石守谦 . 从风格到画意：反思中国美术史 [M] . 北京：三联书店，2015 年 .
[32] 卜正民 [Timothy Brook] . 为权利祈祷：佛教与中国士绅社会的形成（张华译）[M] . 南京：江苏人民出版社，2005 年 .
[33] 卜正民 . 纵乐的困惑：明代的商业与文化（方骏等译）[M] . 北京：三联书店，2004 年 .
[34] 钱钟书 . 七缀集 [M] . 北京：三联书店，2006 年 .
[35] 莎士比亚 [William Shakespeare] . 莎士比亚全集（朱生豪译）[M] . 上海：译林出版社，2001 年 .
[36] 史景迁 [Jonathan D. Spence]. 前朝梦忆：张岱的浮华与苍凉（温洽溢译）[M]. 桂林：广西师范大学出版社，2010 年 .
[37] 王子今 . 中国古代行旅生活 [M] . 北京：商务印书馆国际有限公司，1996 年 .
[38] 万木春 . 味水轩里的闲居者 [M] . 杭州：中国美术学院出版社，2008 年 .
[39] 巫仁恕 . 品味奢华：晚明的消费社会与士大夫 [M]. 北京：中华书局，2008 年 .
[40] 谢和耐 [Jacques Gernet]. 蒙元入侵前夜的中国日常生活（刘东译）[M]. 南京：江苏人民出版社，1998 年 .
[41] 徐复观 . 中国艺术精神 [M] . 桂林：广西师范大学出版社，2007 年 .
[42] 雅各布·布克哈特 [Jakob Burckhardt] . 意大利文艺复兴时期的文化（何新译）[M] . 北京：商务印书馆，2007 年 .

[43] 杨樱林、黄幼钧编．郑板桥［M］．北京：中国人民大学出版社，2006 年．
[44] 俞剑华．中国古代画论类编［M］．北京：人民美术出版社，2004 年．
[45] 张嘉昕．明人的旅游生活［M］．台北：明史研究丛刊，2004 年．
[46] 张则桐．张岱探稿［M］．南京：凤凰出版社，2009 年．
[47] 郑振铎．西谛书跋［M］．北京：文物出版社，1998 年．
[48] 郑振铎．中国古代木刻画史略［M］．上海：上海书店出版社，2006 年．

（三） 论文

[1] 曹淑娟．“园舟与舟园：汪汝谦湖舫身份的转换与局限”[N]．北京：清华学报：新 36 卷第 1 期，2006 年，第 197-233 页．
[2] 董捷．明末湖州版画创作考［D］．杭州：中国美术学院，2008 年．
[3] 范景中．套印本和闵刻本及其《会真图》[J]．新美术，2005 年第 4 期，第 77—82 页．
[4] 耿欣．“八景”文化的景象表现与比较［M］．北京：北京林业大学，2006 年．
[5] 何惠鉴、何晓嘉．董其昌对历史和艺术的超越董其昌研究文集．上海：上海书画出版社，1998 年，第 267—268 页．
[6] 黄书梅．林雪：一位明末名妓画家的生平与艺术[M]// 美术史与观念史（VII）．南京：南京师范大学出版社，2009 年，第 117—137 页．
[7] 李晓愚．化俗为雅：论文人画家对花果题材的处理［J］．文艺研究》2017 年第 3 期，第 144—153 页．
[8] 卢杰．张岱散文中的日常生活美学思想［M］．扬州：扬州大学，2006 年．
[9] 马孟晶．名胜志或旅游书——明《西湖游览志》的出版历程与杭州旅游文化［J］．新史学，2013 年 12 月，第 93—138 页．
[10] 阮璞．对董其昌在中国绘画史上的意义之再认识［M］// 中国画史论辨》．西安：陕西人民美术出版社，1993 年，第 206 页．
[11] 万木春．远离山水［J］．新美术，2014 年第 9 期，第 28-36 页．
[12] 王鸿泰．明清士人的生活经营与雅俗的辨证［R］．美国哥伦比亚大学学东亚系、中央研究院历史语言研究所及蒋经国中心合办之“Discourses and

Practices of Eveday Life in Imperial China” 国际学术研讨会，2002 年 10 月 .
[13] 巫仁恕 . 晚明的旅游风气与士大夫心态——以江南为讨论中心 [R] . “生活、知识与中国现代性” 国际学术研讨会，台北：中央研究院近代史研究所，2002 年 11 月 .
[14] 张忠良 . 晚明文人的嗜癖言行 [J] . 台南女院学报，第 23 期，第 403—428 页 .

二、英文文献

Alain de Botton, The Art of Travel, Vintage International, 2002.
Anne E. Mclaren: “Constructing New Reading Publics in Late Ming China” , Cynthia J. Brokaw, Kai-wing Chow（ed.）Printing and Book Culture in Late Imperial China, University of California Press, 2005, p.152.
Baxandall, Painting and Experience in Fifteen Century Italy, 2nd ed.Oxford and New York: Oxford University Press, 1988.
Bourdieu,P., Distinction: A Social Critique of the Judgement of Taste, London: Routledge and Kegan Paul,1984.
Craig Clunas, Superfluous Things: Material Culture and Social Status in Early Modern China, University of Hawaii Press, 2004.
Francis Bacon, Essays of Francis Bacon,The Project Gutenberg EBook（http://www.gutenberg.org/ebooks/575）
Kenneth Clark, Civilization: A Personal View, the British Broadcasting Corporation and John Murray, 1969.
Letter to Theo van Gogh, http://vangoghletters.org/vg/.

责任编辑　　刘　炜
装帧设计　　李　文
责任校对　　杨轩飞
责任印制　　张荣胜

图书在版编目（CIP）数据

塑造趣味 : 晚明以西湖为中心的文人艺术生活研究 / 李晓愚著. -- 杭州 : 中国美术学院出版社, 2019.9
（艺术史研究丛书）
ISBN 978-7-5503-2011-6

Ⅰ. ①塑… Ⅱ. ①李… Ⅲ. ①文人－人物研究－杭州－晚明 Ⅳ. ①K825.4

中国版本图书馆CIP数据核字(2019)第167664号

塑造趣味：晚明以西湖为中心的文人艺术生活研究

李晓愚　著

出 品 人：祝平凡
出版发行：中国美术学院出版社
地　　址：中国·杭州市南山路218号 / 邮政编码：310002
网　　址：http://www.caapress.com
经　　销：全国新华书店
制　　版：杭州海洋电脑制版印刷有限公司
印　　刷：浙江省邮电印刷股份有限公司
版　　次：2019年9月第1版
印　　次：2019年9月第1次印刷
印　　张：22
开　　本：710mm×1000mm　1 / 16
字　　数：270千
图　　数：175幅
印　　数：0001－2000
书　　号：ISBN 978-7-5503-2011-6
定　　价：58.00元